從零開始的
圖解
世界史
筆記

監修 祝田秀全 Shuzen Iwata
翻譯 林慧雯

序言

「看圖文 航向世界史之旅」

「大家都已經出社會這麼久了，沒有必要再學習世界史」——要是你這麼想的話可就大錯特錯了，趕快拋棄掉這樣的觀念吧！

今天早已不再是個因為跟自己的距離天高皇帝遠，就可以覺得事不關己的時代了。在世界各地正不斷上演著各種民族與宗教紛爭、經濟與政治問題，究竟是因何而起的呢？**引發全球各種問題的原因，就要從世界史來著手開始揭曉謎底**。

更進一步來說，其實世界史當中也潛藏著許多對職場上很有助益的知識。不論是在工作上需要與外國人應對進退的場合，或是前往國外出差的機會，只要腦袋裡掌握著世界史的輪廓，無論是交流或談判都會更加順暢。**為了讓自己成為一個全球化的人才、在世界的舞台上大放異彩，關於世界史的知識絕對是不可或缺的利器**。

不僅如此，歷史也在不斷地重複上演。在歷史中實際發生過的事，也許會幫助你找出在職場上可用的戰略；當工作上遭遇挫折、遇到難關時，歷史輩出的英雄名言也許能夠在關鍵時刻拉你一把也說不定。

不過，要是因為世界史對於社會人士而言是不可或缺的必備知識，而讓你興起「要不要再拿出課本重新看一遍呢……」的念頭，不妨就直接閱讀這本書吧！

本書將高中的歷史課本與學測時所背誦過的歷史用語及內容化繁為簡，利用圖文重新講解歷史，**讓人在視覺．直覺上更容易理解歷史**。即使是過去曾經對於學習世界史上感到挫敗的人，也一定可以一鼓作氣重新認識世界史。

希望大家在閱讀了這本書之後，能夠重新思考目前在世界各地上發生的各種問題，並且思考看看接下來該邁向什麼樣的道路前進，就是我最大的願望了。

從零開始的
圖解世界史筆記
contents

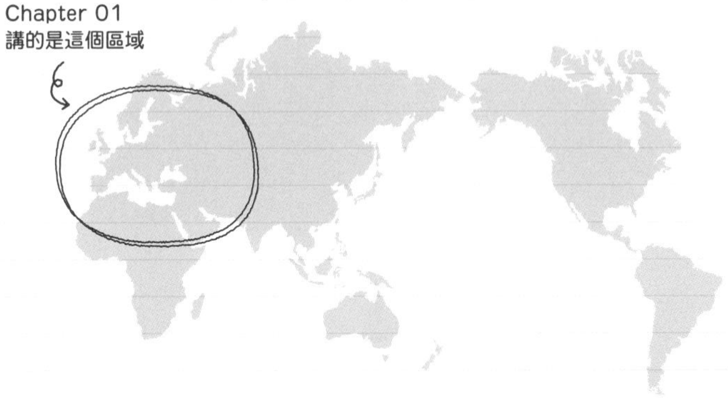
Chapter 01
講的是這個區域

Chapter 01
古代文明的世界

01 古代美索不達米亞文明中，有哪些劃時代的發展呢？ …… 12
02 強盛的亞述人統一了古代東方世界 …… 14
03 古代希臘的「城邦」是民主政治的起源 …… 16
04 為什麼會爆發伯羅奔尼撒戰爭呢？ …… 18
05 被譽為英雄的亞歷山大大帝甚至遠征到了印度 …… 20
06 古代羅馬帝國的盛世「羅馬治世時代」 …… 22
07 說出：「骰子已經擲下」的英雄凱薩決意賭上一切宣戰 24
08 曾經盛極一時的羅馬帝國是怎麼走向衰亡的呢？ …… 26
09 希臘與羅馬文化奠定了西方文明的基礎 …… 28
10 在苦難與抗爭中生存的基督教 …… 32
11 追尋死而復生的古代埃及文明 …… 34

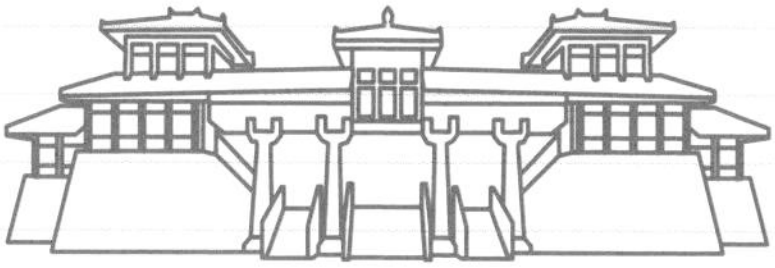

Chapter 02講的是這個區域

Chapter 02

亞洲世界的成形

01 以占卜掌控人民的古代中國黃河文明 …… 38

02 究竟是由誰建築而成的呢？充滿謎團的印度河流域文明 40

03 首位統一中國的秦始皇究竟是明君、還是暴君呢？ …… 42

04 沒有創始者的宗教——印度教的誕生 …… 44

05 發源於印度的佛教，卻未在當地廣泛普及的傳播 …… 46

06 在中國誕生的大帝國・唐朝的繁榮與衰退 …… 48

07 科舉是錄取率「超低」的特考!? …… 50

08 成吉思汗的蒙古帝國曾將全世界都納入麾下？ …… 54

09 連結東西方人們與貨物的3條要道 …… 56

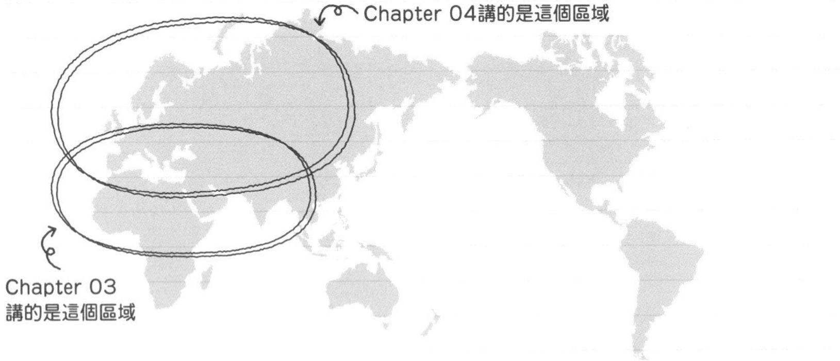
Chapter 04講的是這個區域
Chapter 03
講的是這個區域

Chapter 03

伊斯蘭世界的成形與壯大

01 伊斯蘭教是如何誕生的呢？ …… 60

02 分裂為遜尼派與什葉派的伊斯蘭教 …… 62

03 鄂圖曼帝國建構了伊斯蘭教的大帝國 …… 64

04 伊斯蘭文化的多樣性為歐洲帶來的影響 …… 66

05 為何在印度教徒眾多的印度能建立起蒙兀兒帝國？ …… 70

06 蒙兀兒帝國與鄂圖曼帝國究竟是為何衰亡的呢？ …… 72

Chapter 04

歐洲世界的成形

01 日耳曼人大遷徙掀開了中世紀歐洲的扉頁 …… 76

02 法蘭克王國的查理曼大帝其實自大又殘忍？ …… 78

03 從拜占庭帝國一直到大國俄羅斯誕生的期間 …… 80

04 在中世紀歐洲，為什麼教會的勢力得以擴張呢？ …… 82

05 「黑死病」曾使人口大幅減少了三分之一？ …… 84

06 多達7次的十字軍東征原因究竟為何？ …… 88

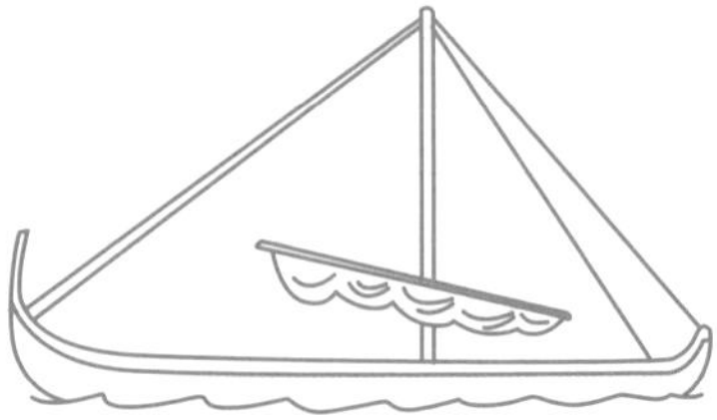

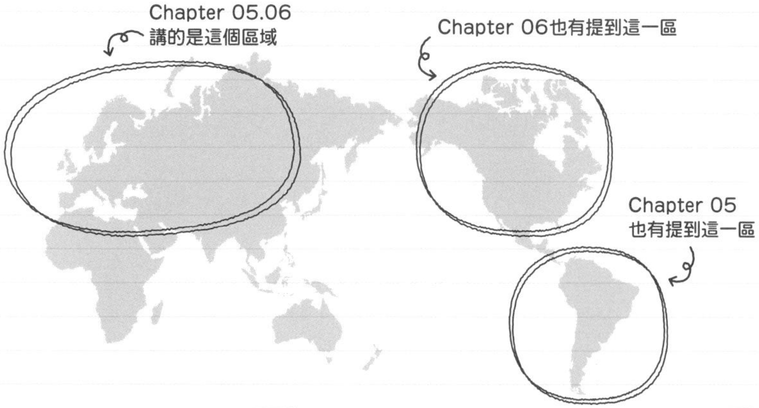
Chapter 05.06
講的是這個區域
Chapter 06也有提到這一區
Chapter 05
也有提到這一區

Chapter 05
近代歐洲社會的發展

01 「被發現」的美洲大陸及美洲古文明 …… 92
02 象徵「重新復甦」的文藝復興運動，傑作百花齊放 …… 94
03 西班牙與葡萄牙為何要航向大海呢？ …… 96
04 宗教改革為什麼是從德意志開始的呢？ …… 98
05 「日不落帝國」西班牙之所以會敗給英國的原因 …… 100
06 成為現代「民族國家」基礎的歐洲政治局勢 …… 104

Chapter 06
歐美近代社會的確立

01 咖啡為美國的獨立運動推了一把？ …… 108
02 在英國爆發的市民革命與工業革命 …… 110
03 法國王朝頻頻發動戰爭，因此爆發了法國大革命？ …… 112
04 拿破崙的野心與挫折之軌跡 …… 114
05 什麼是「會議謾舞」？維也納體制的真相 …… 116
06 執全世界牛耳的英國維多利亞女王 …… 118
07 為何德意志帝國是在凡爾賽宮統一的呢？ …… 120
08 「不夠的東西就從國外獲取」帝國主義的抬頭 …… 122
09 科學革命帶來的思想變遷 …… 124

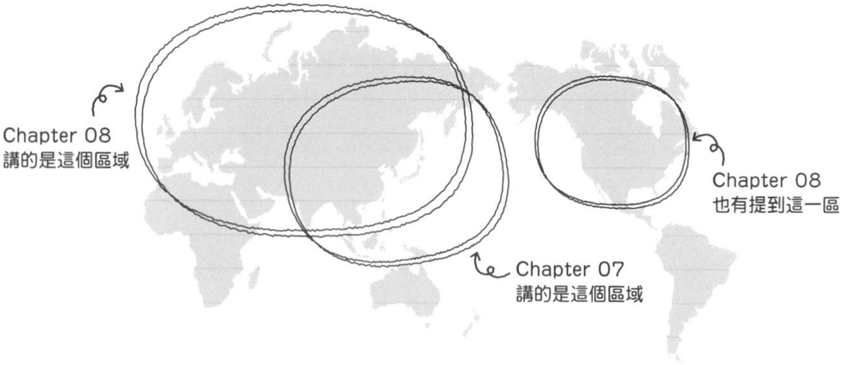
Chapter 08
講的是這個區域
Chapter 08
也有提到這一區
Chapter 07
講的是這個區域

Chapter 07

亞洲的變動

01 比歐洲更早實現大規模遠洋航海的明朝 …… 128
02 日本與美國的白銀撐起了世界經濟 …… 130
03 靠著辮子頭一統了中國？所謂的清朝與滿洲族是？ … 132
04 風靡歐洲的中國與日本陶瓷器 …… 134
05 「亞洲最強盛」的中國何以會敗給英國呢!? …… 136
06 以中國沒落為契機，逐漸殖民地化的亞洲 …… 138
07 領導亞洲的國家從原本的大國中國轉變為小國日本 …… 140
08 皇帝制的終結與中華民國的誕生 …… 142

Chapter 08

第一次世界大戰與美國勢力的抬頭

01 俄羅斯之所以會南下發展，都是因為冬季嚴寒的緣故 … 146
02 巴爾幹半島為何被稱為「歐洲火藥庫」？ …… 148
03 整個歐洲一分為二！第一次世界大戰爆發 …… 150
04 俄羅斯人民掀起革命，促使蘇聯政權的誕生 …… 152
05 伊斯蘭世界的爭亂都是因英國的三個秘密協定而起 …… 154

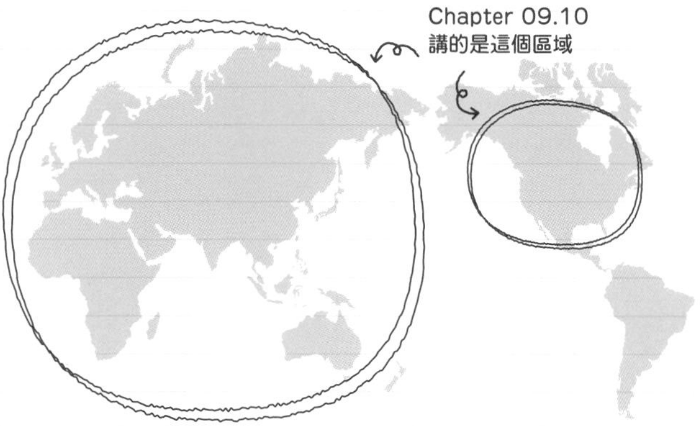
Chapter 09.10
講的是這個區域

Chapter 09
凡爾賽體系與第二次世界大戰

01 維護戰後國際秩序的凡爾賽體系究竟為何？ …… 158

02 歐洲遍地都是戰場！第二次世界大戰的爆發 …… 160

03 戰後，美國成為國際社會的領導者 …… 162

04 第二次世界大戰後決定了朝鮮半島的命運 …… 164

Chapter 10
戰後的國際政治與現代世界

01 美蘇對立為何稱為「冷戰」？ …… 168

02 為什麼猶太人如此渴求在以色列建國？ …… 170

03 因文化大革命而更衰弱不振的中國 …… 172

04 經濟同盟ASEAN「東南亞國協」原本是政治同盟？ … 174

05 戰後的歐洲整合與歐盟分裂危機 …… 176

06 撼動了超大國．美國的「反恐戰爭」 …… 178

07 為何世界各地的紛爭至今仍未曾止息？ …… 180

序言 …… 2

時尚穿搭評鑑 fashion check

羅馬市民　羅馬軍人 …… 30

唐朝女性　清朝女性 …… 52

蒙兀兒帝國的貴族
鄂圖曼帝國的軍人（耶尼切里）
…… 68

伊莉莎白一世時代的英國貴族
維多利亞時代的紳士 …… 102

建築風格賞析 Architecture check

羅馬式建築樣式　哥德式建築樣式
…… 86

Column

01 埃及豔后・克麗奧佩脫拉
是美女嗎？ …… 36

02 琉球王國是獨立於
日本與中國的國家？ …… 58

03 牽動了
全世界的茶？ …… 74

04 零「０」是改變世界
的偉大發明 …… 90

05 世界是繞著綿羊
為中心轉動？ …… 106

06 引領「可愛～」
風潮的法國王妃 …… 126

07 在東南亞國家中唯一
未被殖民的國家是？
…… 144

08 福特T型車是現代生活樣貌
的起源？ …… 156

09 孩子們的呼籲
讓大象終於來到日本？ …… 166

世界史・日本史年表 …… 182

主要參考文獻 …… 191

Chapter 01

「古代文明的世界」

西元前5000～2000年之間，
美索不達米亞（兩河流域）與埃及等
河川流域都出現了文明發展。
這可說是人類史的開端，
因此，世界史必須由這裡開始讀起。

section

01　古代美索不達米亞文明中，有哪些劃時代的發展呢？

02　強盛的亞述人統一了古代東方世界

03　古代希臘的「城邦」是民主政治的起源

04　為什麼會爆發伯羅奔尼撒戰爭呢？

05　被譽為英雄的亞歷山大大帝甚至遠征到了印度

06　古代羅馬帝國的盛世「羅馬治世時代」

07　說出：「骰子已經擲下」的英雄凱薩決意賭上一切宣戰

08　曾經盛極一時的羅馬帝國是怎麼走向衰亡的呢？

09　希臘與羅馬文化奠定了西洋文明的基礎

10　在苦難與對抗中生存的基督教

11　追尋死而復生的古代埃及文明

01 古代美索不達米亞文明中，有哪些劃時代的發展呢？

位於歐亞大陸西南部的底格里斯河與幼發拉底河流域的美索不達米亞，誕生了歷史上最早的文明。

西元前30世紀左右，蘇美人統治著美索不達米亞區域。**他們不僅在這塊土地上進行農業與貿易，更創造出了文字**，形成高度發展的文明。不過，在西元前24世紀左右被阿卡德人消滅。接著，在西元前19世紀時，由亞摩利人在此建立了巴比倫第一王朝。西元前18世紀，第六代漢摩拉比王統一了美索不達米亞，並**制定了全文共有282條的『漢摩拉比法典』**。儘管當時與遊牧民族不斷征戰，但是這個中央集權國家仍然維持了將近300年的歷史。

美索不達米亞＝「兩河流域間」的文明

黑海
土耳其
底格里斯河
裏海
伊朗
開始農耕
地中海
肥沃月彎
耶莫 Jarmo
杰里科
Jericho
埃及
幼發拉底河
伊拉克
借助牛
來進行農耕。
波斯灣
編纂法典
紅海
以此為民眾
裁量。
授予你
法律。
依據月亮
的運行製作出
曆法。
國王
太陽神
使用陰曆

漢摩拉比法典
這部法典最有名的內容就是「以牙還牙、以眼還眼」，以楔形文字銘刻在一塊高達2公尺的巨大岩石上。

農耕的進行與國家的誕生

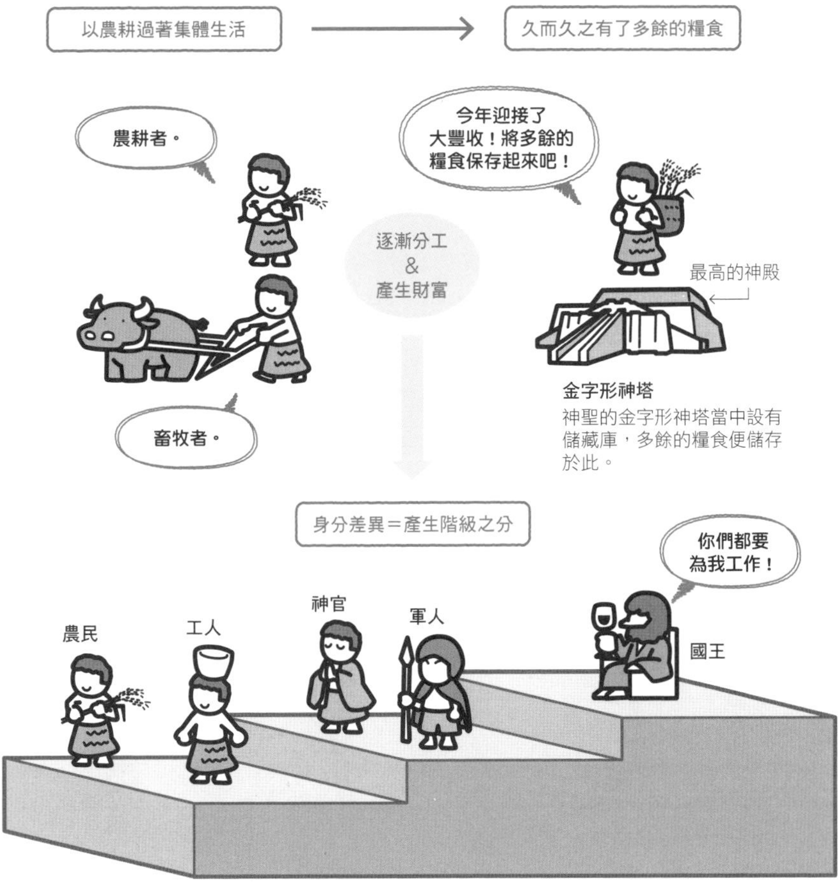
以農耕過著集體生活
久而久之有了多餘的糧食
農耕者。
今年迎接了大豐收！將多餘的糧食保存起來吧！
逐漸分工&產生財富
最高的神殿
畜牧者。
金字形神塔
神聖的金字形神塔當中設有儲藏庫，多餘的糧食便儲存於此。
身分差異＝產生階級之分
你們都要為我工作！
農民
工人
神官
軍人
國王

君主制國家的確立

約從一萬年前起，人類開始從事農耕及畜牧。**在美索不達米亞文明中，從西元前30世紀開始以治水・灌溉等方式發展農業**。人們群聚於大河兩旁的肥沃土地，逐漸從村落發展成都市。**像是一年12個月、一週7天、陰曆、60進位制、楔形文字等**，與現代息息相關的許多文明都是從當時就開始沿用至今。

02 強盛的亞述人統一了古代東方世界

以底格里斯河上游為據點的亞述人，統一了諸多國家與民族、建立起史上第一個世界帝國。

在西元前16世紀曾繁盛一時的巴比倫第一王朝，**在以馬匹與鐵器作為武器的西臺人征戰之下步入滅亡**。亞述人向西臺人學習製鐵技術，同時建構了強悍的戰車軍隊，藉由強盛的軍備體制，**有史以來首次統一了東方世界**。接著，在西元前7世紀征服了埃及。亞述在亞述巴尼拔王統治的時代達到了繁榮的巔峰，其領土從美索不達米亞到敘利亞、安那托利亞、埃及等遍布各地。

使用鐵器的強者

西元前2000年左右　西臺人
史上首次
將鐵器作為武器使用！
以戰車
攻擊敵人！
西元前1000年左右　亞述人
加強了
鐵製武器的力量。
擁有戰車＋
騎兵隊！

日本人與鐵器

在彌生時代，鐵器與青銅器幾乎在同時傳來日本，而製鐵技術則在6世紀的古墳時代成熟。在日本，鐵器用於農業器具與武器等實用的用途，而青銅器則多作為祭祀器具。

我們也有步兵唷！
我們藉由搬運石頭
從上方砸向敵人的
戰術來作戰。

從亞述到波斯阿契美尼德王朝

西元前7世紀　亞述帝國的勢力版圖

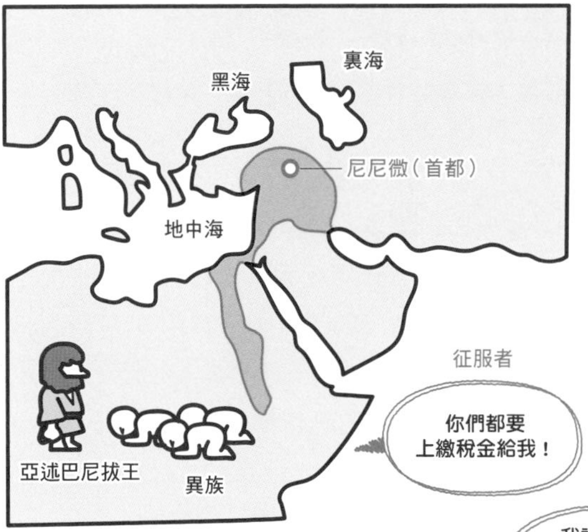
黑海
裏海
尼尼微（首都）
地中海
征服者
你們都要
上繳稅金給我！
亞述巴尼拔王
異族

圖書館的起源

新亞述帝國時期的亞述巴尼拔王（於西元前668～前627年左右），擁有豐富的文化素養，建立了第一座圖書館。這座圖書館中收藏了許多泥版文獻，記錄了在他統治之下的各民族與地區的知識。

西元前5世紀　波斯阿契美尼德王朝的勢力版圖

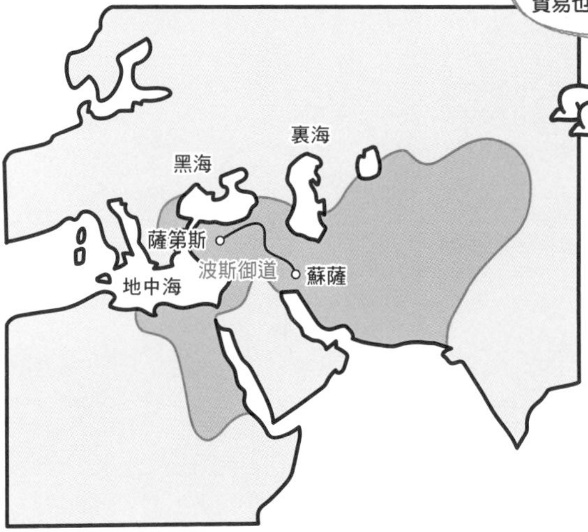
裏海
黑海
薩第斯
波斯御道
蘇薩
地中海

我認同你們的
宗教與風俗習慣。
貿易也盡量發展吧！
包容者
異族
大流士
一世

以波斯御道擴大貿易

從蘇薩一直到薩第斯的波斯御道，在這2500公里內設置了111個驛站，建立了發達的交通網路。

亞述不僅擁有高度的軍備武力，**也藉由地利發展繁榮的中繼貿易**。不過，黷武窮兵的統治反而招致了反抗勢力，於西元前612年分裂成4個帝國。其後，由波斯阿契美尼德王朝統治東方世界。**波斯阿契美尼德王朝以中央集權制度統治王朝，同時也靈活運用其統治下各民族的宗教與文化，進行通商貿易**。

03 古代希臘的「城邦」是民主政治的起源

都市國家「城邦」的繁盛造就了豐富的文化果實，
人民對於貴族的獨佔政治感到不滿，進而發展出了民主政治。

西元前8世紀左右，希臘人開始**發展出「城邦」國家**。所謂的城邦指的是以城牆圍起領土，城牆內則於衛城（山丘）上建造神殿，**而阿哥拉（廣場）則是市民們討論政治與集會的熱鬧場所**。儘管貴族與平民之間有著身分上的差異，不過平民卻有著農耕私有用地的保障。在這樣的城邦社會基礎之下，無論是哲學、文學、美術或建築等各方面都蓬勃發展，並成為其後歐洲文化的源頭。

城邦的構造

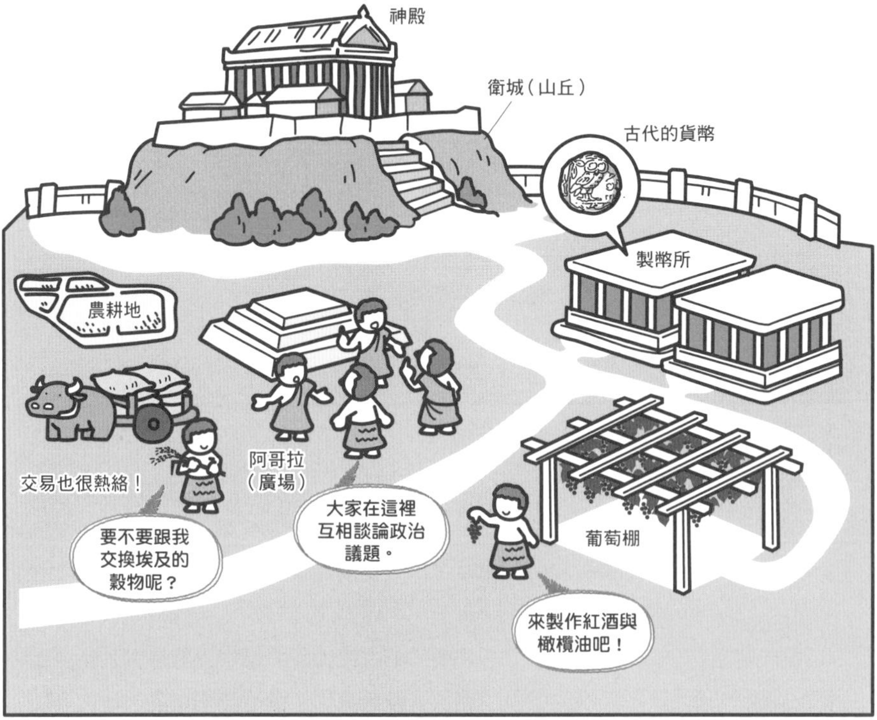
神殿
衛城（山丘）
古代的貨幣
製幣所
農耕地
阿哥拉（廣場）
交易也很熱絡！
要不要跟我交換埃及的穀物呢？
大家在這裡互相談論政治議題。
葡萄棚
來製作紅酒與橄欖油吧！

在雅典誕生民主政治之前

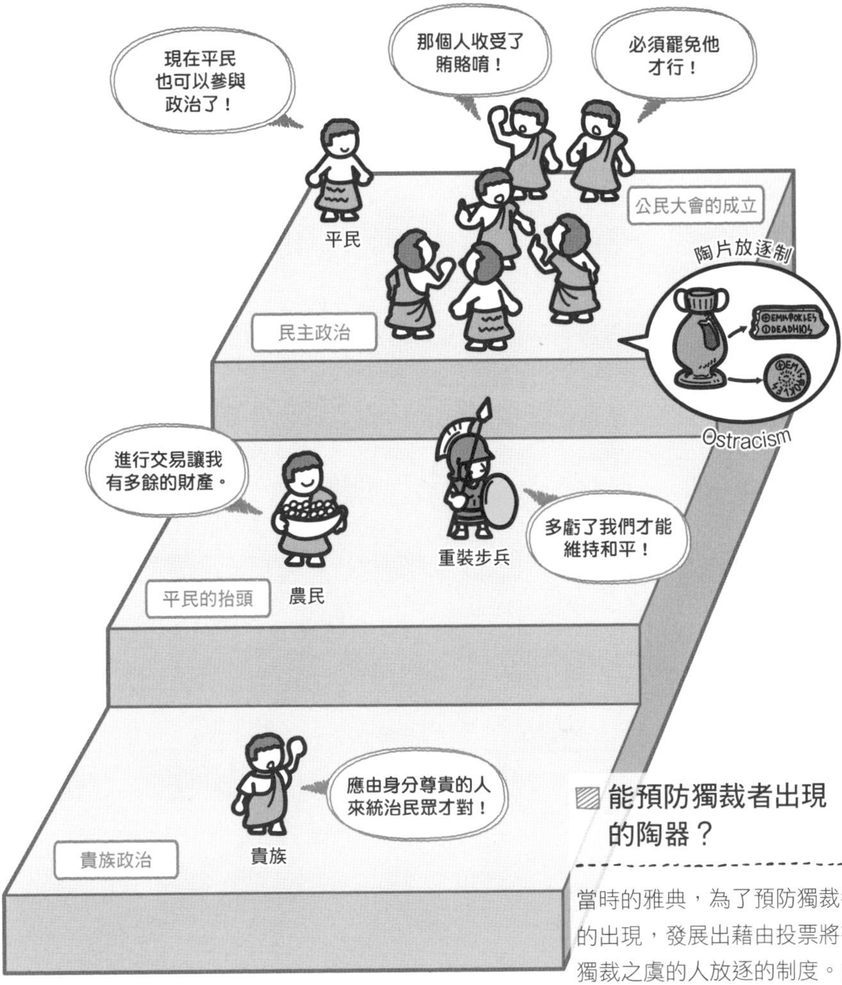
現在平民
也可以參與
政治了！
那個人收受了
賄賂唷！
必須罷免他
才行！
平民
公民大會的成立
陶片放逐制
民主政治
Ostracism
進行交易讓我
有多餘的財產。
多虧了我們才能
維持和平！
重裝步兵
平民的抬頭
農民
應由身分尊貴的人
來統治民眾才對！
貴族政治
貴族

能預防獨裁者出現的陶器？

當時的雅典，為了預防獨裁者的出現，發展出藉由投票將有獨裁之虞的人放逐的制度。由於當時製陶產業興盛，因此有大量陶片可作投票之途。

雅典最初也是貴族政治，但因交易盛行，平民的經濟能力變得寬裕，話語權也隨之提升，**逐漸發展出民主政治。雅典公民大會是當時的最高決策機關**，雖然組織成員是抽籤來決定，不過將軍是由選舉選出，大會成員則可以獲得酬勞（貨幣或食物）。雖說是民主政治，不過女性、外國人與奴隸並不能參與政治。

04 為什麼會爆發伯羅奔尼撒戰爭呢？

越來越強盛的雅典、以及壯大的斯巴達，兩者間的對立越來越嚴重，當時的各城邦都分化成了兩大陣營，彼此爆發衝突。

在因東方大國波斯阿契美尼德王朝進攻而引發的波希戰爭中，以雅典為中心的希臘各城邦皆團結一心應戰，擊退了波斯大軍。此時雅典的民主政治迎來了全盛時期，不過，到了西元前5世紀後半，希臘世界的主導權有所變遷，**由雅典率領的提洛同盟、及由斯巴達所率領的伯羅奔尼撒同盟之間的對立越來越激烈**，因而導致伯羅奔尼撒戰爭的爆發（西元前431年～404年）。此外，**在波希戰爭中敗北的波斯為了復仇，決意支援斯巴達，煽動斯巴達與雅典之間的對立**。

雅典與斯巴達的戰爭

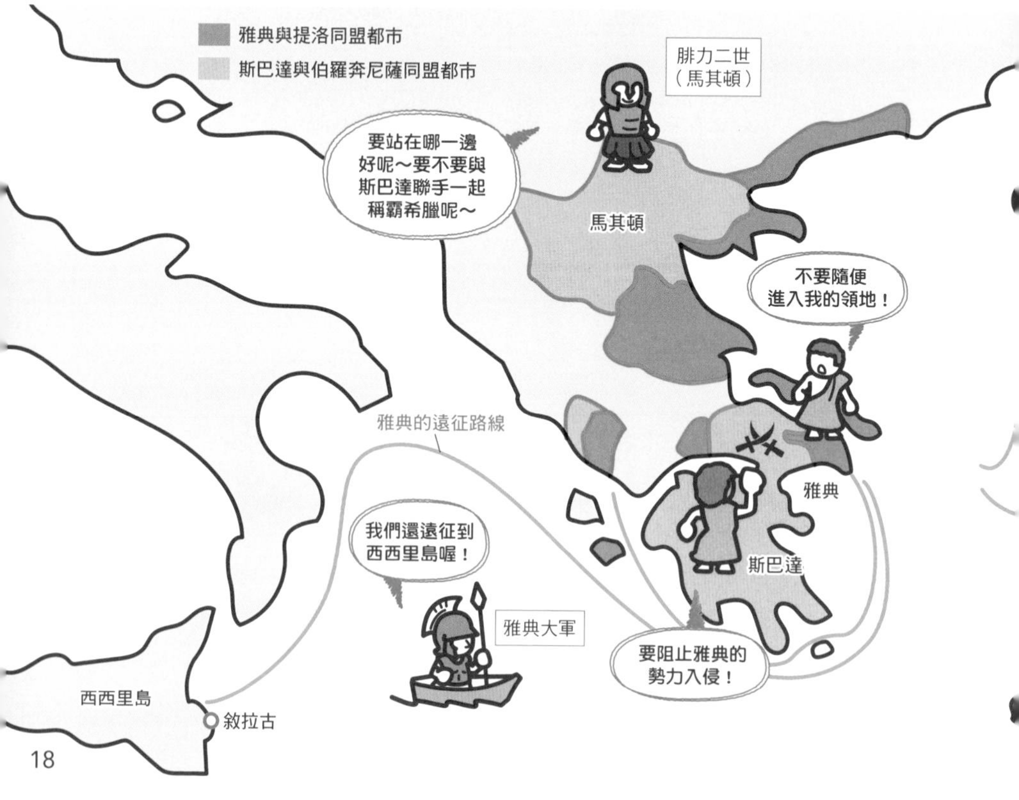
雅典與提洛同盟都市
斯巴達與伯羅奔尼薩同盟都市
腓力二世（馬其頓）
要站在哪一邊好呢～要不要與斯巴達聯手一起稱霸希臘呢～
馬其頓
不要隨便進入我的領地！
雅典的遠征路線
雅典
我們還遠征到西西里島喔！
斯巴達
雅典大軍
要阻止雅典的勢力入侵！
西西里島
敘拉古

將整個希臘一分為二的伯羅奔尼撒戰爭，最終由獲得波斯支持的斯巴達獲得勝利。可是，儘管如此眾城邦之間的紛爭依然未曾停歇，城邦內部甚至出現了煽動政治家，使得民主政治形同空殼；此外，傭兵的出現也導致市民同時也擁有戰士的身分，使得市民原本的角色產生變質，最後導致城邦整體走向衰落。

煽動的語源

煽動的原文為「demagogy」。這個字是由古希臘的煽動政治家「demagogs」演變而來。

所謂的斯巴達教育是斯巴達發展出的嗎？

在斯巴達，小孩從7歲開始就必須送去過團體生活，從12歲起到成年的這段時間都必須接受嚴格的軍事訓練。

當他們在內亂的時候，我要趁機稱霸希臘。
波斯阿契美尼德王朝
大流士一世（波斯）
→與斯巴達聯手擊敗雅典
報酬不夠……
雅典方的軍隊
土地也變得很零碎……
雅典領土
現在可不是希臘內部彼此征戰的時候呀～
中立派的克諾索斯人市民
克里特島
希臘的軍艦「三列槳座戰船」策略是利用船頭的撞角衝撞敵方的軍艦來作戰。划槳手都是無產階級市民。

05 被譽為英雄的亞歷山大大帝甚至遠征到了印度

相對於城邦之間頻起抗爭因而衰落的希臘，馬其頓則從北方開始逐漸崛起壯大。

馬其頓的國王腓力二世儘管征服了希臘，其後卻被暗殺。他的兒子**亞歷山大大帝追隨父親的腳步**，在東方建設了新的城邦國家，目標是重新復興希臘世界，進而著手征服波斯阿契美尼德王朝。西元前333年，亞歷山大大帝在伊蘇斯戰役中擊敗波斯阿契美尼德王朝，並於西元前331年的高加米拉戰役使波斯阿契美尼德王朝徹底滅亡。其後，**亞歷山大大帝也繼續東征，造就出融合了希臘與東方文化的希臘化時代**。

亞歷山大大帝的東征

馬其頓
西元前334年
開始遠征東方！
黑海
我要對滅了
希臘的波斯人
復仇！
亞歷山大大帝
佩拉
地中海
②西元前333年　伊蘇斯戰役
擊敗波斯阿契美尼德
王朝的12萬大軍。
亞歷山大真是
一位可以跟得上我
講課的好學生呢～
亞歷山大港
①西元前356年～少年時代
西元前356年，馬其頓國王
之子的亞歷山大誕生，他在
少年時期追隨亞里斯多德學
習希臘世界的偉大之處。
老師
亞里斯多德
終於要稱霸
波斯了！
紅海

亞歷山大大帝在他開拓的領土上採取的統治政策，**促進了民族融合的腳步**。為了結合馬其頓人與波斯女性，不僅舉辦集體婚禮，亞歷山大大帝本人也迎娶了波斯王室的公主為妻。**亞歷山大大帝的東征儘管遠至印度河**，但是卻無法完成征服印度的野心，回國後染上熱病而倒下，於33歲英年早逝。

戰爭之子的名言

「我不畏懼由一頭羊率領的一群獅子，但我卻害怕由一頭獅子率領的羊群。」這句話闡述的是在戰爭中領袖的重要性。拿破崙也引用過這句話。

日本的佛像藝術是起源於希臘化時代

在日本的飛鳥．天平時代的佛像雕刻藝術，是由犍陀羅藝術為媒介所發展，可看出受到希臘化時代的深遠影響。

好想回去希臘喔～
亞歷山大大帝率領的軍隊
裏海
③西元前331年 高加米拉戰役
消滅了波斯阿契美尼德王朝。
我當作是來郊遊才會敗給這個毛頭小子！
大流士三世（波斯阿契美尼德王朝）
巴比倫
蘇薩
阿契美尼德王朝波斯領土
波斯文明也是很了不起的呢～
④西元前326年 就連印度河也被他征服了
雖然亞歷山大大帝還想要繼續進軍，不過面臨印度大軍與戰象的攻勢，不禁使他斷了征服印度的念頭。
波斯灣
阿拉伯海
⑤西元前323年 於33歲過世
在他準備要從巴比倫出發前往阿拉伯遠征的前夕，因染上熱病而倒下。

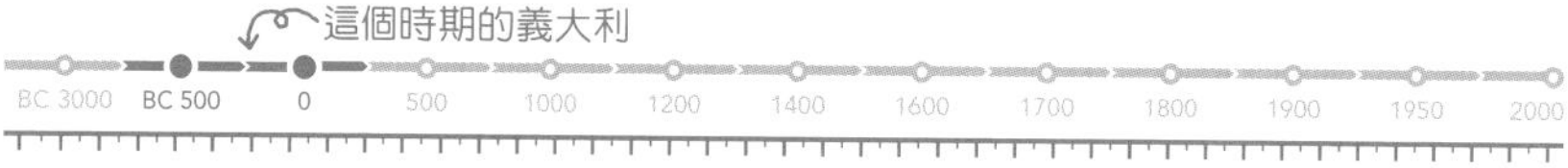
這個時期的義大利
BC 3000
BC 500
0
500
1000
1200
1400
1600
1700
1800
1900
1950
2000

06 古代羅馬帝國的盛世「羅馬治世時代」

位於義大利半島上的都市國家羅馬，以強盛的軍事力量擴大領土，同時交易也很興盛，市民人人皆歌頌和平。

羅馬的起源可以追溯到西元前753年，拉丁人在義大利半島上建立了這個都市國家。雖然在建國之初羅馬屬於王政體制，不過**到了西元前509年就轉變為共和體制**。善於軍事技術的羅馬共和國，在地中海各地不斷開疆闢土。在不斷的戰爭與內亂後期，西元前27年屋大維受到元老院正式授予「奧古斯都（尊貴者）」的稱號，成為羅馬實質上的第一任皇帝，**自此羅馬轉變為帝國體制**。其後，羅馬帝國五賢帝之一的圖拉真將羅馬帝國的疆域擴展到最大。

羅馬帝國的最大版圖與交易

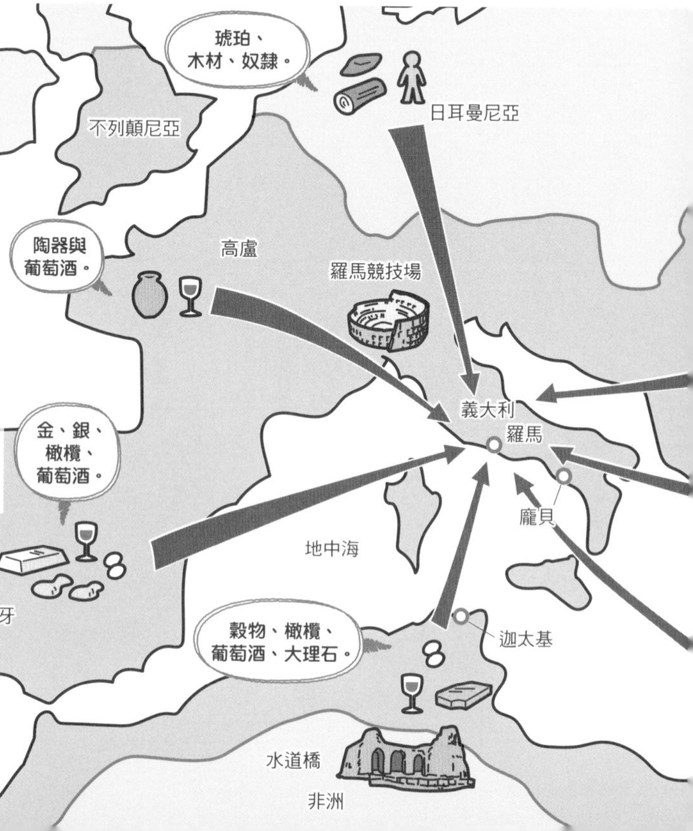
琥珀、
木材、奴隸。
日耳曼尼亞
不列顛尼亞
陶器與
葡萄酒。
高盧
羅馬競技場
義大利
羅馬
金、銀、
橄欖、
葡萄酒。
龐貝
地中海
西班牙
穀物、橄欖、
葡萄酒、大理石。
迦太基
水道橋
非洲

羅馬帝國的交易

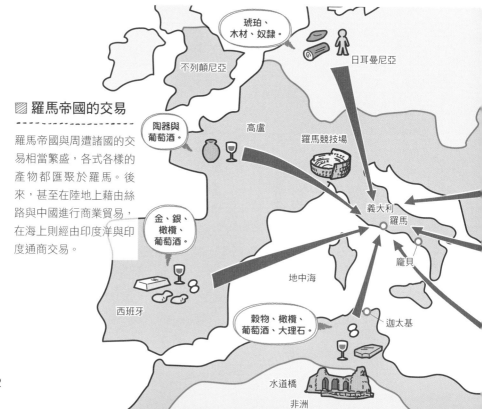

羅馬帝國與周遭諸國的交易相當繁盛，各式各樣的產物都匯聚於羅馬。後來，甚至在陸地上藉由絲路與中國進行商業貿易，在海上則經由印度洋與印度通商交易。

從屋大維即位、一直到五賢帝時代結束為止的這200年間，不僅長久維持和平，經濟非常繁榮。這個時代**被稱作為「羅馬治世時代（羅馬和平）」**，人人安居樂業。此外，同時期也發展出土木・建築等文化，像是羅馬競技場、萬神殿、水道橋、公共澡堂等豪華的建築遺跡依然保留至今，供世人想像當年的繁榮。

羅馬之名起源於雙胞胎的哥哥

在羅馬建國的神話傳說中，有一對雙胞胎兄弟——羅穆盧斯（Romulus）與瑞摩斯（Remus），他們是特洛伊英雄埃涅阿斯（Aineías）的子孫，也是羅馬的建國者。

屋大維

凱薩的養子屋大維是羅馬帝國的第一位皇帝「奧古斯都」。他消滅了埃及的托勒密王朝，統治整個地中海區域。

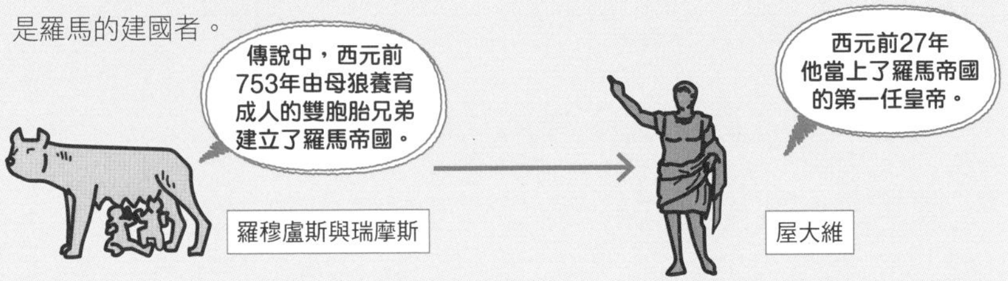
傳說中，西元前753年由母狼養育成人的雙胞胎兄弟建立了羅馬帝國。
羅穆盧斯與瑞摩斯
西元前27年他當上了羅馬帝國的第一任皇帝。
屋大維

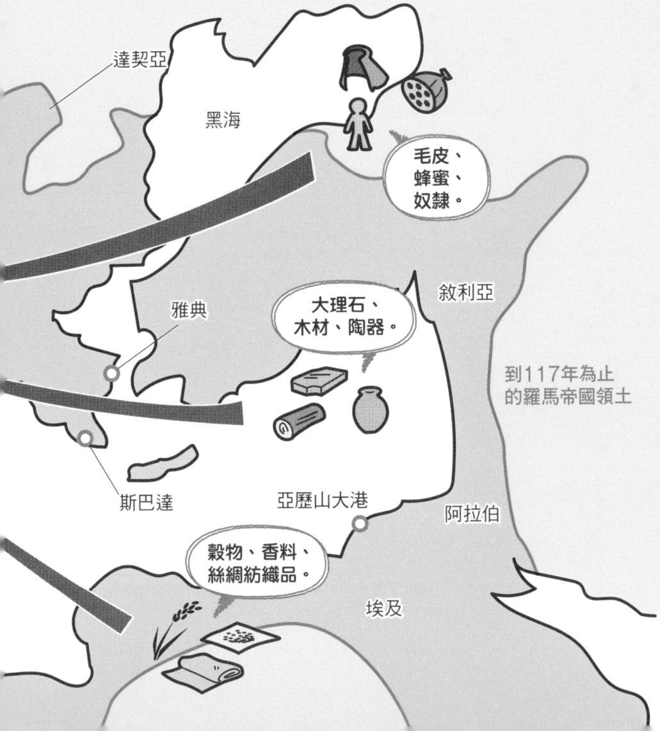
達契亞
黑海
毛皮、蜂蜜、奴隸。
雅典
大理石、木材、陶器。
敘利亞
到117年為止的羅馬帝國領土
斯巴達
亞歷山大港
阿拉伯
穀物、香料、絲綢紡織品。
埃及

公共澡堂

古羅馬的公共澡堂不僅能進去泡澡，也同時是飲食、運動、商業活動進行的場所。

07 說出：「骰子已經擲下」的英雄凱薩決意賭上一切宣戰

古羅馬能佔領從地中海到西歐這片廣大的土地，背後都是因為有凱薩這位英雄的緣故。

古羅馬帝國之所以能迎來繁榮的「羅馬治世時代」，都是由一位英雄所奠定基礎。羅馬在共和體制之下的西元前2～前1世紀這段期間，為了擴大領土不斷東征西討，而國內也因為貧富差距而引發內亂動盪。在一片混亂之中，**尤利烏斯·凱薩的勢力**逐漸抬頭。天生擁有軍事才能的凱薩，實現了遠征高盧（現在的法國、比利時、瑞士附近區域）的夢想，最後終於一手**掌握了獨裁政權**。

羅馬共和政治的結構

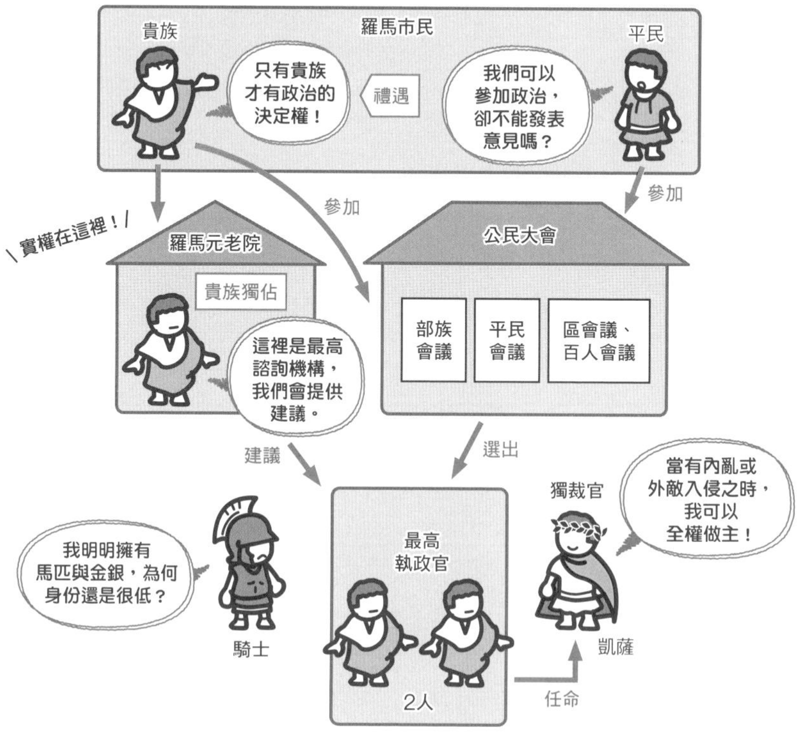
羅馬市民
貴族
只有貴族才有政治的決定權！
禮遇
平民
我們可以參加政治，卻不能發表意見嗎？
參加
參加
實權在這裡！
羅馬元老院
貴族獨佔
這裡是最高諮詢機構，我們會提供建議。
公民大會
部族會議
平民會議
區會議、百人會議
建議
選出
獨裁官
當有內亂或外敵入侵之時，我可以全權做主！
我明明擁有馬匹與金銀，為何身份還是很低？
騎士
最高執政官
2人
任命
凱薩

凱薩的生平

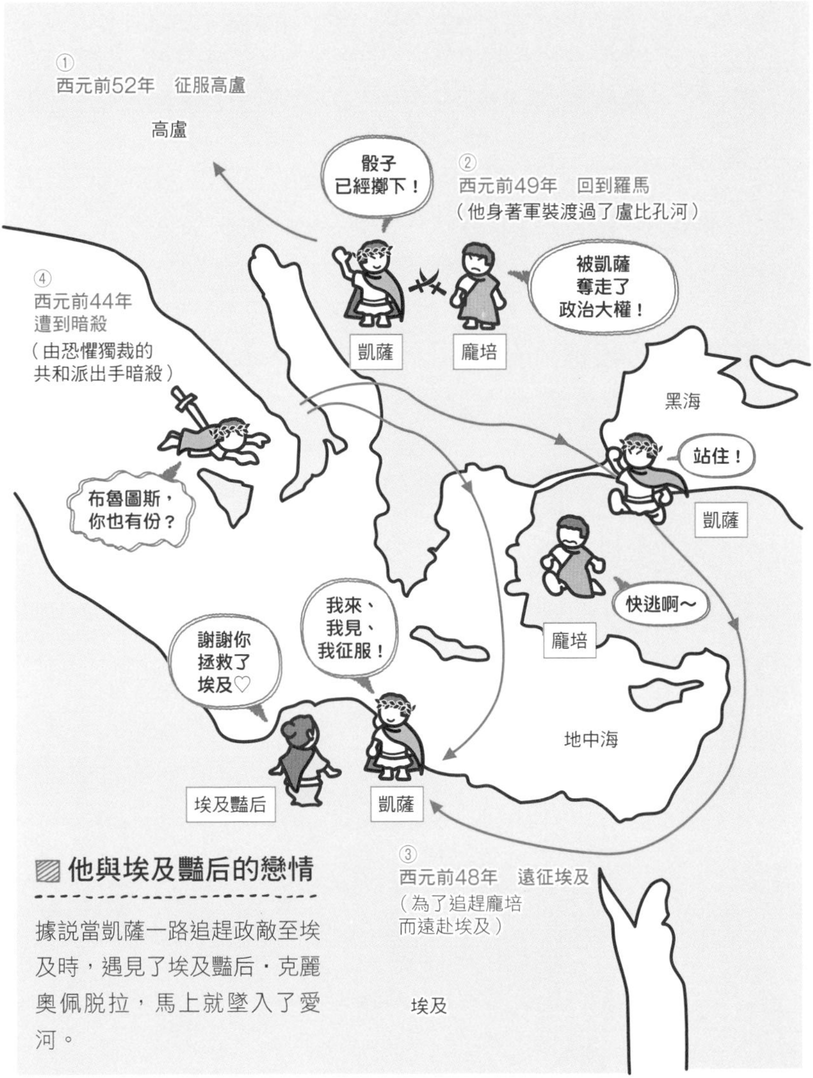
①
西元前52年　征服高盧
高盧
骰子
已經擲下！
②
西元前49年　回到羅馬
（他身著軍裝渡過了盧比孔河）
被凱薩
奪走了
政治大權！
凱薩
龐培
④
西元前44年
遭到暗殺
（由恐懼獨裁的
共和派出手暗殺）
布魯圖斯，
你也有份？
黑海
站住！
凱薩
快逃啊～
龐培
我來、
我見、
我征服！
謝謝你
拯救了
埃及♡
地中海
埃及豔后
凱薩
③
西元前48年　遠征埃及
（為了追趕龐培
而遠赴埃及）
埃及

他與埃及豔后的戀情

據說當凱薩一路追趕政敵至埃及時，遇見了埃及豔后・克麗奧佩脫拉，馬上就墜入了愛河。

凱薩的榮耀非但沒有長久維持，反而還被共和派的人馬暗殺了。不過，他的**養子屋大維**卻一邊維持共和政治的傳統、一邊將所有大權都獨攬其身，開始了羅馬的**帝國時代**，成為羅馬帝國的第一任皇帝。幅員遼闊的羅馬帝國之所以能開創繁榮的「羅馬和平」時代，凱薩堪稱是最重要的轉捩點一點也不為過。

這個時期的義大利
BC 3000
BC 500
0
500
1000
1200
1400
1600
1700
1800
1900
1950
2000

08 曾經盛極一時的羅馬帝國是怎麼走向衰亡的呢？

羅馬帝國的繁榮並未長久持續。由於基督教的滲透與日耳曼人大遷徙，使得羅馬帝國分裂為東西兩半。

經過了羅馬帝國五賢帝時代最後一個皇帝馬可．奧里略統治的盛世後，羅馬帝國便漸漸走向了衰亡的道路。**藉由傭兵制度獲得權力的軍人**們爭相搶奪皇帝大位，導致羅馬處於一片混亂的狀態。於284年即位的皇帝戴克里先，**確立了羅馬的專制君主制**，試圖重建帝國。此外，土地經營方面也從奴隸制度轉變為所有制，都市經濟的衰退也是羅馬帝國衰敗的原因之一。

羅馬帝國滅亡之前

大土地奴隸制（Latifundia）與大土地所有制（Colonatus）

這兩者都是由富裕階級經營廣大的土地，不過前者是將俘虜當作奴隸來使用，而後者則是驅使沒落的農民成為佃農為自己工作。由於地主在經濟方面的自立程度提高，導致都市逐漸失去機能。

大土地奴隸制：奴隸就算辛勤工作收穫也會被奪走，更毫無自由！
大地主
奴隸
我要跟著會給我錢的人走！
傭兵
強者為王敗者為寇！
軍人
大土地奴隸制
轉為大土地所有制
我借你土地所以你要給我土地的費用。
地主
沒有土地就無法以農業維生～
佃農
到了軍人皇帝時代
306年政治上轉變為專制君主制
我要重建帝國！
皇帝戴克里先
最近，羅馬的治安很差呢～
商人
意見不合我要換人～
傭兵
我就是皇帝！
軍人

羅馬帝國滅亡的關鍵在於**日耳曼人的入侵**。在西元元年左右，日耳曼人與羅馬人似乎就開始有所接觸，不過一直到了375年亞洲遊牧民族匈人進攻，使得日耳曼民族大遷徙，侵入羅馬帝國內部。**395年，羅馬帝國分裂為東西兩方**，雖然東方的東羅馬帝國大約維持了1000年之久，但西方的西羅馬帝國到了5世紀便滅亡，並轉變為3個日耳曼國家。

日耳曼人

日耳曼人原本是居住在歐洲北部到波羅的海之間，以畜牧和農耕維生的民族。擁有身材高大、金髮碧眼等特質。

軍人皇帝時代

235～284年間，有多達26人被封為皇帝，可說是非常混亂的時代。當時羅馬各地擁有強大軍事背景的軍人，都當上了皇帝。

羅馬帝國東西分裂

4世紀末期，皇帝狄奥多西一世在臨死之前，將羅馬帝國的東方分割給長男、西方分割給次男統治，此後羅馬帝國就再也沒有統一過。

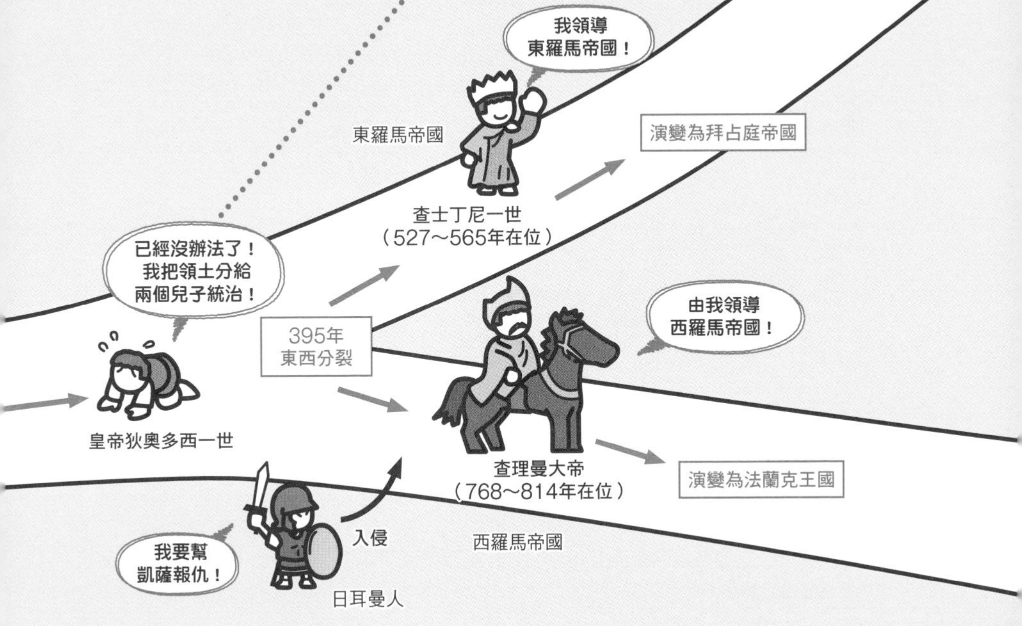
我領導
東羅馬帝國！
東羅馬帝國
演變為拜占庭帝國
查士丁尼一世
（527～565年在位）
已經沒辦法了！
我把領土分給
兩個兒子統治！
395年
東西分裂
由我領導
西羅馬帝國！
皇帝狄奥多西一世
查理曼大帝
（768～814年在位）
演變為法蘭克王國
入侵
西羅馬帝國
我要幫
凱薩報仇！
日耳曼人

09 希臘與羅馬文化奠定了西方文明的基礎

精神層面修養甚深的希臘文化及受到希臘時期影響深遠、富高度實用性的羅馬文化，分別在哪方面特別優越、值得矚目呢？

希臘的古典文化在**哲學、美術、文學與歷史等領域的發展相當亮眼**，這是因為希臘市民無論是在政治或社會方面皆**歌頌自由所誕生的產物**。像是希羅多德留下的歷史學、阿里斯托芬留下的喜劇與悲劇等，都帶給現代文明極為深遠的影響。由於當時的民主政治蓬勃發展，也出現了許多傳授辯論技巧與政治學的智辯家等知識份子。這導致了以蘇格拉底為首的哲學家們開始鑽研人類的理性思想，讓希臘的哲學思想遍地開花。

何謂希臘文化

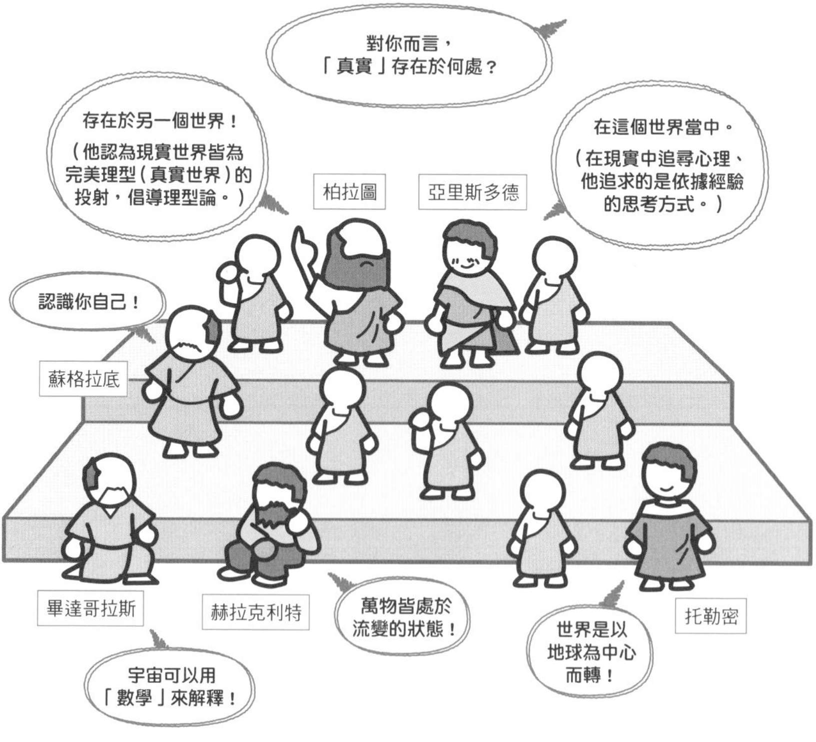
對你而言，「真實」存在於何處？
存在於另一個世界！（他認為現實世界皆為完美理型（真實世界）的投射，倡導理型論。）
柏拉圖
亞里斯多德
在這個世界當中。（在現實中追尋心理、他追求的是依據經驗的思考方式。）
認識你自己！
蘇格拉底
畢達哥拉斯
赫拉克利特
萬物皆處於流變的狀態！
托勒密
世界是以地球為中心而轉！
宇宙可以用「數學」來解釋！

羅馬文化的代表是建築

利用最先進的土木建築
與水利技術大舉建設。
尤其是拱型的技術
就是由古羅馬人
開始使用並擴大發展。
水道橋
在古代羅馬是
作為城牆而興建。
君士坦丁凱旋門

▨ 拉丁語的實際用途？

雖然古代羅馬的共通語言是拉丁語，不過現在幾乎已經沒有人使用了。儘管如此，像是星座名稱、化學的元素符號、法語等都是起源於拉丁語，因此在歐洲有些學校將拉丁語列為必修科目。

就算距離有50公里
之遠也能引水過來！
古羅馬廣場
在這裡
召開公民大會
與市集。
羅馬競技場
專門觀賞動物與
人類搏鬥的競技場。
如此眾多的
公共建築物都是
為了人民的健康
福祉而設立。
大賽馬場
最多可容納
30萬人的大型
娛樂設施。
現在還能看到這些
遺跡真是了不起！
羅馬市民

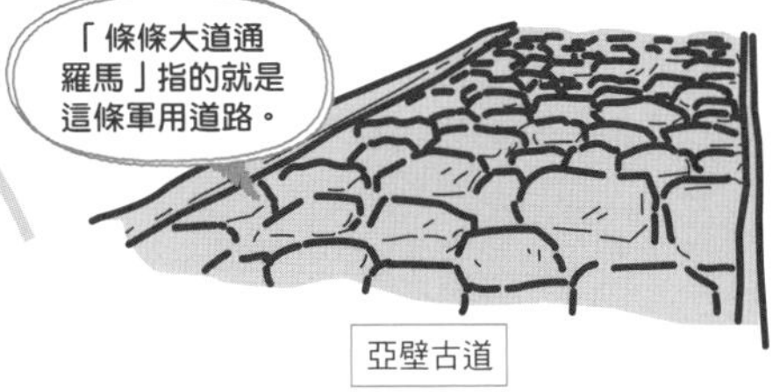
「條條大道通
羅馬」指的就是
這條軍用道路。
亞壁古道

▨ 羅馬人是為了嘔吐而進食

羅馬是從屬國（羅馬的統治區域）運輸食物進國內，且免費提供給市民。因此市民們都是吃了又吐、吐了又吃地持續進食。

另一方面，羅馬人則是**留下了許多合理又富有實用性的文化**，像是土木·建築、法律、曆法等領域。其中尤其以**羅馬法**最為出色，不僅歐洲各國模仿，就連近代日本也參考羅馬法來立法。此外，羅馬人也利用拱型的技術來發展建築技術，蓋出了競技場、水道橋、帝國與各地相連的街道等，**推動都市開發**。

fashion check

— 時尚穿搭評鑑 —

羅馬市民　羅馬軍人

托加的穿著方式

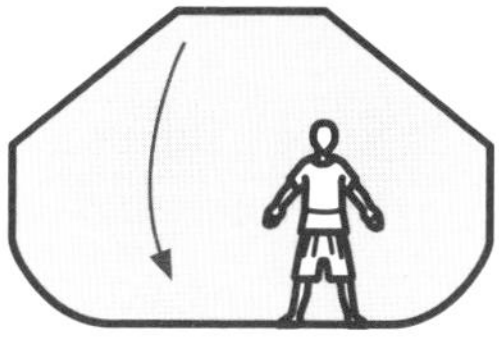

①將等同於人類身高兩倍長的布料，對折成一半。

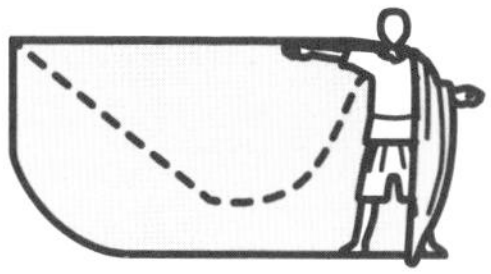

②將布料的一端披掛在左肩。

③將另外一端從右邊腋下繞回左肩，再往右腰環繞一圈綁緊即完成。

托加(Toga)

托加長袍是一種將布料從右邊腋下斜斜地披掛在左肩的服裝。在纏繞時可以利用諸多巧思，創造出專屬於自己的風格。

羅馬市民

托加長袍(Toga)不僅是大羅馬帝國的榮耀象徵、同時也是一般市民穿著的服裝。當時只有男性可以穿著托加長袍，而長袍的顏色、披掛方式、裝飾品也會因為身分階級而有明確的劃分。雖然在早期女性也會穿著托加長袍，不過後來就改穿一種名為斯托拉(Stola)的正式服裝了。

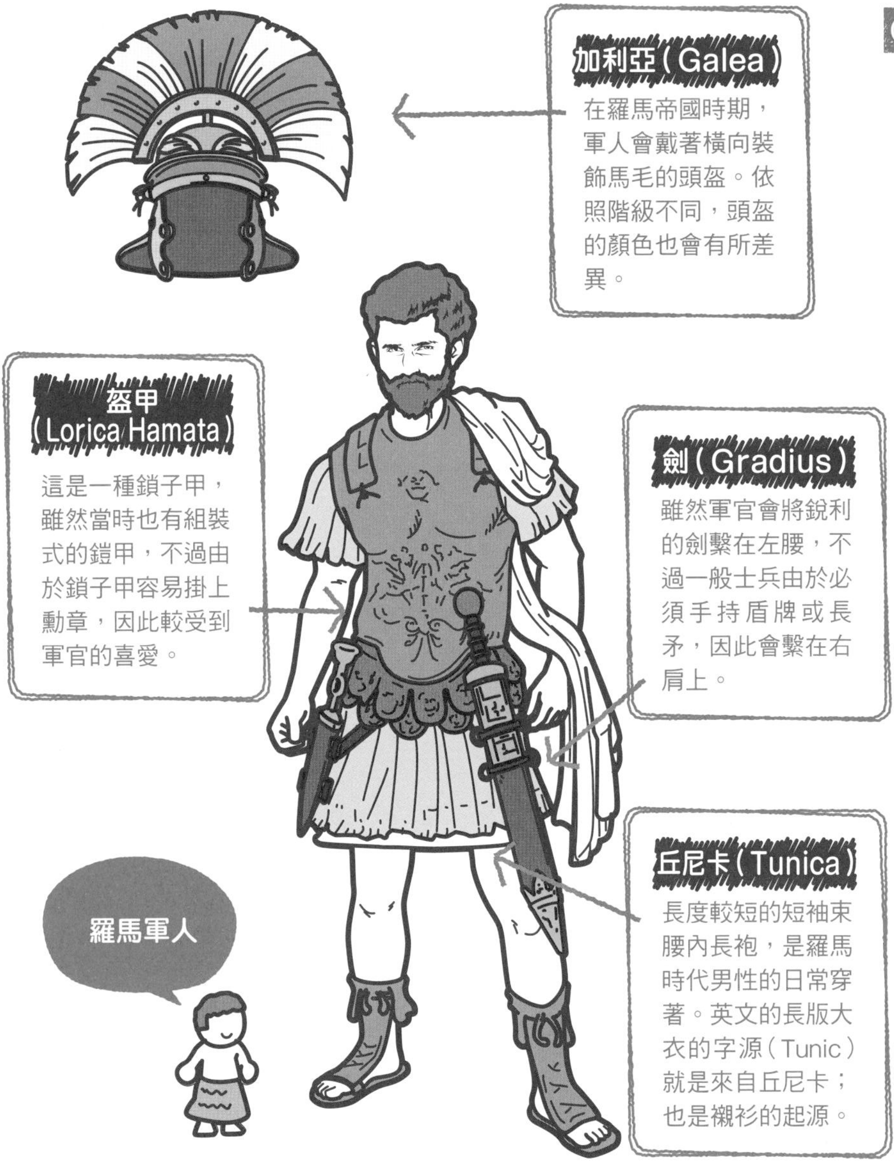
加利亞（Galea）
在羅馬帝國時期，軍人會戴著橫向裝飾馬毛的頭盔。依照階級不同，頭盔的顏色也會有所差異。
盔甲（Lorica Hamata）
這是一種鎖子甲，雖然當時也有組裝式的鎧甲，不過由於鎖子甲容易掛上勳章，因此較受到軍官的喜愛。
劍（Gradius）
雖然軍官會將銳利的劍繫在左腰，不過一般士兵由於必須手持盾牌或長矛，因此會繫在右肩上。
丘尼卡（Tunica）
長度較短的短袖束腰內長袍，是羅馬時代男性的日常穿著。英文的長版大衣的字源（Tunic）就是來自丘尼卡；也是襯衫的起源。
羅馬軍人

一般來說，羅馬軍人的服裝如上圖所示，先穿著一件名為丘尼卡（Tunica）的內衣，再套上盔甲（Lorica Hamata），以及皮革製外套（Pteruges），再將配劍（Gradius）繫於左腰。右腰則掛上護身用的短劍（Pugio）。由盔甲及披肩的顏色則能看出軍官的階級。

這個時期的歐洲
BC 3000
BC 500
0
500
1000
1200
1400
1600
1700
1800
1900
1950
2000

10 在苦難與抗爭中生存的基督教

現在的基督教已經是全球性的宗教。當時儘管基督教遭受迫害，依然成為羅馬帝國的國教，並撼動了後世的歷史。

耶穌在西元前4年誕生於巴勒斯坦。在「羅馬和平」時代背後被迫犧牲的希伯來人，**接受了耶穌的教誨**。耶穌批判猶太教，**主張神的愛是超越身分與貧富**，被世人推崇為救世主。對耶穌的存在備感威脅的羅馬總督儘管處死了耶穌，但基督教開始發揚光大反而是在耶穌死發生。其後，經由保羅的傳教，使得基督教逐漸壯大。屬於多神教的羅馬帝國，也被一神教的基督教急速滲透。

基督教的傳播

米蘭
君士坦丁大帝
我承認基督教。
⑥313年　米蘭詔令
他在夢中受到耶穌的啟示，帶著十字架標記的軍旗進攻打仗獲得勝利，因此宣布承認基督教。
羅馬
拿坡里
至5世紀前基督教流傳的區域
耶穌最初的信徒，也是十二使徒的代表人物。在小亞細亞、希臘等地傳教。
彼得
我反對基督教！
皇帝尼祿
⑤門徒的傳教
地中海
④遭受迫害
羅馬帝國第5代皇帝尼祿（54～68年在位），是羅馬帝國第一個迫害基督教的皇帝。甚至還將基督徒作為猛獸的誘餌。
宣揚耶穌的教誨就能讓大家都得到救贖。
保羅
雖然他原本信仰猶太教，並曾經敵視耶穌，但後來回心轉意信仰基督教。

儘管羅馬皇帝數度大舉迫害基督教，信徒卻不減反增。而且就連上流階級也出現了基督教信徒，到了313年，君士坦丁大帝認為與其鎮壓、不如**承認基督教會更有利**，因此頒布承認基督教的米蘭詔令。**羅馬帝國在392年更將基督教定為國教**，禁止人民信仰其它宗教。

①西元前4年 耶穌誕生
誕生於馬廄中。
②29年 開始傳道
神愛世人！
③30年 在十字架上處刑
只有一個神的宗教是邪教！
④遭到迫害
皇帝尼祿
⑤門徒傳道
耶穌才是救世主！
基督教成立
經由波斯的薩珊王朝傳至中國
黑海
君士坦丁堡
雅典
禁止基督教以外的宗教！
⑦325年 尼西亞會議
尼西亞會議是決定基督教義的最高會議。從這次會議之後開始區分正統及異端。
耶穌與神的本質相同！
⑧392年 成為羅馬帝國的國教
雖然當時頒布了異教禁止令，但短短3年後羅馬帝國就分裂為東西兩邊。
皇帝狄奧多西一世
③耶路撒冷 耶穌受刑之地。
①伯利恆 耶穌誕生之地。
埃及

11 追尋死而復生的古代埃及文明

繁榮了長達2500年的古埃及文明，
現在就來探究其中的秘密吧！

被沙漠包圍的尼羅河沿岸，**遍布著廣闊的肥沃土地，也因此有這麼一句話形容：「埃及是尼羅河的贈禮」**。在西元前3000年，蘇美人在美索不達米亞區域成立國家的同時，古埃及也在這塊土地上發展了繁盛的文明。在西元前30世紀左右，古埃及成立了統一的王國。在法老王之下，由祭司掌控民眾。其後經過了中王國時期與新王國時期，到了西元前6世紀左右共持續了26代的王朝。

埃及是尼羅河的贈禮

地中海
在此發現羅塞塔石碑
上面雕刻了聖書體。(埃及象形文字)
圖坦卡門法老王
古埃及新王國時期的法老王。從他的陵墓中發現了黃金面具等許多以黃金製作而成的陪葬品
與非洲、西亞進行交易。
羅塞塔
吉薩
這裡有三大金字塔！
從美索不達米亞文明學習而來。
底比斯
紅海
耕種小麥
尼羅河
製作發酵麵包
利用一種名為莎草（Papyrus）的植物來造紙，也是英文「紙」（Paper）的詞源。
書記官
我們會用大麥做麵包、用小麥釀啤酒唷！
我們擁有造紙的技術。

從冥界的指引到靈魂重生

金字塔

金字塔是為了保存法老王的木乃伊而建立的巨大陵墓。光是巨石的搬運道路就要建造10年、金字塔本體則需要花費長達20年的時間。

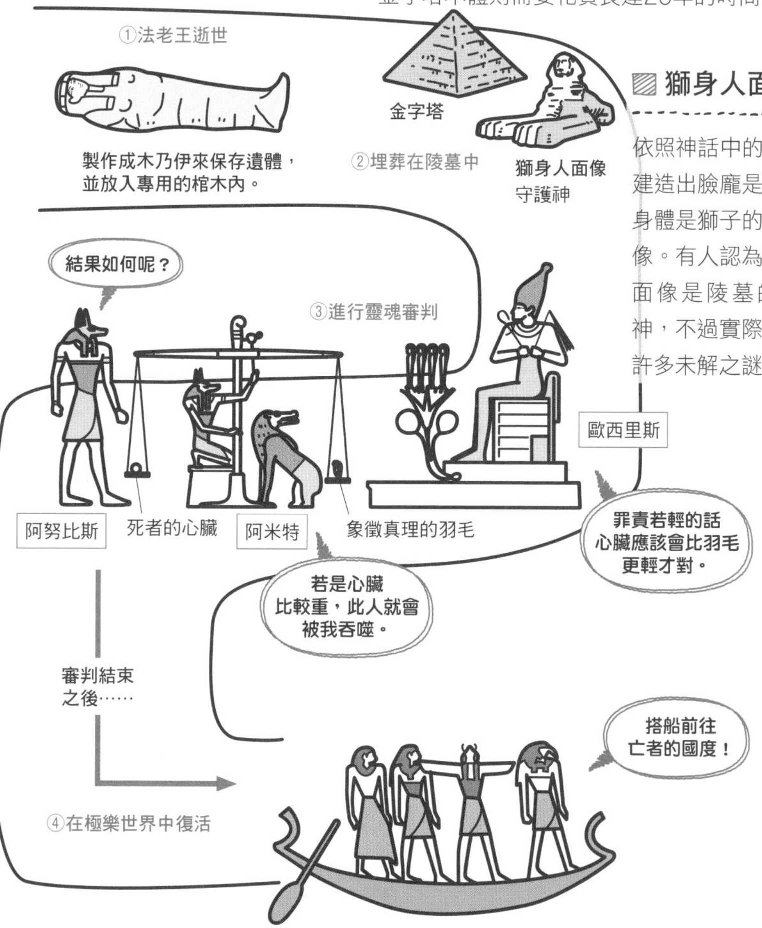
①法老王逝世
製作成木乃伊來保存遺體，
並放入專用的棺木內。
金字塔
②埋葬在陵墓中
獅身人面像
守護神
結果如何呢？
③進行靈魂審判
歐西里斯
阿努比斯
死者的心臟
阿米特
象徵真理的羽毛
罪責若輕的話
心臟應該會比羽毛
更輕才對。
若是心臟
比較重，此人就會
被我吞噬。
審判結束
之後……
搭船前往
亡者的國度！
④在極樂世界中復活

獅身人面像

依照神話中的怪物，建造出臉龐是人類、身體是獅子的巨大雕像。有人認為獅身人面像是陵墓的守護神，不過實際上還有許多未解之謎。

在古代的埃及文明中，**人們相信死後可以復活**，因此衍生出了**木乃伊、金字塔與亡靈書等**文化。但即便是盛極一時的古埃及王國，也在西元前6世紀被波斯阿契美尼德王朝佔領，到了西元前3世紀則被托勒密王朝統治。後來經過羅馬帝國的統治，到了7世紀時則被伊斯蘭文化所滲透。

NO.01

column

埃及豔后・克麗奧佩脫拉是美女嗎？

來看看克麗奧佩脫拉受歡迎的理由吧！

埃及豔后・克麗奧佩脫拉，在歷史上被並稱為「世界三大美女」。她成功與羅馬的英雄凱薩結盟，巧妙地操弄政治。既然能迷倒那麼了不起的英雄人物，大家想必一定覺得她是大美女，但實際上似乎並非如此。當時的歷史學家普魯塔克也記載，克麗奧佩脫拉**並沒有令人眼睛一亮的美貌外表**。

那麼，克麗奧佩脫拉的魅力究竟為何呢？剛才提到的普魯塔克曾表示：「光是聽到她的聲音，就會令人感到喜悅無比」，她的聲音就像是黃鶯出谷般甜美動人。而且，她還是一位**非常「善於傾聽」的女性**。據說只要是男人，都會忍不住在她面前說出自己的真心話。此外，她優異的溝通技巧也展現在語言能力上，據說她能流利地**說出7種語言，更精通科學與音樂**。

因此我們可以斷定，克麗奧佩脫拉如此具魅力的理由並不是令人驚豔的美麗外表，而是她豐富的內在之美。

ERASER

Chapter 02

「亞洲世界的成形」

中國與印度同樣也以河川流域為中心，
發展出高度文明。許多民族縱橫
在世界史的地圖上，無論是宗教、
政治與文化都有著大幅度的進展。
此外，東西方之間的貿易也越來越繁榮。

section

01 以占卜掌控人民的古代中國黃河文明

02 究竟是由誰建築而成的呢？充滿謎團的印度河流域文明

03 首位統一中國的秦始皇究竟是明君、還是暴君呢？

04 沒有創始者的宗教——印度教的誕生

05 發源於印度的佛教，卻未在當地廣泛普及的傳播

06 在中國誕生的大帝國・唐朝的繁榮與衰退

07 科舉是競爭率「超低」的特考!?

08 成吉思汗的蒙古帝國曾將全世界都納入麾下？

09 連結東西方人們與貨物的3條要道

01 以占卜掌控人民的古代中國黃河文明

世界上首屈一指的大河「黃河」周邊，衍生出了繁盛的文明。現在的中華文明，就是在這裡誕生。

中國的古代文明誕生於黃河沿岸，黃河文明大致上可以分類為**西元前5000年左右的仰韶文化、以及西元前2800年左右的龍山文化**，主要進行以粟黍為主的農耕與畜牧，使用以紅色等顏料描繪圖案的陶器（彩陶），而這些文化可以連接到商朝時期。此外，比商朝更古老的夏朝以往都被認定是傳說中的王朝，不過在近幾年的研究中，也有人倡議對夏朝真實存在的可能性存疑。

古代中國的3個文化

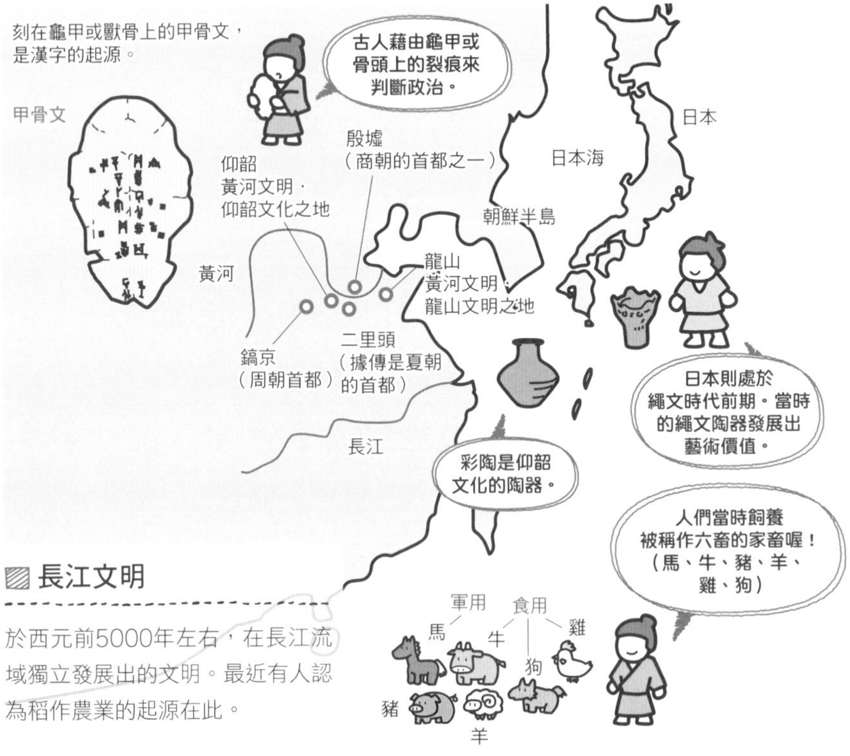
刻在龜甲或獸骨上的甲骨文，是漢字的起源。
甲骨文
古人藉由龜甲或骨頭上的裂痕來判斷政治。
殷墟（商朝的首都之一）
仰韶 黃河文明・仰韶文化之地
黃河
龍山 黃河文明・龍山文明之地
鎬京（周朝首都）
二里頭（據傳是夏朝的首都）
日本
日本海
朝鮮半島
長江
日本則處於繩文時代前期。當時的繩文陶器發展出藝術價值。
彩陶是仰韶文化的陶器。
人們當時飼養被稱作六畜的家畜喔！（馬、牛、豬、羊、雞、狗）
軍用
食用
馬
牛
雞
狗
豬
羊

長江文明

於西元前5000年左右，在長江流域獨立發展出的文明。最近有人認為稻作農業的起源在此。

古代中國的象徵——青銅器

青銅器的使用

青銅器是由銅與錫的合金鑄造而成。由於青銅器的熔點較低、硬度卻非常高，很適合用來鑄造為容器，因此人類從很早就開始使用。當時只有貴族才能使用青銅器。

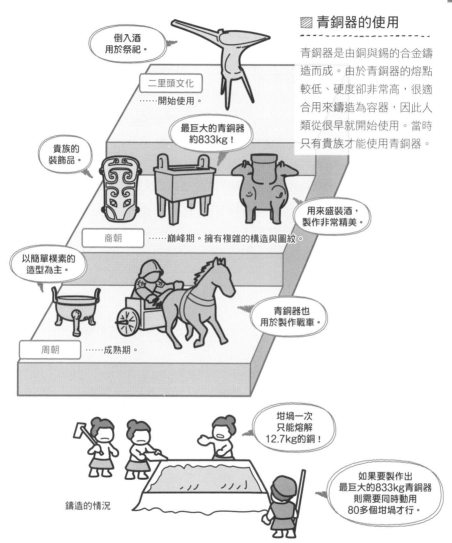

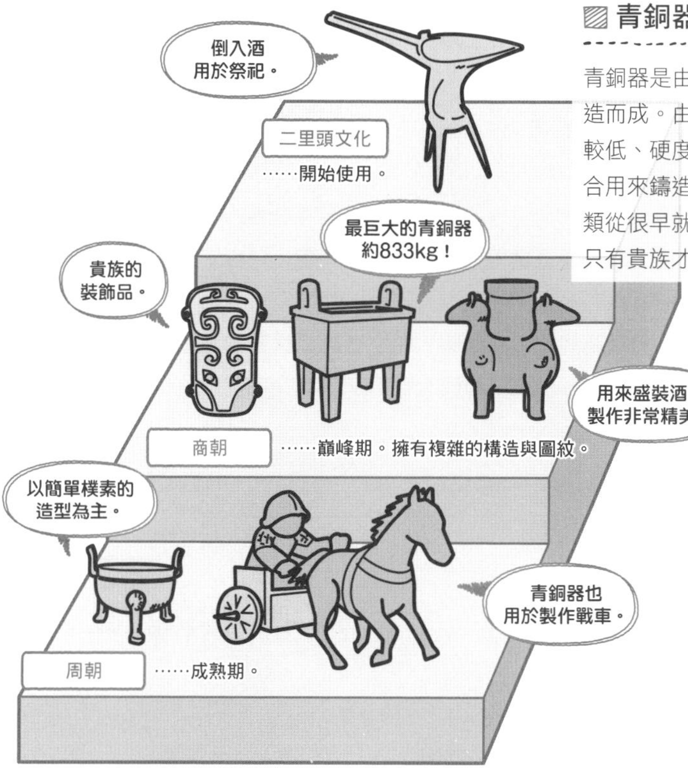
倒入酒
用於祭祀。
二里頭文化
……開始使用。
最巨大的青銅器
約833kg！
貴族的
裝飾品。
用來盛裝酒，
製作非常精美。
商朝
……巔峰期。擁有複雜的構造與圖紋。
以簡單樸素的
造型為主。
青銅器也
用於製作戰車。
周朝
……成熟期。

坩堝一次
只能熔解
12.7kg的銅！
如果要製作出
最巨大的833kg青銅器
則需要同時動用
80多個坩堝才行。
鑄造的情況

西元前17世紀左右，在中國實際存在的最古老王朝——商朝誕生了。商朝是由散布在黃河沿岸、被**稱之為「邑」的聚落所聯合起來的王朝**，使用龜甲等工具占卜來統治人民。**發展出漢字起源的甲骨文、以及青銅器文化而興盛一時的商朝**，傳到了第30代的紂王，便被周朝的武王給殲滅了。

02 究竟是誰建築而成的呢？充滿謎團的印度河流域文明

印度的歷史是從印度河流域開始發展出古文明。
後來，恆河流域成為了印度歷史的舞台。

在印度河流域發展出的古代文明，現在殘存兩處非常著名的遺跡。**他們使用青銅器，利用窯燒的土磚建造建築物、發展出都市計畫**，但由於至今仍無法解讀出他們的文字，因此這個擁有高度文明的民族，為何會衰退的原因依然無法掌握到詳情。**他們擁有優異的地下水設備，也進行農耕與畜牧等產業；尤其是棉花相當普及**，因此他們會經由波斯灣與美索不達米亞文明進行貿易。

印度河流域文明的生活

井
使用窯燒土磚的建築
顯示出高度文明。
井與廁所等地下水
設備也很完備。
竟然還有
玩遊戲的
閒暇時間！
地下水設備
印度河流域文明的發達地區
哈拉帕遺跡
印度河
摩亨卓—
達羅遺跡
我們也曾
栽培棉花喔！
農耕與畜牧
都很盛行！
牛的幫助很大♪
恆河
西元前1000年左右～
印度王朝時期
相當興盛
阿拉伯海
季風
牛也大幅運用
在搬運物品上！
利用季風的作用
前往埃及、美索不達米亞
等地進行交易。
孟加拉灣
哞～～

現代仍殘存的種姓制度是如何誕生的呢？

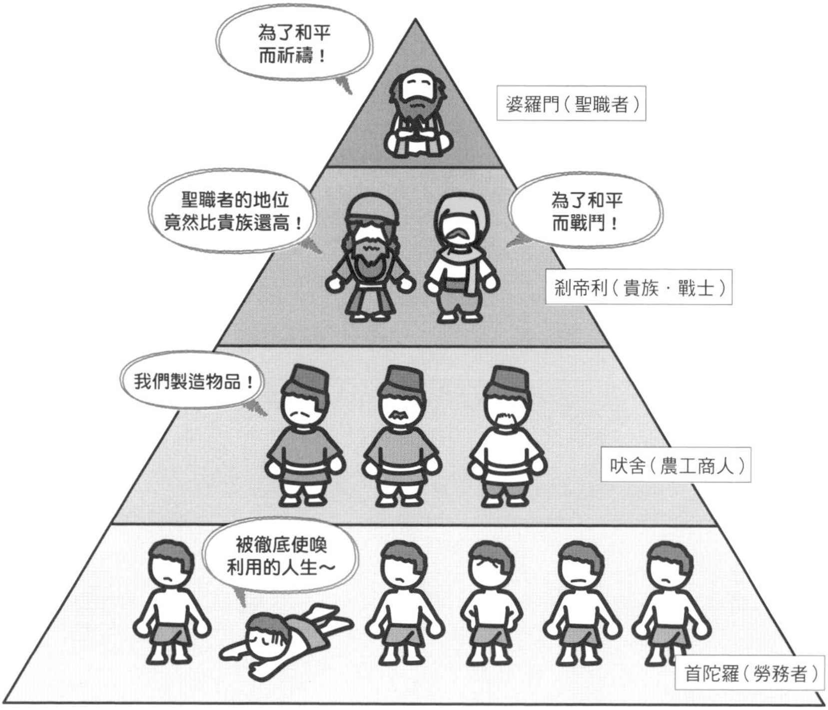
為了和平
而祈禱！
婆羅門（聖職者）
聖職者的地位
竟然比貴族還高！
為了和平
而戰鬥！
剎帝利（貴族・戰士）
我們製造物品！
吠舍（農工商人）
被徹底使喚
利用的人生～
首陀羅（勞務者）

現代種姓制度的問題

儘管在1950年印度憲法明文禁止了種姓制度所引起的差別待遇，但要從印度將種姓制度連根拔起顯然非常困難。雖然幾乎已經解決了階級固定化的問題，但階級之間的紛爭依然是相當棘手的課題。

還有階級在首陀羅之下嗎？

這些不屬於種姓制度當中的人民，被稱作為「賤民（Untouchable）」，這些人民的地位比首陀羅更低，受到諸多歧視。在現代憲法中，賤民與種姓制度一樣都被禁止，不過至今依然有人因為賤民的身分而受到歧視。

在印度河流域文明衰退的西元前1500年左右，**雅利安人從中亞開始遷徙到印度**。到了西元前1000年左右，雅利安人與印度原住民之間種族融合，前往恆河流域成立了農業社會。現在的印度社會依然殘存著根深柢固的身分制度，**印度階級的濫觴、也就是瓦爾那（種姓）制度**，就是在當時確立的。

03 首位統一中國的秦始皇究竟是明君、還是暴君呢？

秦朝的秦始皇是歷史上第一個統一中國的皇帝，可是，才維繫了短短15年秦朝就滅亡了。這究竟是為什麼呢？

周朝的勢力減弱之後，進入了群雄紛爭的春秋時代，接著中國又被戰國七雄割據佔領，轉為戰國時代。其中，秦始皇成功地拓展勢力，**於西元前221年成為史上第一個統一中國的皇帝。他以郡縣制徹底貫徹中央集權體制**，從中央派官員到地方管理。此外，他也統一了文字、貨幣、車軸寬度、長度・體積・重量的單位，整頓了中國的體制。不過另一方面，他焚書坑儒、鎮壓言論，又用重稅苦役施於百姓，最終導致滅亡。

史上首度統一中國的秦朝

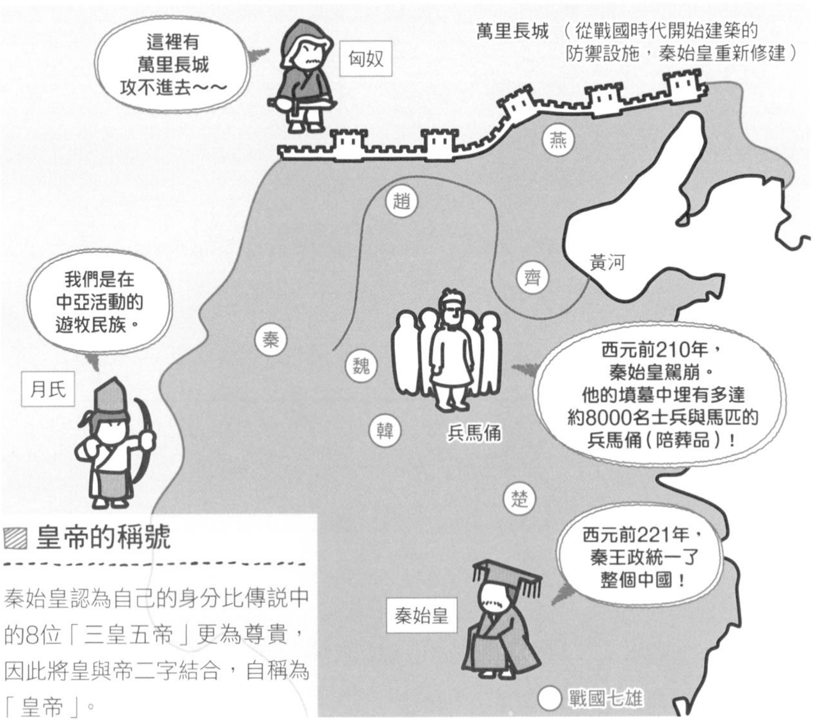
這裡有
萬里長城
攻不進去～～
匈奴
萬里長城（從戰國時代開始建築的防禦設施，秦始皇重新修建）
燕
趙
黃河
齊
我們是在
中亞活動的
遊牧民族。
秦
魏
月氏
韓
兵馬俑
西元前210年，
秦始皇駕崩。
他的墳墓中埋有多達
約8000名士兵與馬匹的
兵馬俑（陪葬品）！
楚
西元前221年，
秦王政統一了
整個中國！
秦始皇
戰國七雄

皇帝的稱號

秦始皇認為自己的身分比傳說中的8位「三皇五帝」更為尊貴，因此將皇與帝二字結合，自稱為「皇帝」。

僅僅15年就滅亡了!?

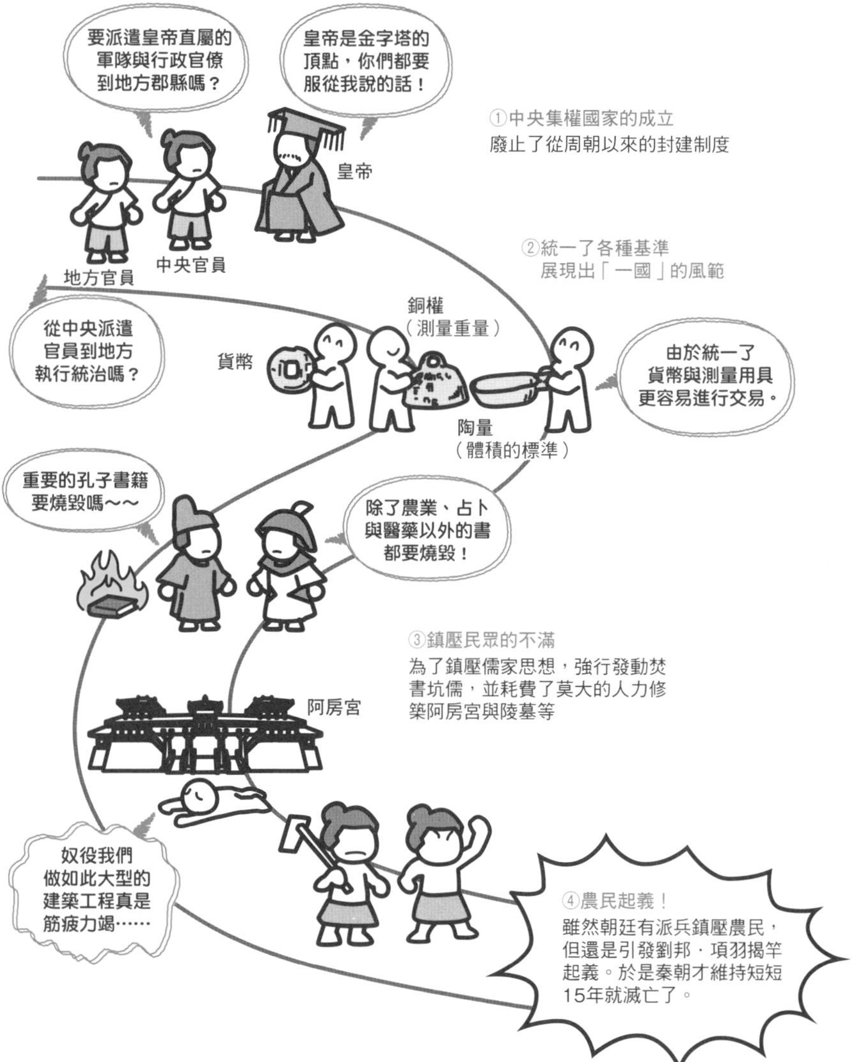
要派遣皇帝直屬的軍隊與行政官僚到地方郡縣嗎？
皇帝是金字塔的頂點，你們都要服從我說的話！
①中央集權國家的成立
廢止了從周朝以來的封建制度
皇帝
中央官員
地方官員
②統一了各種基準
展現出「一國」的風範
銅權
（測量重量）
從中央派遣官員到地方執行統治嗎？
貨幣
由於統一了貨幣與測量用具更容易進行交易。
陶量
（體積的標準）
重要的孔子書籍要燒毀嗎～～
除了農業、占卜與醫藥以外的書都要燒毀！
③鎮壓民眾的不滿
為了鎮壓儒家思想，強行發動焚書坑儒，並耗費了莫大的人力修築阿房宮與陵墓等
阿房宮
奴役我們做如此大型的建築工程真是筋疲力竭……
④農民起義！
雖然朝廷有派兵鎮壓農民，但還是引發劉邦・項羽揭竿起義。於是秦朝才維持短短15年就滅亡了。

秦始皇到了晚年變得非常畏懼死亡，派人尋找長生不老的秘方未果，於西元前210年病逝。在秦始皇死後的隔年，**便爆發了陳勝・吳廣之亂**。貧農出身的陳勝煽動大家：**「王侯將相，寧有種乎」**，意思是：「會成為王侯將相的人與家世無關」，儘管如此卻沒有得到民眾的支持，最終起義失敗。

這個時期的印度

BC 3000 BC 500 0 500 1000 1200 1400 1600 1700 1800 1900 1950 2000

04 沒有創始者的宗教——印度教的誕生

佔了現代印度總人口80%以上的人們都信仰印度教，究竟印度教是如何誕生的呢？

現在的印度與尼泊爾等地，有許多民眾都信仰印度教。可是話說回來，古時候的印度信仰的其實是在**西元前10世紀左右形成的婆羅門教**。婆羅門教原本是將大自然神格化的雅利安人所崇信的原始宗教，到了4世紀前葉的笈多王朝，受到佛教與耆那教興起的影響而漸漸衰微。失去了影響力的婆羅門教，重新融合了佛教與民間信仰後，**改頭換面成為印度教**。

印度教的成立

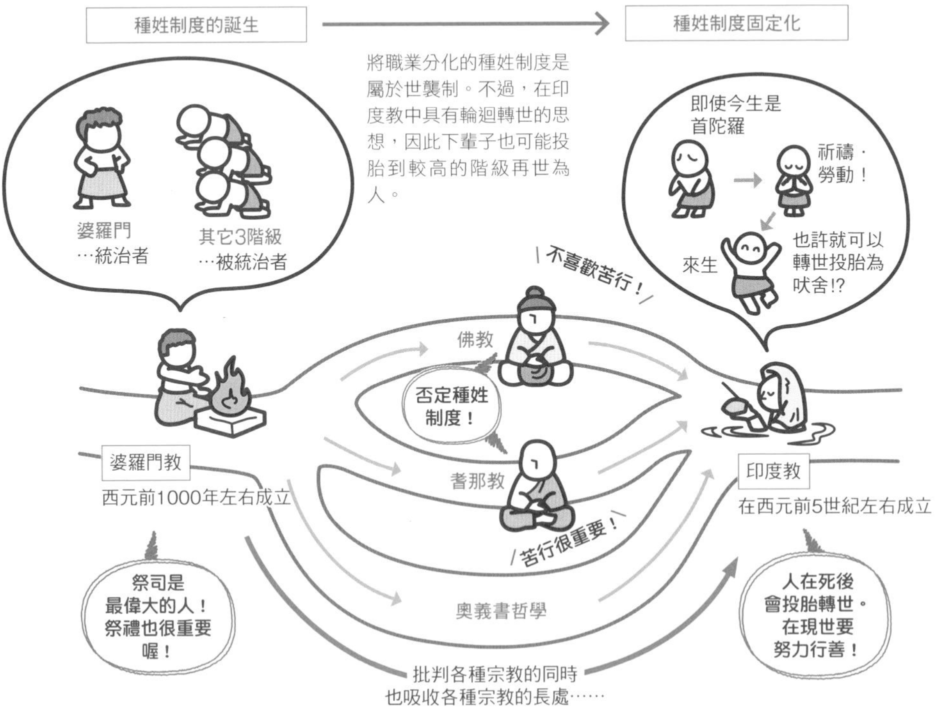

種姓制度的誕生
種姓制度固定化
將職業分化的種姓制度是屬於世襲制。不過，在印度教中具有輪迴轉世的思想，因此下輩子也可能投胎到較高的階級再世為人。
婆羅門
…統治者
其它3階級
…被統治者
即使今生是
首陀羅
祈禱．
勞動！
來生
也許就可以轉世投胎為吠舍!?
不喜歡苦行！
佛教
否定種姓制度！
耆那教
苦行很重要！
婆羅門教
西元前1000年左右成立
印度教
在西元前5世紀左右成立
奧義書哲學
祭司是最偉大的人！祭禮也很重要喔！
人在死後會投胎轉世。在現世要努力行善！
批判各種宗教的同時
也吸收各種宗教的長處……

印度教是多神教

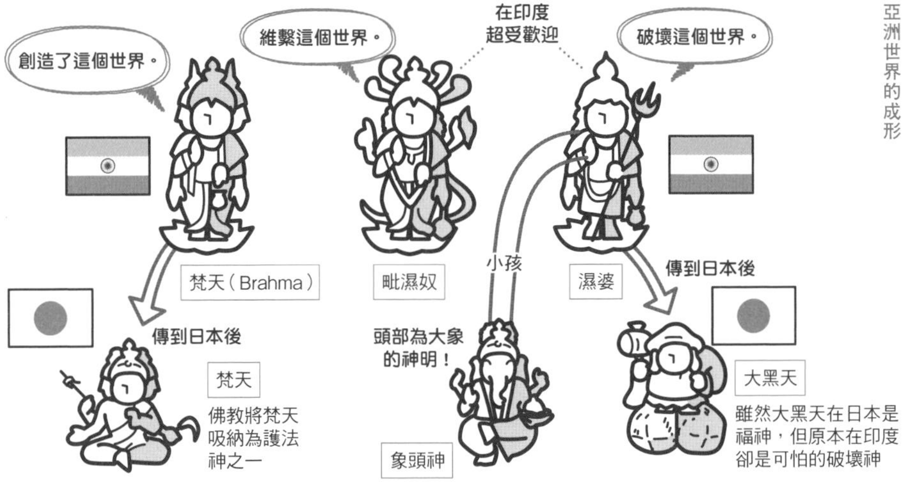
創造了這個世界。
維繫這個世界。
在印度
超受歡迎
破壞這個世界。
梵天（Brahma）
毗濕奴
小孩
濕婆
傳到日本後
傳到日本後
頭部為大象
的神明！
梵天
佛教將梵天
吸納為護法
神之一
象頭神
大黑天
雖然大黑天在日本是
福神，但原本在印度
卻是可怕的破壞神

三種宗教在印度共存？

位於印度孟買郊外的埃洛拉石窟中，共存著佛教、印度教與耆那教的寺院。

印度教很接近日本的神道？

日本的原生宗教「神道」，崇拜的神明數量多到以「八百萬神」來形容，跟印度教同屬於多神教。沒有始祖或特定經典也是共通之處。

印度教
佛教
於7世紀
之後建造。
於6~7
世紀建造。
於9世紀
之後建造。
在埃洛拉石窟當中，
三種宗教奇蹟似地共存！
耆那教

在印度教思想的特徵之一，就是**宣揚人們可以從輪迴（投胎轉世）中得到解脫**。另外，由擔任聖職者位居高位的吠陀宗教而產生的階級制度，在後世鞏固為**將職業分化・世襲的種姓制度**，而且就連現代社會中依然根深柢固地存在，可說是從古到今都持續對印度社會的各種層面帶來深入的影響。

05 發源於印度的佛教卻未在當地廣泛普及的傳播

在現代日本也有眾多信徒信仰的佛教，究竟是如何從誕生地印度傳至亞洲的呢？

北印度的小部族．釋迦族的王子喬答摩．悉達多，**在西元前5世紀左右創立了佛教**。悉達多否定婆羅門教當中的身分制度，倡導可以藉由修行來獲得解脫。儘管悉達多座下有許多弟子，在當時建立了僧團，不過悉達多逝世後，僧侶之間彼此的想法迴異，分裂成許多派別，稱之為部派佛教。此後**漸漸發展出重視個人自身修行的上座部佛教、以及重視救濟民眾的大乘佛教**。

佛教的傳播

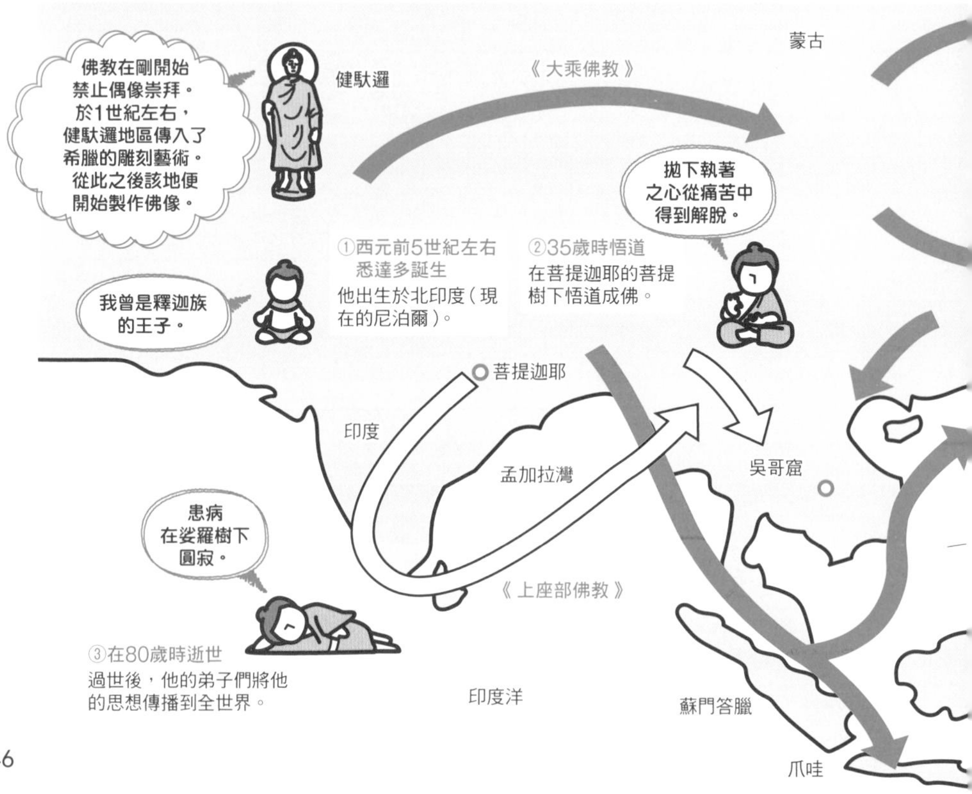
佛教在剛開始禁止偶像崇拜。於1世紀左右，健駄邏地區傳入了希臘的雕刻藝術。從此之後該地便開始製作佛像。
健駄邏
《大乘佛教》
蒙古
抛下執著之心從痛苦中得到解脫。
①西元前5世紀左右 悉達多誕生
他出生於北印度（現在的尼泊爾）。
②35歲時悟道
在菩提迦耶的菩提樹下悟道成佛。
我曾是釋迦族的王子。
菩提迦耶
印度
孟加拉灣
吳哥窟
患病在娑羅樹下圓寂。
《上座部佛教》
③在80歲時逝世
過世後，他的弟子們將他的思想傳播到全世界。
印度洋
蘇門答臘
爪哇

悉達多逝世後，他的弟子依然繼續弘法，到了西元前3世紀左右，孔雀王朝的**第3代國王阿育王皈依佛教**，並且將佛教思想作為他的政治理念。不過，最後佛教卻被印度教給吸收，並未在印度紮根。另一方面，佛教卻遠遠傳播至日本、中國、東南亞諸國，**在亞洲各國深受信仰**。

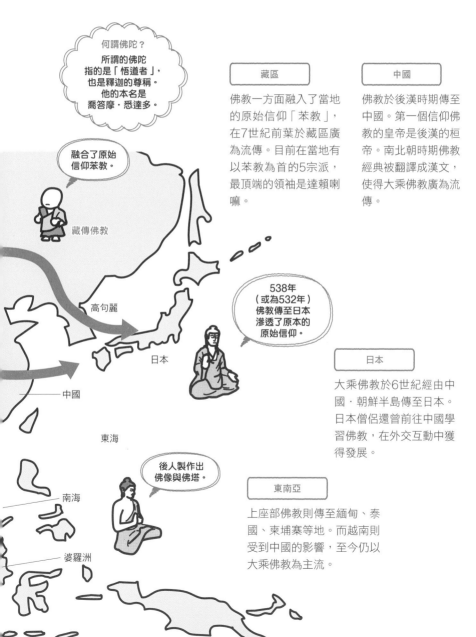

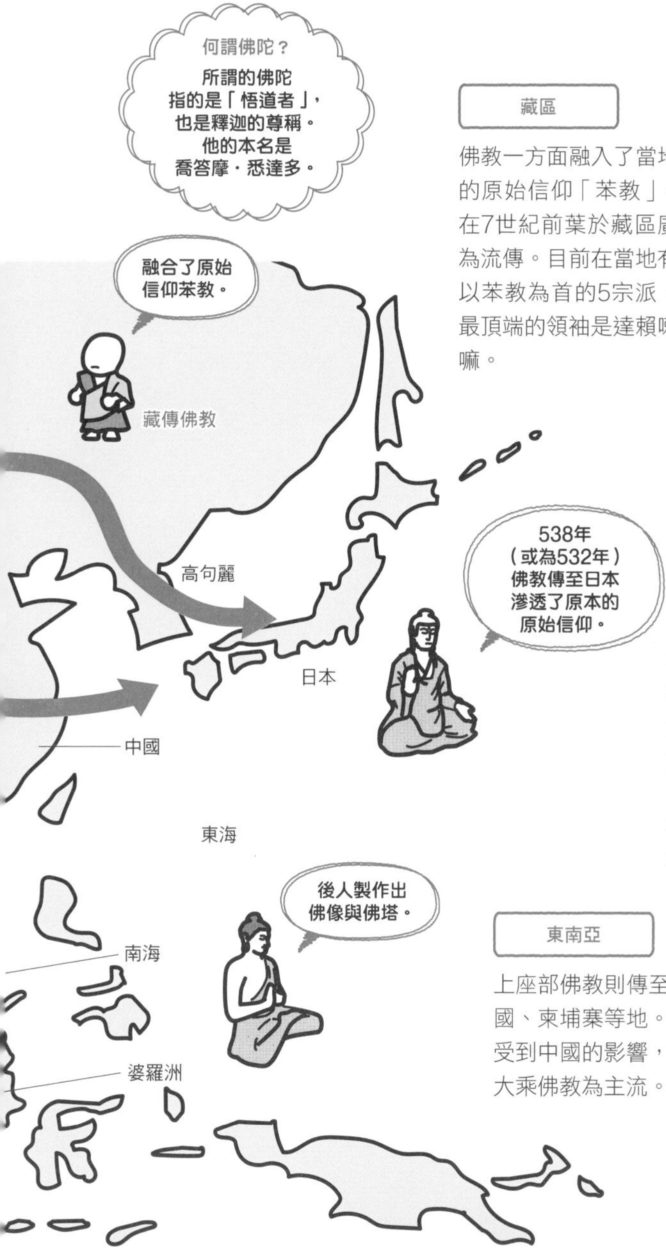
何謂佛陀？
所謂的佛陀指的是「悟道者」，也是釋迦的尊稱。他的本名是喬答摩・悉達多。
融合了原始信仰苯教。
藏傳佛教
高句麗
日本
中國
東海
538年（或為532年）佛教傳至日本滲透了原本的原始信仰。
後人製作出佛像與佛塔。
南海
婆羅洲

藏區

佛教一方面融入了當地的原始信仰「苯教」，在7世紀前葉於藏區廣為流傳。目前在當地有以苯教為首的5宗派，最頂端的領袖是達賴喇嘛。

中國

佛教於後漢時期傳至中國。第一個信仰佛教的皇帝是後漢的桓帝。南北朝時期佛教經典被翻譯成漢文，使得大乘佛教廣為流傳。

日本

大乘佛教於6世紀經由中國・朝鮮半島傳至日本。日本僧侶還曾前往中國學習佛教，在外交互動中獲得發展。

東南亞

上座部佛教則傳至緬甸、泰國、柬埔寨等地。而越南則受到中國的影響，至今仍以大乘佛教為主流。

06 在中國誕生的大帝國・唐朝的繁榮與衰退

唐朝不僅統治中國，也是帶給周邊諸國深遠影響的一大帝國。當時的亞洲諸國都與唐朝建立了主從關係。

在581年建國的隋朝，到了第2代皇帝隋煬帝的統治之下，全國各地都發動民變，隋煬帝的表兄李淵也在617年舉兵。隔年隋朝滅亡，李淵建立了唐朝。第2代皇帝唐太宗擊敗了蒙古高原的游牧國家突厥、及青藏高原的吐蕃，第3代皇帝唐高宗則與朝鮮半島的新羅聯手平定高句麗，更前進中亞，進一步擴張勢力版圖。**到了第6代皇帝唐玄宗時，首都長安更成了繁榮的國際都市**。

以兩稅法掌控農民

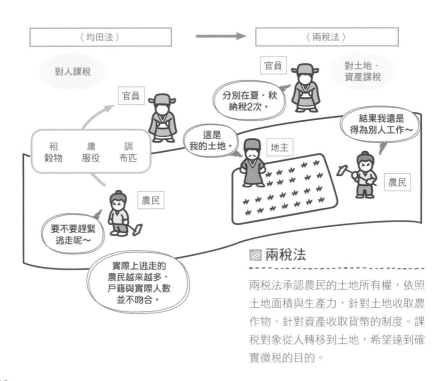

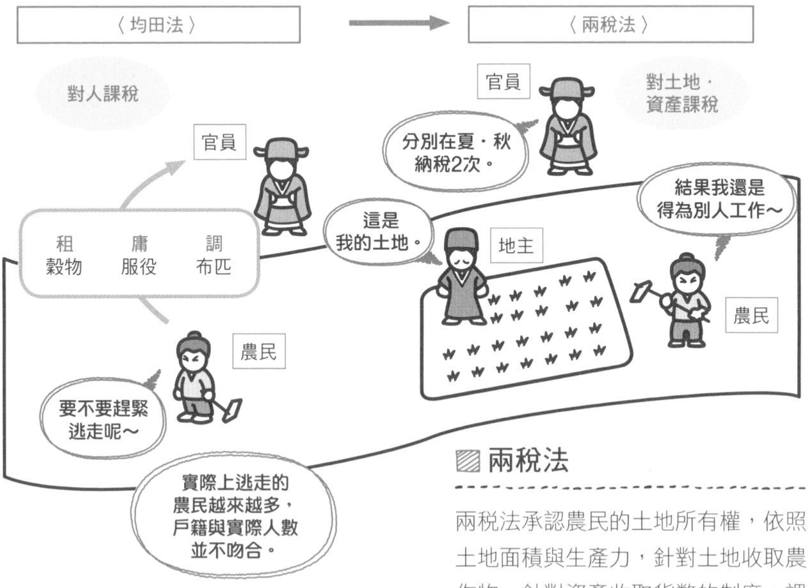
〈均田法〉
〈兩稅法〉
對人課稅
官員
租
穀物
庸
服役
調
布匹
農民
要不要趕緊
逃走呢～
實際上逃走的
農民越來越多，
戶籍與實際人數
並不吻合。
官員
對土地・
資產課稅
分別在夏・秋
納稅2次。
這是
我的土地。
地主
結果我還是
得為別人工作～
農民

兩稅法

兩稅法承認農民的土地所有權，依照土地面積與生產力，針對土地收取農作物、針對資產收取貨幣的制度。課稅對象從人轉移到土地，希望達到確實徵稅的目的。

勢力甚至前進中亞

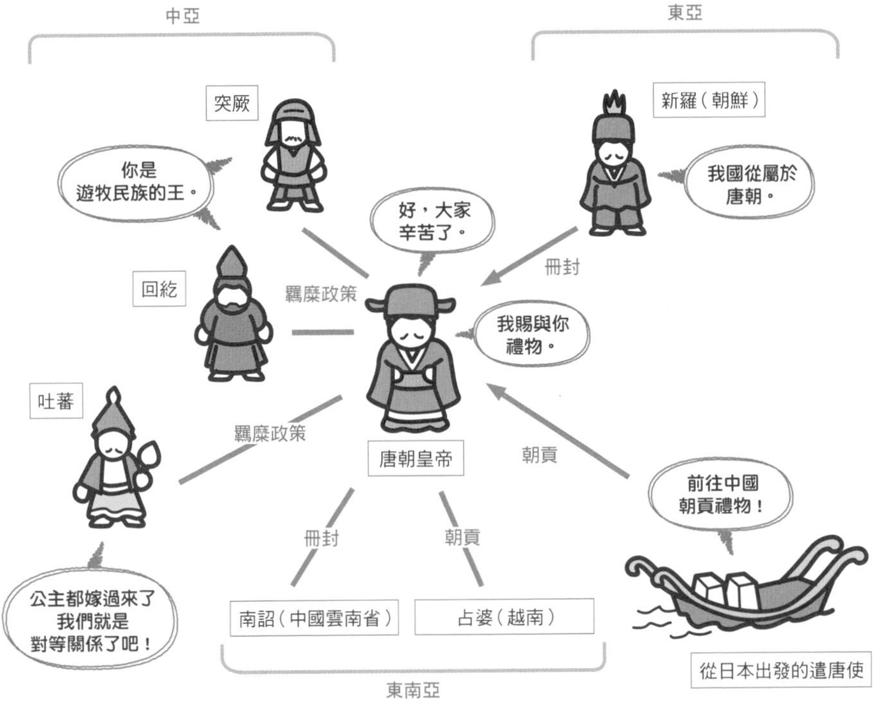
中亞
東亞
突厥
你是
遊牧民族的王。
新羅（朝鮮）
我國從屬於
唐朝。
好，大家
辛苦了。
冊封
回紇
羈縻政策
我賜與你
禮物。
吐蕃
羈縻政策
唐朝皇帝
朝貢
前往中國
朝貢禮物！
冊封
朝貢
公主都嫁過來了
我們就是
對等關係了吧！
南詔（中國雲南省）
占婆（越南）
東南亞
從日本出發的遣唐使

羈縻政策

這是一種對遊牧民族的統治政策。皇帝派遣官員到當地擔任地方首長，實際的統治則交給對方處理。

冊封

中國的皇帝與周邊屬國的國王建立君臣關係。這樣的舉止是出自中國是世界中心的中華思想。

朝貢

為了表示自己服從中國，將貢品進貢給中國的行為稱之為朝貢。周邊屬國會派遣使節前往中國獻上貢品。

唐朝的統治是**以律令為基礎的中央集權制**，實施將田地給予民眾後再要求繳回的均田法等。可是，在唐玄宗統治下的唐朝爆發了安史之亂，使得財政入不敷出。為了重整經濟而推出的改革方案，受到私鹽商人的反對，招致民變。其中，參與最大規模黃巢之亂的朱全忠，**在907年滅了唐朝**。

07 科舉是錄取率「超低」的特考!?

在中國王朝中，有許多人都擠進了菁英官員的窄門
……前提是要先通過超級困難的考試！

在古代中國如果想要當官，必須先接受名為科舉的考試。幾乎所有男性都可以接受這項考試，堪稱是一種非常平等的制度。雖然開始舉行科舉的朝代是隋朝，不過直到宋朝，科舉才成為官吏任用的主要手段。宋朝的開國皇帝趙匡胤為了將軍人排除官職的行列、並且使官員一心向皇帝效忠，改革了科舉的制度。**名為「殿試」的最高級別考試，竟然由皇帝出題考試**。不過事實上，皇帝出題只是名目而已，實際上還是由大臣來擔任監考員的職務。

雖然每個人都可以參加科舉……

解試

在地方上的考試、也是科舉第一階段的預備考試。宋朝每隔3年舉行一次解試。

省試

在都市進行的第2階段考試。考生必須連續3天接受有關於背誦、寫作與時事問題相關的測驗。

這裡是
最難關！
我身肩著整個
家族的榮耀！
我怎麼可能
會輸給鄉下人？
這個階段
也會有舞弊的
情形出現！
從鄉間上京
考試的考生
都市的考生

科舉是出了名競爭激烈的考試，錄取率很低，有些人更是窮盡一生都在為科舉而努力。**像是唐代有名的詩人杜甫，參加科舉也曾落第過好幾次**。後來雖然一直到清朝仍繼續舉行科舉，但因為考試內容都是關於儒學經典的試題、而非實用性的知識，越來越不符合時代需求，因此**在1905年廢除了科舉制度**。

公布榜單
錄取率是1／3000！
我要公布省試及第者！

日本人只有一人曾在科舉金榜題名？

在超難的科舉考試中金榜題名的日本人只有一位，那就是奈良時代的阿部仲麻呂，他隨著遣唐使吉備真備等一行人前往長安留學時，僅是弱冠之年的19歲。他在27歲通過科舉考試，金榜題名。

殿試
科舉的最後一關，由皇帝親自出題考試，同時也是宣示對皇帝效忠的場合。
要讓大家感念皇帝的恩義。
考生
皇帝
我當官了！太棒了～
而且！
還有決定順位的考試
即使是身分低賤的人也能夠成為中央政府的官僚！

也有徵選武官的科舉嗎？

相對於選拔文官的科舉，也有專門徵選武官的武科舉。從考生騎馬的狀態到射箭等實務考試之外，也有兵法項目的筆試。不過，武科舉似乎並沒有那麼受到重視。

fashion check

— 時尚穿搭評鑑 —

唐朝女性　清朝女性

螺髻
螺髻是一種將頭髮往上盤疊起來的髮型，使用玉釵等飾品固定裝飾。
長裙
將一般稱作裙裳的長裙拉高到胸部上方，再以細細的綁帶打結固定。
披帛
像是披肩一樣披掛在肩膀上。有些披帛上會描繪圖案、或是以刺繡裝飾。
唐朝女性

唐朝的女性除了禮服之外，一般來說都是穿著名為襦裙（短上衣與長裙）的服裝。上圖的唐朝宮女就是穿著長袖的直領衫上衣並搭配長裙，再以薄透布料製成的披帛當作披肩披掛在肩膀上。這個時代的鞋子被稱為舄或履，屬於鞋頭往上翹的「翹頭履」，高底鞋稱之為舄、平底鞋稱之為履。

清代的襦裙
上衣是開襟較低的寬鬆上襦，下半身不是以往的長裙、而是穿著各式各樣的裙裝。無論身分階級，這樣的打扮都是標準穿搭。
旗袍
利用盤扣將橫向的衣領扣緊，是一種能強調出身材曲線的連身裙。可說是中式禮服，不過旗袍原本並不是漢族的民族服飾。
纏足
唐朝時期開始，一般的審美觀念認為小腳的女性較美，一直持續到清朝。雖然清朝皇帝曾頒佈纏足禁令，但並沒有發揮成效。
清朝女性

清朝女性的服裝大致上分為兩種系統，一種是上圖中位居江南的漢族女性所穿著的兩件式襦裙（上衣與裙裝），另一種則是身為滿州貴族的旗人穿著的「袍」（連身裙款式）。其後，這兩種服裝系統互相影響融合後，逐漸演變為旗袍。

這個時期的中國

BC 3000 BC 500 0 500 1000 1200 1400 1600 1700 1800 1900 1950 2000

08 成吉思汗的蒙古帝國曾將全世界都納入麾下？

成吉思汗一手打造的蒙古帝國，藉著強大的軍事力量侵略各國的同時，也不斷穿梭歐亞大陸。

成吉思汗（「汗」是王的意思）統一了蒙古的所有部落，於1206年在名為忽里勒臺大會的部落聚會中，被推舉為大蒙古國的皇帝。**他率領強悍的騎兵四處征戰，將當時處於分裂狀態、不屬於任何強大帝國的亞洲各地一一征服**。成吉思汗不僅擊敗中亞土耳其人的花剌子模王國，也征服佔據南俄羅斯與黃河上游流域的西夏。成吉思汗憑藉著他的力量，為蒙古打下了全世界最大帝國的基礎。

蒙古帝國的勢力範圍

1241年 列格尼卡戰役

由拔都統帥的蒙古帝國大軍入侵波蘭，在此擊敗了波德聯軍。歐洲諸國為了尋維繫和平而派遣使節前往蒙古。

為何蒙古帝國沒有征服歐洲呢？

雖然成吉思汗的孫子拔都進軍了俄羅斯、匈牙利等地，但由於當時第2代皇帝過世的消息傳來，不得不折返回國。

成吉思汗的侵略
乃蠻
吐蕃
花剌子模王國
蒲甘國
阿拔斯王朝
馬可．波羅
他是出生於義大利的商人，經由陸路謁見元朝皇帝忽必烈，後受封為官員。
我在元朝這個國家的所見所聞都收錄在『東方見聞錄』。也有介紹到日本喔！
機動力超高！

強悍的秘訣①
裝備輕便的騎兵隊
1天可以跑700公里

在成吉思汗過世後，蒙古依舊持續侵略世界。第五代皇帝忽必烈**將國號改為元朝**，並且**消滅南宋，佔領了中國所有的領土**。此外，他也出兵侵略高麗、緬甸、越南、日本等地。不過，在他第2次進攻日本時**（文永之役、弘安之役）**卻遭逢失敗，此外，前往進攻越南時也因為糧食不足而退兵了。

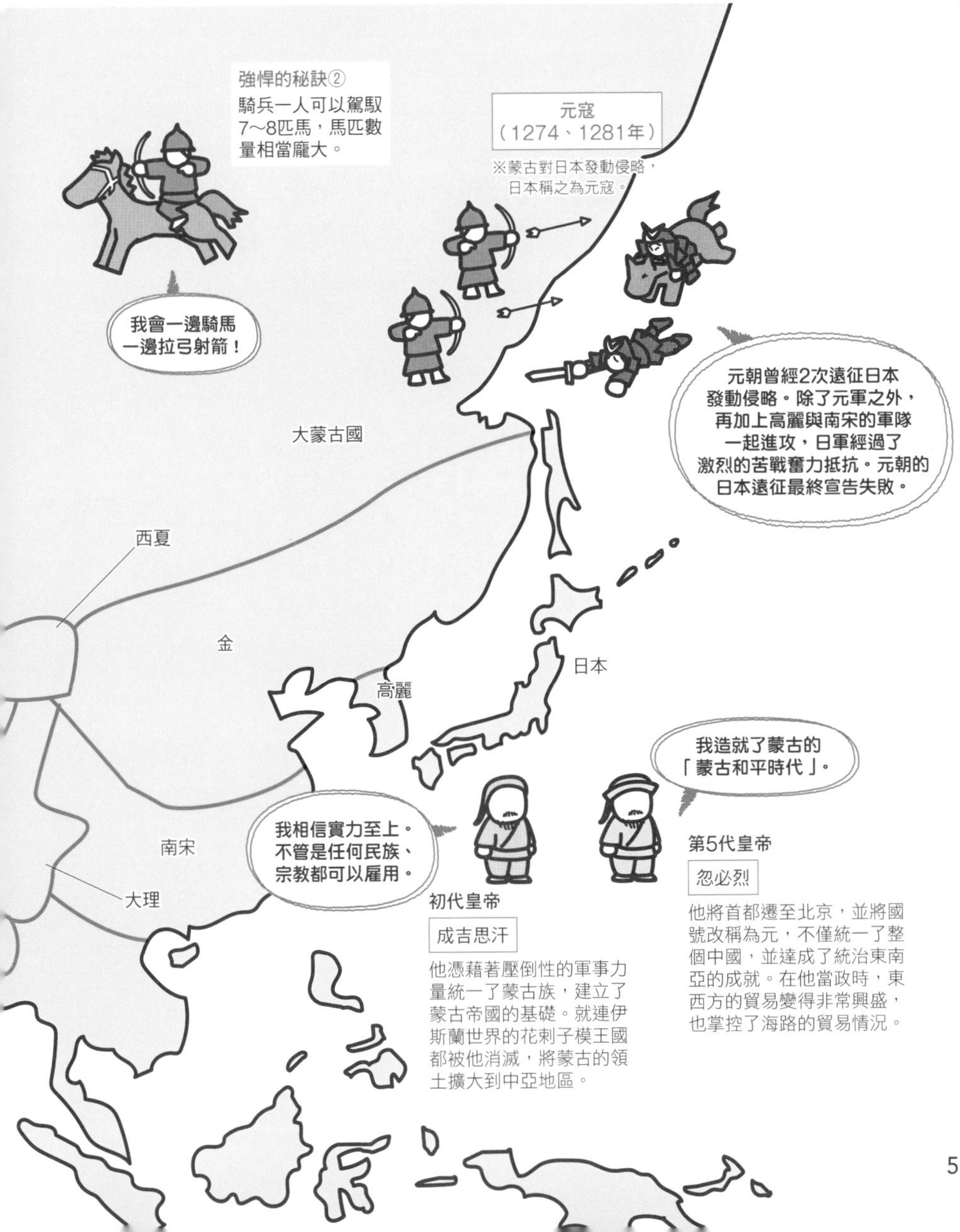
強悍的秘訣②
騎兵一人可以駕馭7～8匹馬，馬匹數量相當龐大。
我會一邊騎馬一邊拉弓射箭！
元寇（1274、1281年）
※蒙古對日本發動侵略，日本稱之為元寇。
元朝曾經2次遠征日本發動侵略。除了元軍之外，再加上高麗與南宋的軍隊一起進攻，日軍經過了激烈的苦戰奮力抵抗。元朝的日本遠征最終宣告失敗。
大蒙古國
西夏
金
高麗
日本
南宋
大理
我相信實力至上。不管是任何民族、宗教都可以雇用。
初代皇帝
成吉思汗
他憑藉著壓倒性的軍事力量統一了蒙古族，建立了蒙古帝國的基礎。就連伊斯蘭世界的花剌子模王國都被他消滅，將蒙古的領土擴大到中亞地區。
我造就了蒙古的「蒙古和平時代」。
第5代皇帝
忽必烈
他將首都遷至北京，並將國號改稱為元，不僅統一了整個中國，並達成了統治東南亞的成就。在他當政時，東西方的貿易變得非常興盛，也掌控了海路的貿易情況。

09 連結東西方人們與貨物的3條要道

古時東西方的人們藉由絲路互相往來。不過，連結東西方並不僅限於陸路而已，另外也有海路使當時的日本也受到了影響。

在唐代，唐朝與當時在中亞擁有強大勢力的阿拔斯王朝，就是藉由絲路連結、互相進行貿易。當時，**東方將絲綢製品、陶瓷器、茶葉等貨物運往西方，西方將金銀、玻璃製品、地毯等運輸至東方**。據說絲路之所以會成形，一開始是因為漢武帝派遣使者前往當時結為同盟國的中亞大月氏國的緣故。**而後也因為蒙古帝國允許東西方自由貿易，因此造就東西方貿易上的頻繁往來**。

東西貿易的3條道路

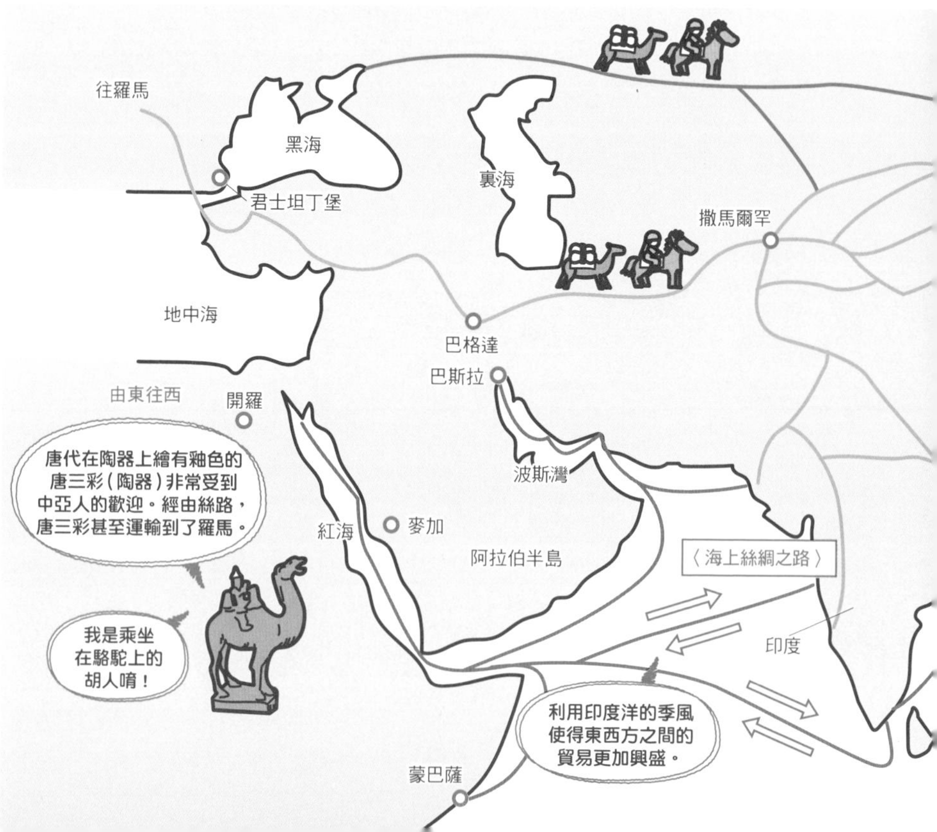
往羅馬
黑海
君士坦丁堡
裏海
撒馬爾罕
地中海
巴格達
巴斯拉
由東往西
開羅
唐代在陶器上繪有釉色的唐三彩（陶器）非常受到中亞人的歡迎。經由絲路，唐三彩甚至運輸到了羅馬。
波斯灣
紅海
麥加
阿拉伯半島
〈海上絲綢之路〉
我是乘坐在駱駝上的胡人唷！
印度
利用印度洋的季風使得東西方之間的貿易更加興盛。
蒙巴薩

東西方之間的貿易主要經由三條道路，分別是通過戈壁沙漠以北蒙古草原的**「草原絲綢之路」**、從中國洛陽連接到義大利羅馬的**「陸路絲綢之路」**，以及從阿拉伯半島到中國以船隻航行的**「海上絲綢之路」**。而在日本的正倉院也流傳下了許許多多的寶物，見證了當時東西方的交流之盛。

駱駝擔任勞動者的角色

在東西方進行貿易時，駱駝是人類最好的夥伴。因為駱駝不僅可以乘載約270公斤重的物品，而且即使長達1週都不喝水也沒問題。

■在東西方貿易中交換的物品

西→東

金銀器、玻璃、乳香、地毯等

東→西

絲綢製品、陶瓷器、銅錢、紙、茶葉等

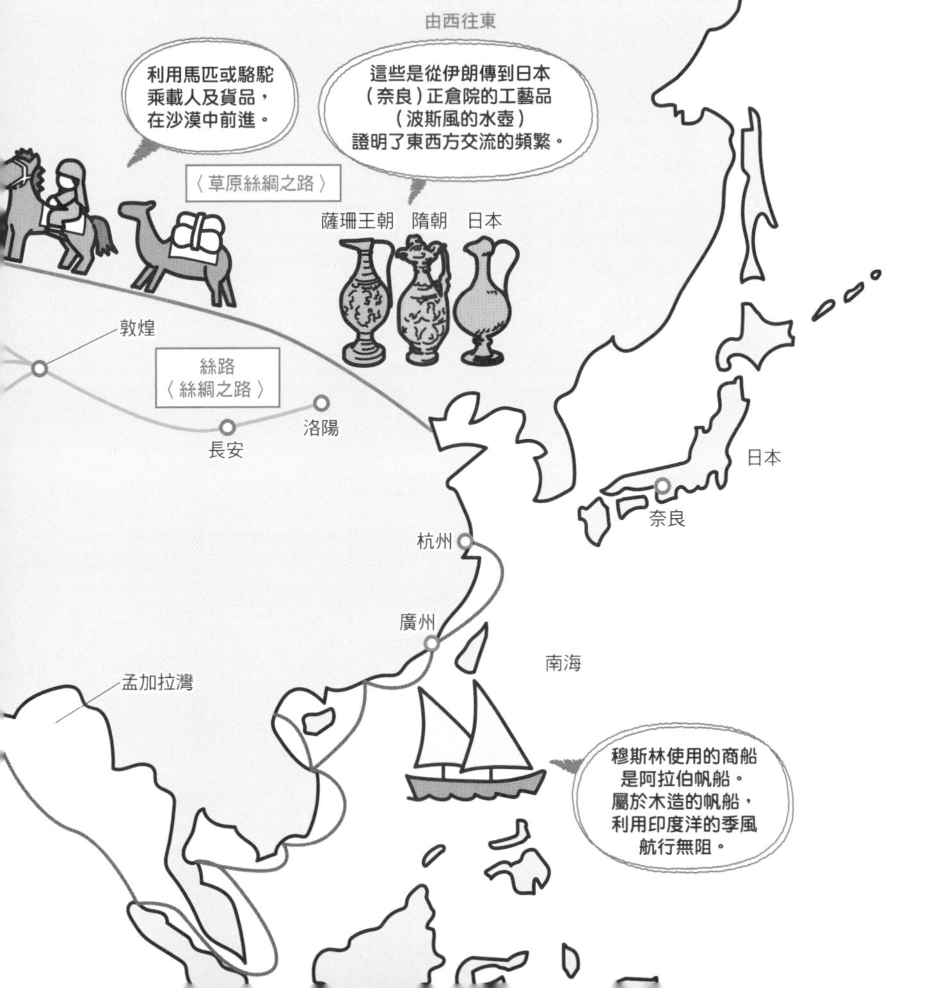
由西往東
利用馬匹或駱駝乘載人及貨品，在沙漠中前進。
這些是從伊朗傳到日本（奈良）正倉院的工藝品（波斯風的水壺）證明了東西方交流的頻繁。
〈草原絲綢之路〉
薩珊王朝
隋朝
日本
敦煌
絲路〈絲綢之路〉
長安
洛陽
日本
奈良
杭州
廣州
南海
孟加拉灣
穆斯林使用的商船是阿拉伯帆船。屬於木造的帆船，利用印度洋的季風航行無阻。

NO.02

column

琉球王國是獨立於日本與中國外的國家?

位於亞洲十字路口的獨立國家——琉球

琉球王國是在1429～1879年間，位於現在的沖繩本島及周邊島嶼的國家。到14世紀為止皆處於分裂狀態的琉球，是尚巴志王將其統一，開啟了第一尚氏王朝。在那之前琉球除了向中國朝貢之外，同時也與日本、朝鮮半島、爪哇等國積極進行交易。

1469年琉球王國進入第二尚氏王朝，成為中央集權國家，領土跟著擴大。不過，薩摩藩藩主島津氏在獲得德川家康的允許下入侵琉球，自此成為薩摩藩的從屬國。雖然琉球王國從此之後必須向薩摩藩納貢，但同時也持續向中國的清朝朝貢，**以獨立的體制保有獨立國家的形式**。

而後在1871年日本在全國實施廢藩置縣，隔年宣布琉球成為琉球藩，到1879年**廢除琉球藩，並設立沖繩縣，琉球王國正式宣告滅亡**。而長久以來琉球王國一直以日清兩國從屬國的形式維持獨立，滅亡後的歸屬問題在1895年的甲午戰爭中，因清朝敗戰而塵埃落定。

Chapter 03

「伊斯蘭世界的成形與壯大」

在這個章節中，我們要探究現在成為世界一大宗教的伊斯蘭教是如何誕生、又是如何壯大的歷史。為了更能理解目前世界上跟伊斯蘭教有關的新聞，每篇內容都非常重要喔！

section

01　伊斯蘭教是如何誕生的呢？

02　分裂為遜尼派與什葉派的伊斯蘭教

03　鄂圖曼帝國建構了伊斯蘭教的大帝國

04　伊斯蘭文化的多樣性為歐洲帶來的影響

05　為何在印度教徒眾多的印度能建立起蒙兀兒帝國？

06　蒙兀兒帝國與鄂圖曼帝國究竟是為何衰亡的呢？

01 伊斯蘭教是如何誕生的呢？

信奉唯一真神阿拉的伊斯蘭教，跟同樣屬於一神教的猶太教與基督教有著非常密切的關連。

6世紀後半，伊斯蘭教的創始人穆罕默德在阿拉伯半島西岸的都市．麥加誕生了。他在40歲左右受到唯一真神阿拉的啟示，創立了伊斯蘭教。在原本屬於多神教地區的阿拉伯半島，只信奉唯一真神的伊斯蘭教之所以會誕生，**據說也是受到了同屬一神教的猶太教影響**。此外，這三個宗教都將耶路撒冷奉為聖地。

伊斯蘭教的成立與擴張

法蘭克王國
我們要防止伊斯蘭的入侵！
法蘭克王國軍隊
③732年　圖爾戰役
法蘭克王國擊退了從非洲、伊比利半島入侵的伊斯蘭軍隊。
拜占庭帝國
君士坦丁堡
黑海
伍麥亞王朝的領土
地中海
阿拉伯軍隊是騎乘馬匹或駱駝的遊牧民族隊伍。
後世將這一年正式定為伊斯蘭曆中的元年。
巴格達
阿拉伯軍隊
②622年　希吉拉（聖遷）
儘管穆罕默德開始在麥加傳播伊斯蘭教，但卻遭受到商人的迫害，於是率領穆斯林遷往麥地那，成立宗教團體。
麥地那
麥加
紅海
伊斯蘭勢力的發展方向

穆罕默德過世後，接連有4位哈里發（最高領袖）被選為新的領導者。不過，隨著伊斯蘭的勢力越來越大，後繼者的爭端也越演越烈。第4代哈里發被暗殺後，掌握實權的伍麥亞家族**將首都定於大馬士革，建立了伍麥亞王朝**。其後，伊斯蘭的勢力甚至擴張到**伊比利半島、中亞、北非及西非等地**。

我要
賜給你
預言。
①610年受到啟示
穆罕默德誕生於古萊什族的哈希姆家族，他聽見天使告訴他唯一真神阿拉的啟示，於是開始傳教。
我並不是神。
我將神的言語傳達給大家，我是預言者。
由於伊斯蘭教
禁止偶像崇拜，因此
沒有留下穆罕默德的畫像

何謂伊斯蘭？

所謂的伊斯蘭究竟表示什麼呢？伊斯蘭並不是創始者的名字、也並非任何經典的名稱。伊斯蘭的原意是「順從神」，指的也就是「處於信仰的狀態」。

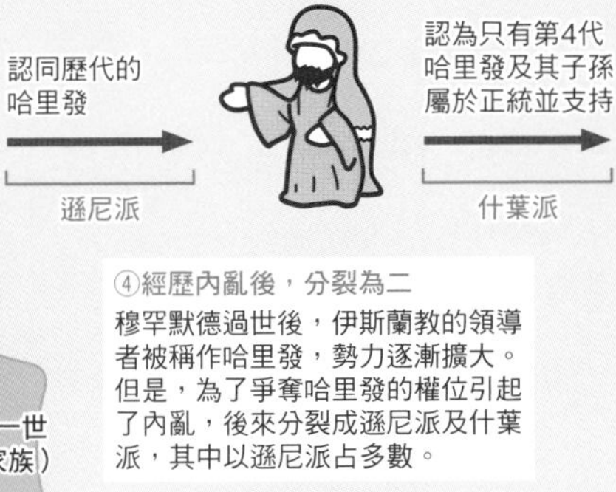
認同歷代的
哈里發
遜尼派
認為只有第4代
哈里發及其子孫
屬於正統並支持
什葉派
④經歷內亂後，分裂為二
穆罕默德過世後，伊斯蘭教的領導者被稱作哈里發，勢力逐漸擴大。但是，為了爭奪哈里發的權位引起了內亂，後來分裂成遜尼派及什葉派，其中以遜尼派占多數。

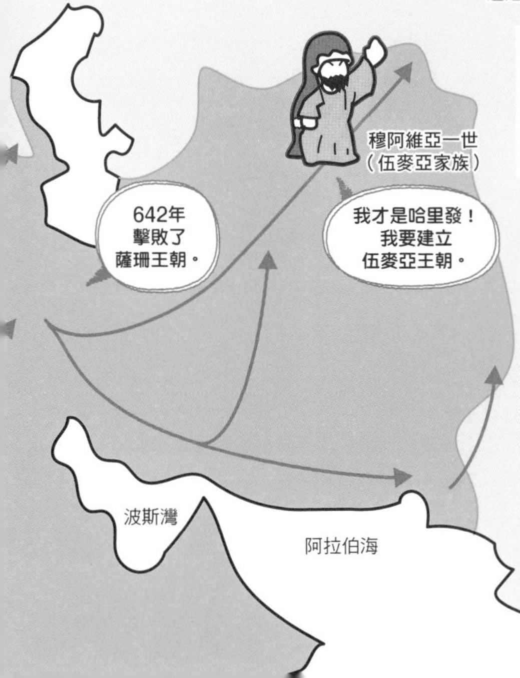
穆阿維亞一世
（伍麥亞家族）
642年
擊敗了
薩珊王朝。
我才是哈里發！
我要建立
伍麥亞王朝。
波斯灣
阿拉伯海

伍麥亞王朝（661～750年）

初期的伊斯蘭王朝，此時大多數的伊斯蘭勢力被稱為遜尼派。原本以選舉方式產生的哈里發，就此被伍麥亞家族獨佔，成為世襲制王朝。

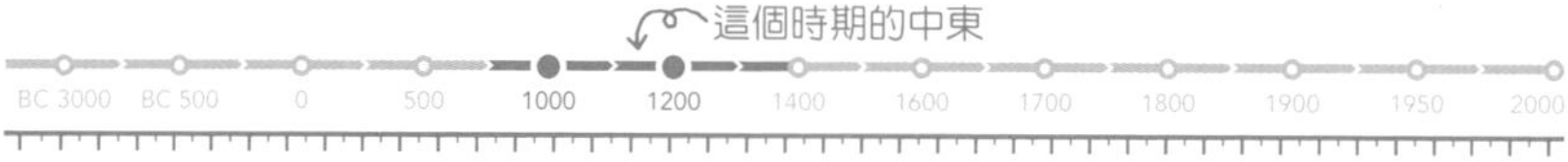
這個時期的中東
BC 3000
BC 500
0
500
1000
1200
1400
1600
1700
1800
1900
1950
2000

02 分裂為遜尼派與什葉派的伊斯蘭教

伊斯蘭教的大多數信徒都屬於遜尼派，另一方面，什葉派則是因為繼承人的紛爭而分裂出的教派。

由於伍麥亞王朝針對非阿拉伯人課徵地稅及人頭稅等賦稅，而阿拉伯人則不必繳交，**如此的差別待遇造成伍麥亞王朝內的非阿拉伯族群不滿的情緒越來越高漲**。穆罕默德叔父的後裔就針對了這一點，支持反伍麥亞王朝運動，到了705年，成功消滅伍麥亞王朝、建立了阿拔斯王朝。在阿拔斯王朝中境內的所有人都必須負擔地稅，而且只要改信伊斯蘭教，即使不是阿拉伯人也可以免除人頭稅。如此一來，**在伊斯蘭信仰下人人平等的國家就此成立**。

伍麥亞王朝與阿拔斯王朝的稅制

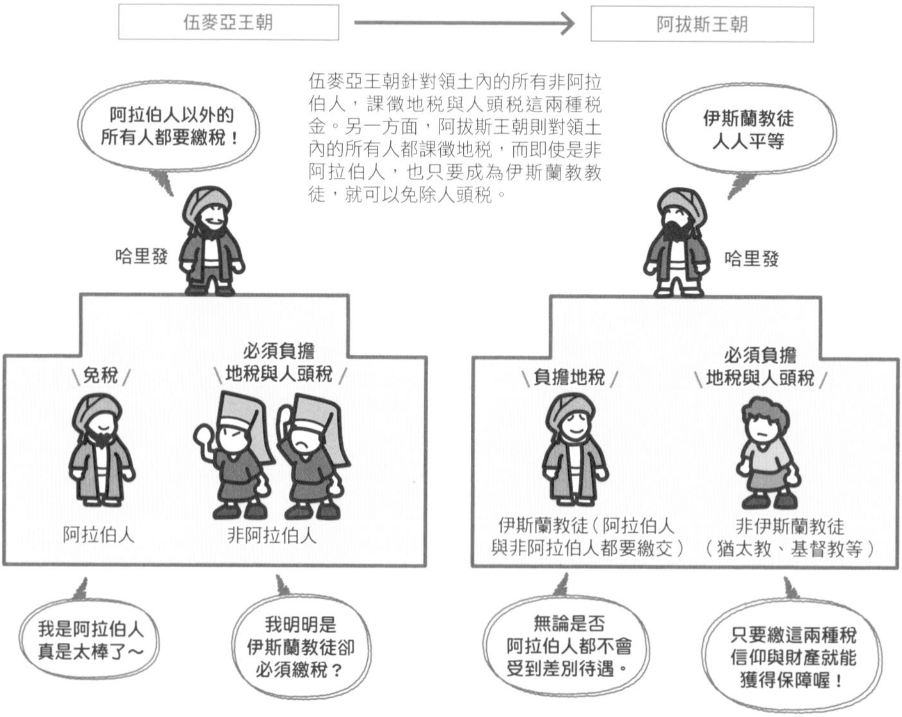
伍麥亞王朝
阿拔斯王朝
伍麥亞王朝針對領土內的所有非阿拉伯人，課徵地稅與人頭稅這兩種稅金。另一方面，阿拔斯王朝則對領土內的所有人都課徵地稅，而即使是非阿拉伯人，也只要成為伊斯蘭教教徒，就可以免除人頭稅。
阿拉伯人以外的所有人都要繳稅！
哈里發
\ 免稅 /
必須負擔 \ 地稅與人頭稅 /
阿拉伯人
非阿拉伯人
我是阿拉伯人真是太棒了～
我明明是伊斯蘭教徒卻必須繳稅？
伊斯蘭教徒人人平等
哈里發
\ 負擔地稅 /
必須負擔 \ 地稅與人頭稅 /
伊斯蘭教徒（阿拉伯人與非阿拉伯人都要繳交）
非伊斯蘭教徒（猶太教、基督教等）
無論是否阿拉伯人都不會受到差別待遇。
只要繳這兩種稅信仰與財產就能獲得保障喔！

現代的伊斯蘭教國家

什葉派
遜尼派
在現代的伊斯蘭教國家中，遜尼派佔了90%。什葉派的代表國是伊朗。
黑海
土耳其
地中海
伊朗
阿富汗
孟加拉
尼泊爾
埃及
沙烏地阿拉伯
阿曼
印度
葉門
伊斯蘭教的女性教徒
伊斯蘭教的女性教徒在外出時都必須穿著名為恰多（Chador）的黑色罩袍覆蓋住全身。

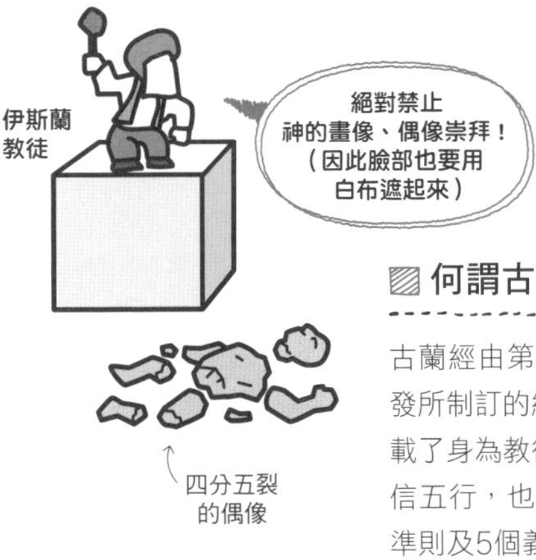

伊斯蘭教徒
絕對禁止神的畫像、偶像崇拜！（因此臉部也要用白布遮起來）
四分五裂的偶像

嚴格的教義

根據古蘭經的教義指示，一天必須祈禱5次、每年要斷食一個月、禁止飲酒與食用豬肉等，規定相當嚴格。

何謂古蘭經？

古蘭經由第3代正統哈里發所制訂的經典，裡面記載了身為教徒必須遵守六信五行，也就是6個信仰準則及5個義務。

遜尼派與什葉派在教義的解釋方面也抱持著對立的看法。遜尼派認為教徒行為的對錯必須以整體意見來判斷，而什葉派則認為只有第4代哈里發的子孫才是絕對的權威，並不認可整體教徒的意見。直至今日，**伊斯蘭教有9成教徒屬於遜尼派，什葉派則以伊朗為中心，只佔了一小部分而已**。

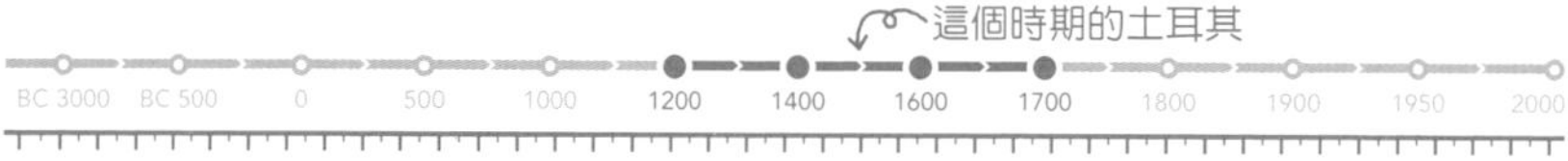
這個時期的土耳其
BC 3000
BC 500
0
500
1000
1200
1400
1600
1700
1800
1900
1950
2000

03 鄂圖曼帝國建構了伊斯蘭教的大帝國

誕生於13世紀末期並一直存續到20世紀的鄂圖曼帝國，其實是由多種民族．多種宗教兼容並蓄的國家!?

1258年，蒙古的旭烈兀率領大軍消滅了阿拔斯王朝。不過另一方面，土耳其人也在小亞細亞地區建立了鄂圖曼王朝。雖然鄂圖曼王朝曾一度敗給掌管伊朗及伊拉克一帶的帖木兒帝國，不過隨著帖木兒帝國的逐漸衰退，鄂圖曼王朝又重新恢復了勢力。**1453年，鄂圖曼王朝征服了拜占庭帝國，其後領土擴張至中歐、北非等地**。

土耳其民族的遷徙

消滅拜占庭帝國

鄂圖曼帝國攻陷拜占庭帝國的首都君士坦丁堡，消滅了拜占庭帝國。鄂圖曼人將當地改名為伊斯坦堡，並定為首都。

維也納之圍

1529年，征服匈牙利的鄂圖曼帝國，直接率軍包圍維也納，帶給歐洲諸國莫大的威脅。

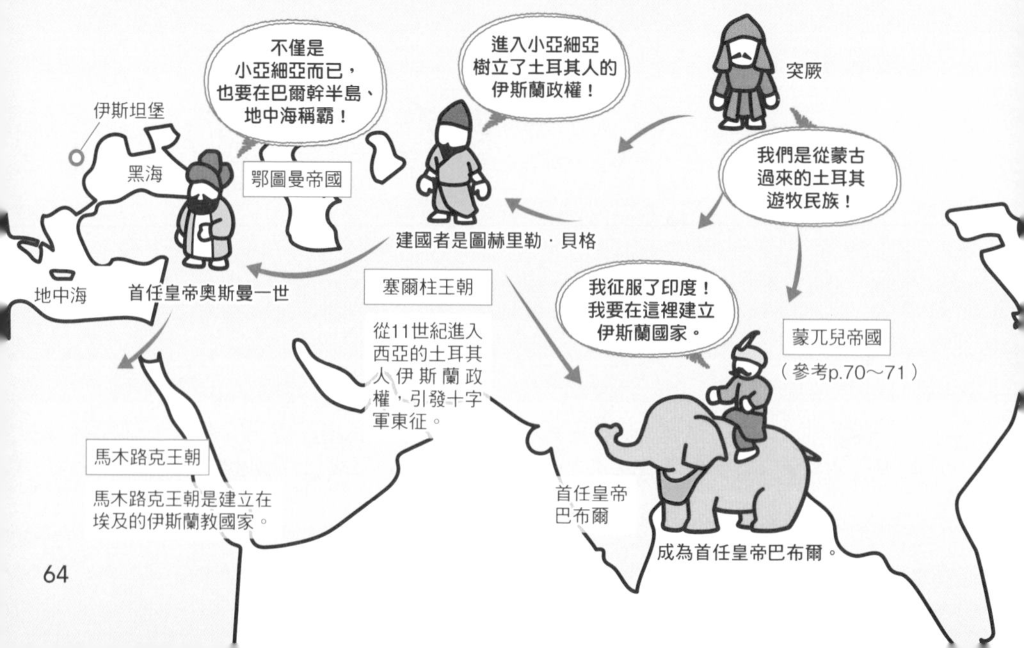
不僅是小亞細亞而已，也要在巴爾幹半島、地中海稱霸！
進入小亞細亞樹立了土耳其人的伊斯蘭政權！
突厥
伊斯坦堡
黑海
鄂圖曼帝國
我們是從蒙古過來的土耳其遊牧民族！
建國者是圖赫里勒．貝格
地中海
首任皇帝奧斯曼一世
塞爾柱王朝
從11世紀進入西亞的土耳其人伊斯蘭政權，引發十字軍東征。
我征服了印度！我要在這裡建立伊斯蘭國家。
蒙兀兒帝國
（參考p.70～71）
馬木路克王朝
馬木路克王朝是建立在埃及的伊斯蘭教國家。
首任皇帝巴布爾
成為首任皇帝巴布爾。

鄂圖曼帝國的統治

哈里發與蘇丹的差別在於？
哈里發是宗教上的領導者，而蘇丹則是擁有實權的統治者、也就是國家的君王。從塞爾柱王朝開始，演變為蘇丹也兼具哈里發的地位。

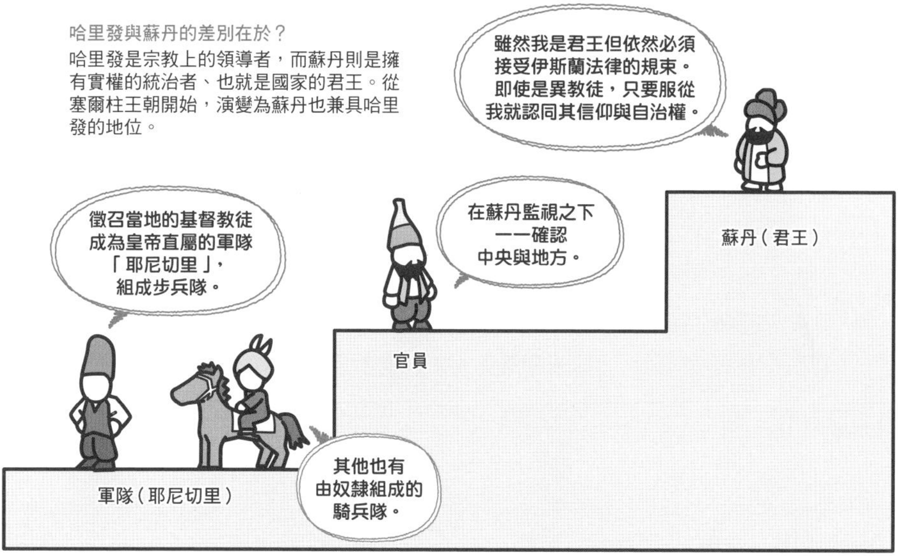

雖然我是君王但依然必須接受伊斯蘭法律的規束。即使是異教徒，只要服從我就認同其信仰與自治權。
蘇丹（君王）
在蘇丹監視之下一一確認中央與地方。
官員
徵召當地的基督教徒成為皇帝直屬的軍隊「耶尼切里」，組成步兵隊。
軍隊（耶尼切里）
其他也有由奴隸組成的騎兵隊。

〈對於非伊斯蘭教徒〉

遵命～～
改信伊斯蘭教加入軍隊吧！
除了地稅之外，也要繳交人頭稅。
要是承認我們的信仰與自治權就沒辦法了～
基督教徒的孩子們
官員
希臘正教
亞美尼亞使徒教會
猶太教

德夫希爾梅制度

這是種為了組成耶尼切里的強制徵兵制度，主要召集巴爾幹半島上的基督教徒，讓他們改信伊斯蘭教並加以訓練。好處是不必多花費用就能徵兵。

米利特制度

依各個不同的宗教，將伊斯蘭教徒以外的人士組織成宗教團體。雖然各個米利特都必須繳納稅金，不過他們原本的信仰、法律及習慣都受到承認。

由於鄂圖曼帝國也被稱為鄂圖曼土耳其帝國，因此大家很容易誤解這是土耳其人的國家，但**實際上鄂圖曼帝國的領土內卻擁有非常多的異教徒**。米利特制度是鄂圖曼帝國對於異教徒採取的政策之一，依據各個不同宗教的地區及社會，鄂圖曼帝國**承認他們擁有自治權，信仰與財產也同時受到保障**。

這個時期的中東

BC 3000 BC 500 0 500 1000 1200 1400 1600 1700 1800 1900 1950 2000

04 伊斯蘭文化的多樣性為歐洲帶來的影響

在伊斯蘭文化圈根深柢固的文化，又融合被征服地的文化。在如此獨樹一格的發展下，各宗教都獲得了更進一步的發展。

伊斯蘭文化在希臘及印度等原本就擁有繁榮古代文化的地區紮根後，融合被征服地原有的文化，發展出了獨樹一格的樣貌。**起源於印度的十進位與阿拉伯數字，讓數學得到飛躍性的進展**；而歐洲也對於近代科學發展有著深遠貢獻。此外，透過希臘文的文獻，**哲學、醫學與天文學也相當進步**。這些都超越了希臘原本的成果，因此結果反而是伊斯蘭文化圈將這些知識反向傳播至歐洲。

伊斯蘭文化真是太了不起了！

醫學的發展

在伊斯蘭世界中，率先採取在病床上治療的方式。綜合醫院中設有外科、內科，還有齊全的住院設備。

進行解剖！
李奧納多．達文西

將煉金術轉為化學

雖然自古就有嘗試把其他物質中提煉出黃金的技術，不過都是偏向咒術的層面。在當時的阿拉伯就反覆實驗將不同的物質結合成化合物，促進了化學的發展。

不使用魔法，而是以實驗製造出黃金！

伊斯蘭美術

正因為伊斯蘭教禁止偶像崇拜，使得裝飾藝術蓬勃發展。阿拉伯式花紋是由幾何圖形在一個平面內反覆運用所構成。

阿拉伯式花紋

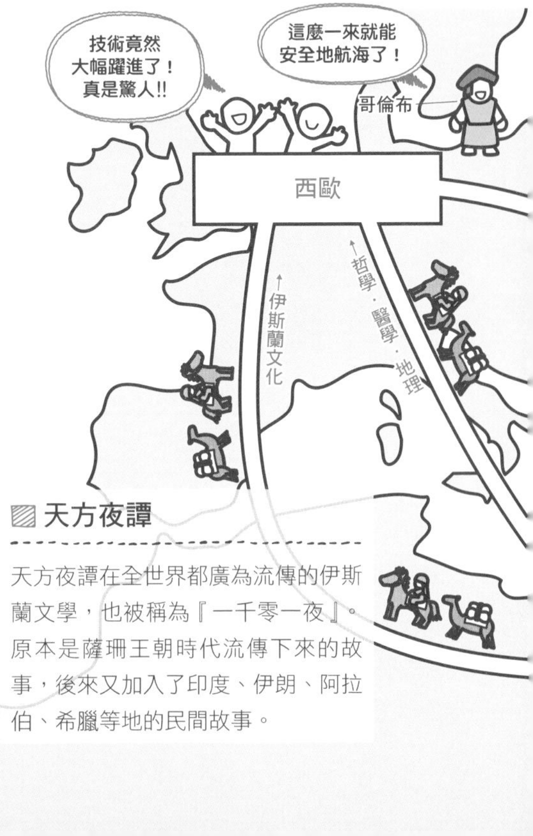
技術竟然大幅躍進了！真是驚人!!
這麼一來就能安全地航海了！
哥倫布
西歐
↑伊斯蘭文化
↑哲學．醫學．地理

天方夜譚

天方夜譚在全世界都廣為流傳的伊斯蘭文學，也被稱為『一千零一夜』。原本是薩珊王朝時代流傳下來的故事，後來又加入了印度、伊朗、阿拉伯、希臘等地的民間故事。

另一方面，即使是伊斯蘭內部也由於宗派分裂等因素，在不同的地區內發展出了各自的文化，以不同語言寫成的大量文學作品就是典型的例子。此外，在伊斯蘭文化圈中隨處可見的清真寺，**也分為擁有石造迴廊的阿拉伯型、色彩豐富的伊朗型，以及建有高聳喚拜塔（又稱光塔）的土耳其型**等等，展現出了濃濃的地域特色。

官方語言為阿拉伯語

雖然伊斯蘭世界的官方語言是阿拉伯語，但在10世紀以後，伊朗使用的是波斯語、而鄂圖曼帝國使用的則是土耳其語。

圖書館成為公共區域

當時傳入非常多以希臘語及波斯語寫成的文獻，並翻譯成阿拉伯語。於是阿拉伯語成了伊斯蘭世界共通的學術用語，最後阿拉伯語譯本更反向傳入歐洲，成為文藝復興的原動力。

最進步的天文學
使用羅盤、沙漏、星盤（進行天文測量的儀器）等，調查天體運行的技術也獲得高度發展。

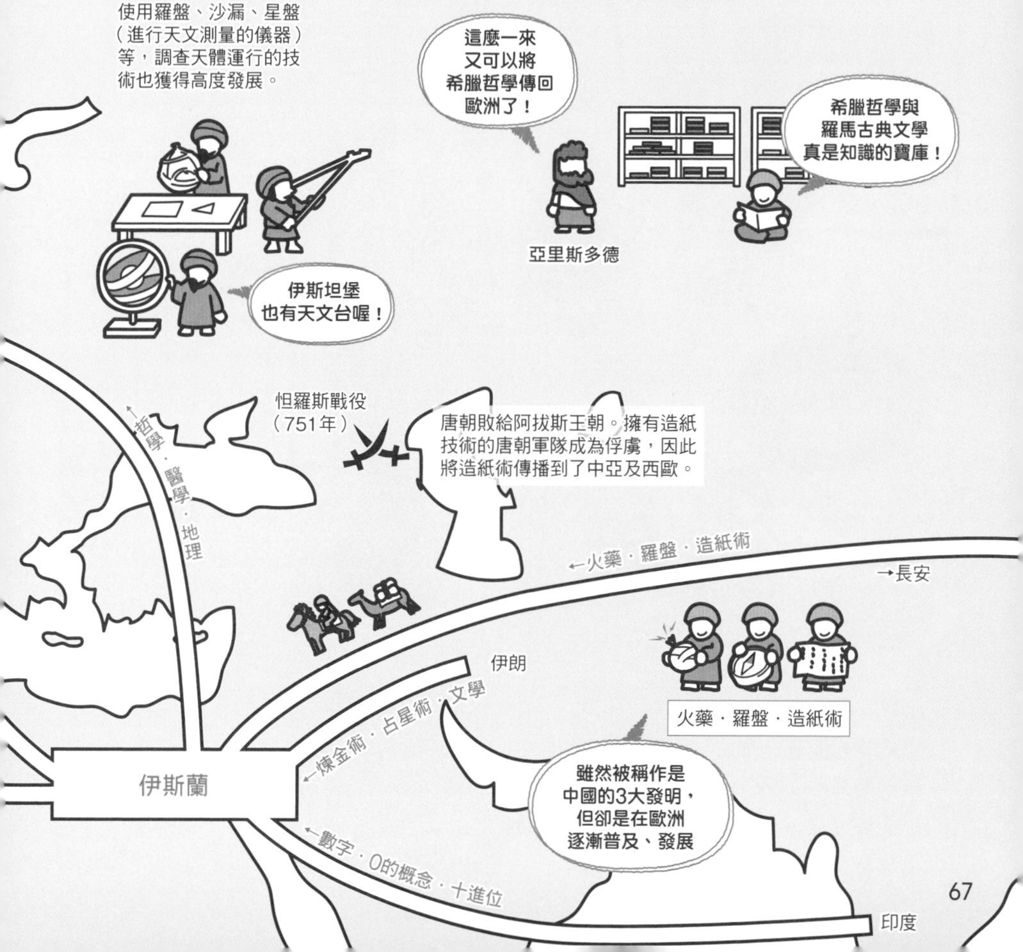
這麼一來又可以將希臘哲學傳回歐洲了！
希臘哲學與羅馬古典文學真是知識的寶庫！
亞里斯多德
伊斯坦堡也有天文台喔！
恒羅斯戰役（751年）
唐朝敗給阿拔斯王朝。擁有造紙技術的唐朝軍隊成為俘虜，因此將造紙術傳播到了中亞及西歐。
←哲學・醫學・地理
←火藥・羅盤・造紙術
→長安
伊朗
←煉金術・占星術・文學
火藥・羅盤・造紙術
雖然被稱作是中國的3大發明，但卻是在歐洲逐漸普及、發展
伊斯蘭
←數字・0的概念・十進位
印度

fashion check

— 時尚穿搭評鑑 —

蒙兀兒帝國的貴族
鄂圖曼帝國的軍人
（耶尼切里）

頭紗
從頭頂批蓋一塊長長的布，遮蓋住背部。頭紗還帶有避邪的功用。
短上衣
有點像是罩衫的寬鬆短上衣，特徵是背後有很大的開口。
長裙
用一塊布圍繞起來的裙子（打褶裙），通常需要用到好幾尺的絲緞製成。
蒙兀兒帝國的貴族

由於印度的環境高溫又潮濕，因此服裝基本上都是以一塊布圍繞住身體。這樣的服飾不僅容易通風，也不會把身體緊緊裹住，適合讓汗水蒸發。此外，因為珠寶飾品是王室權力的象徵，蒙兀兒帝國的妃子慕塔芝．瑪哈、努．賈汗等人，身上都穿戴著許多光彩奪目的珠寶飾品。

軍帽
這種軍帽的特色是在中央別上徽章，長形布料往後披垂。普通士兵戴的是白色軍帽，而皇帝的侍衛長戴的則是紅色軍帽。
軍服
這種軍服的衣袖並未完全縫起，沒有覆蓋住手臂，形成垂袖的造型。當時流行穿著內搭上衣，從袖口露出不同顏色的衣袖。
軍靴
耶尼切里穿著皮革製的軍靴，除了如圖的長靴之外，也有像是涼鞋般的短靴、騎馬用的長靴等。據說當時流行穿著黃色軍靴。
鄂圖曼帝國的軍人（耶尼切里）

鄂圖曼帝國的皇帝直屬禁衛軍耶尼切里，是1360年第3任皇帝穆拉德一世所創設，到了16世紀前葉甚至裝備槍械，帶給歐洲諸國莫大的影響。鄂圖曼帝國將基督徒的俘虜（之後則是基督徒的後代）集結起來，命令他們改信伊斯蘭教，培養對皇帝的忠誠。直到1826年才解除此制度。

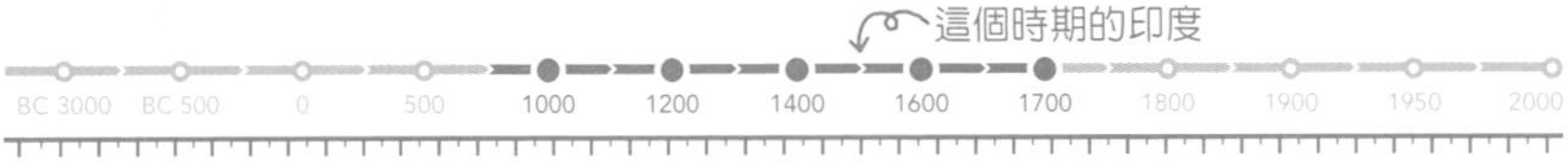
這個時期的印度
BC 3000
BC 500
0
500
1000
1200
1400
1600
1700
1800
1900
1950
2000

05 為何在印度教徒眾多的印度能建立起蒙兀兒帝國？

蒙兀兒帝國藉由廢除人頭稅等懷柔政策，成功實現了伊斯蘭教徒與印度教徒和平共存的國家。

8世紀，伊斯蘭勢力開始向印度教的國度．印度進攻，**到了13世紀，印度的第一個伊斯蘭王朝正式誕生**。16世紀蒙兀兒帝國成立，並且持續繁榮了一世紀以上。建國皇帝的孫子、第3代皇帝阿克巴不僅更進一步擴大了領土，也實施了稅制改革。相對於帝國初期大肆破壞印度教寺廟等的高壓政策，**他積極推動懷柔政策，為蒙兀兒帝國奠定了穩定的基礎**。

在蒙兀兒帝國壯大之前

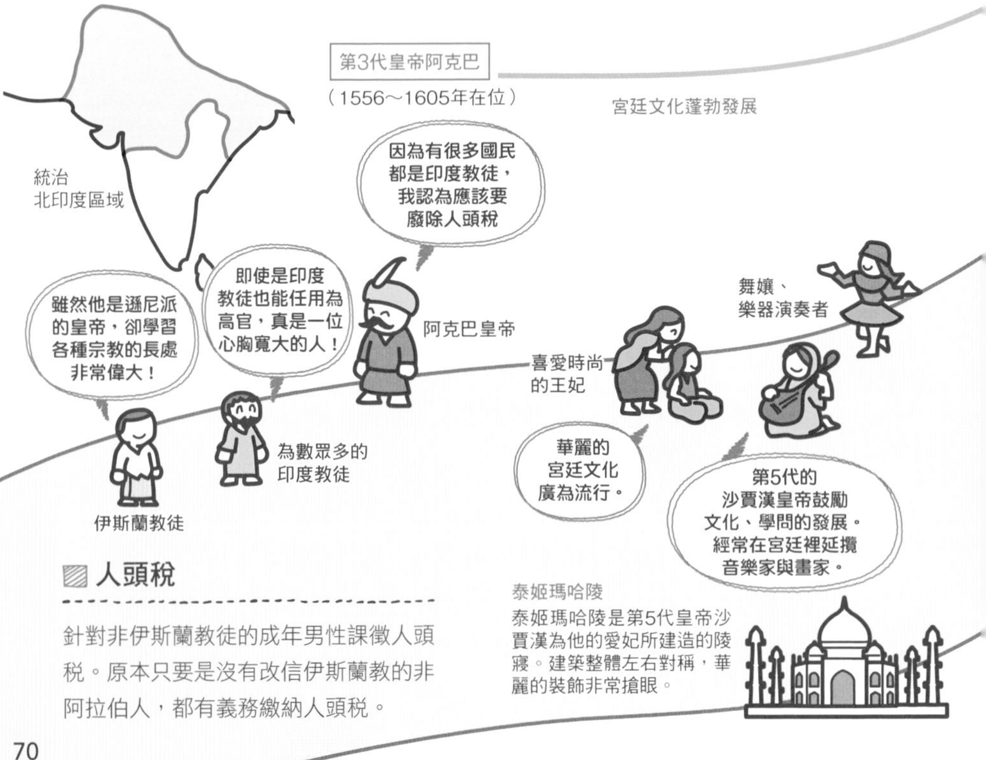
第3代皇帝阿克巴
（1556～1605年在位）
宮廷文化蓬勃發展
統治
北印度區域
因為有很多國民都是印度教徒，我認為應該要廢除人頭稅
即使是印度教徒也能任用為高官，真是一位心胸寬大的人！
雖然他是遜尼派的皇帝，卻學習各種宗教的長處非常偉大！
阿克巴皇帝
為數眾多的印度教徒
伊斯蘭教徒
舞孃、樂器演奏者
喜愛時尚的王妃
華麗的宮廷文化廣為流行。
第5代的沙賈漢皇帝鼓勵文化、學問的發展。經常在宮廷裡延攬音樂家與畫家。
泰姬瑪哈陵
泰姬瑪哈陵是第5代皇帝沙賈漢為他的愛妃所建造的陵寢。建築整體左右對稱，華麗的裝飾非常搶眼。

人頭稅

針對非伊斯蘭教徒的成年男性課徵人頭稅。原本只要是沒有改信伊斯蘭教的非阿拉伯人，都有義務繳納人頭稅。

隨著廢除對印度教徒課徵人頭稅、以及任用印度教徒作為官員等懷柔政策，不僅維持了帝國的和平，**受到印度教影響的印度・伊斯蘭文化也獲得發展**，泰姬瑪哈陵就是其中最具有代表性的建築物。不過，在第6代皇帝奧朗則布的統治下，**改為採取打壓印度教徒的政策**，使得帝國由盛轉衰。

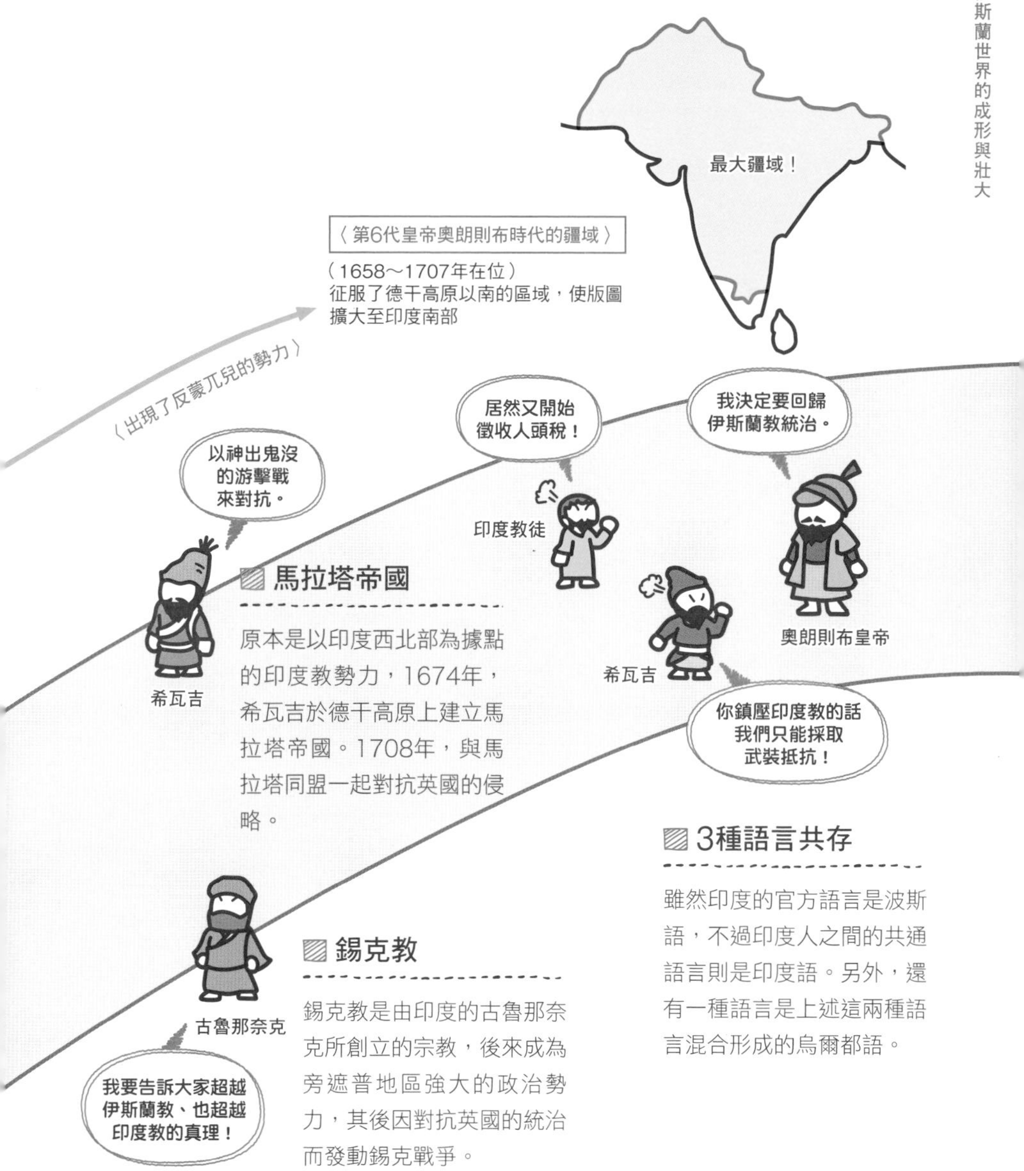
最大疆域！
〈第6代皇帝奧朗則布時代的疆域〉
（1658～1707年在位）
征服了德干高原以南的區域，使版圖擴大至印度南部
〈出現了反蒙兀兒的勢力〉
以神出鬼沒的游擊戰來對抗。
居然又開始徵收人頭稅！
我決定要回歸伊斯蘭教統治。
印度教徒
希瓦吉
希瓦吉
奧朗則布皇帝
你鎮壓印度教的話我們只能採取武裝抵抗！
古魯那奈克
我要告訴大家超越伊斯蘭教、也超越印度教的真理！

馬拉塔帝國

原本是以印度西北部為據點的印度教勢力，1674年，希瓦吉於德干高原上建立馬拉塔帝國。1708年，與馬拉塔同盟一起對抗英國的侵略。

錫克教

錫克教是由印度的古魯那奈克所創立的宗教，後來成為旁遮普地區強大的政治勢力，其後因對抗英國的統治而發動錫克戰爭。

3種語言共存

雖然印度的官方語言是波斯語，不過印度人之間的共通語言則是印度語。另外，還有一種語言是上述這兩種語言混合形成的烏爾都語。

06 蒙兀兒帝國與鄂圖曼帝國究竟是為何衰亡的呢？

伊斯蘭教的大國——蒙兀兒帝國與鄂圖曼帝國，都是由於國力日漸增強的歐洲諸國而邁向衰亡的道路。

極盛一時的鄂圖曼帝國與蒙兀兒帝國，都在18世紀以後步入衰退。原因就在於這兩個帝國都遭受到，因進行工業革命與亞洲貿易導致經濟突飛猛進的**歐洲諸國侵略**。相對於因鎮壓印度教徒政策而導致衰退的蒙兀兒帝國，英國在印度掌控的區域越來越大。**英國透過在1600年成立的東印度公司，到了19世紀中幾乎控制了整個印度**。此後，蒙兀兒帝國可說是名存實亡了。

逐漸成為殖民地的印度

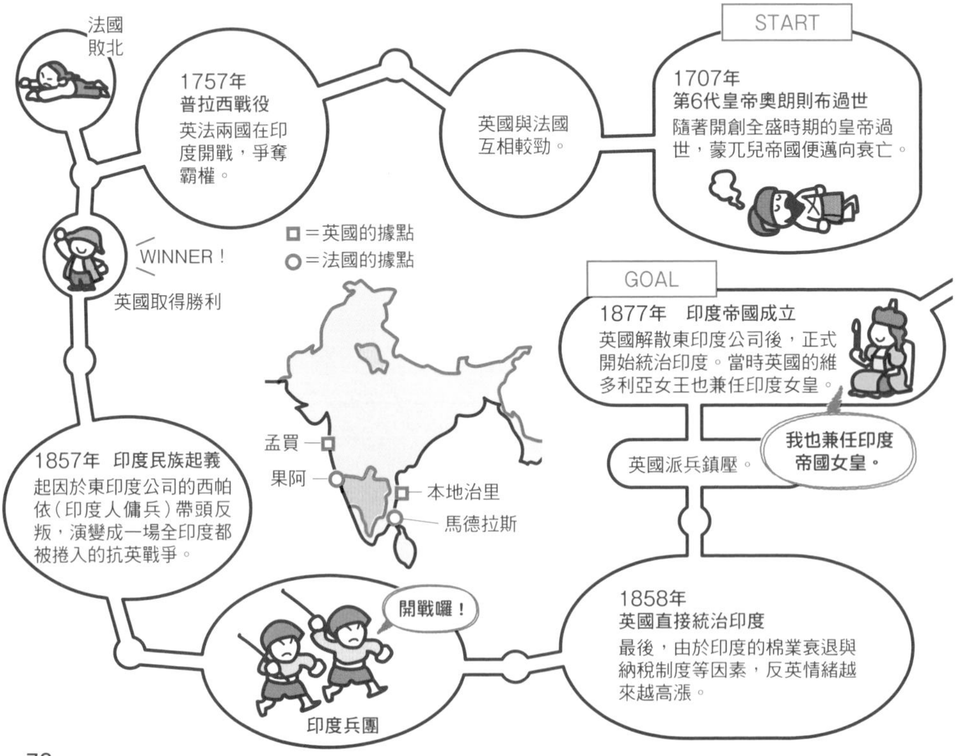
START
1707年
第6代皇帝奧朗則布過世
隨著開創全盛時期的皇帝過世，蒙兀兒帝國便邁向衰亡。
英國與法國互相較勁。
1757年
普拉西戰役
英法兩國在印度開戰，爭奪霸權。
法國敗北
WINNER！
英國取得勝利
□＝英國的據點
○＝法國的據點
孟買
果阿
本地治里
馬德拉斯
1857年 印度民族起義
起因於東印度公司的西帕依（印度人傭兵）帶頭反叛，演變成一場全印度都被捲入的抗英戰爭。
開戰囉！
印度兵團
1858年
英國直接統治印度
最後，由於印度的棉業衰退與納稅制度等因素，反英情緒越來越高漲。
英國派兵鎮壓。
GOAL
1877年 印度帝國成立
英國解散東印度公司後，正式開始統治印度。當時英國的維多利亞女王也兼任印度女皇。
我也兼任印度帝國女皇。

版圖越來越小的鄂圖曼帝國

何謂東印度公司？

東印度公司是獲得英國女王授予亞洲獨佔貿易特權的公司。在印度，東印度公司也作為實質上的統治機關，管理印度領土。

日本人與土耳其的外交起點

鄂圖曼帝國為了展現國力，在1890年從土耳其派遣軍艦至日本，在和歌山附近海域觸礁。當地居民出動救援，讓土耳其人心懷感激，也是土耳其人親日的原因。

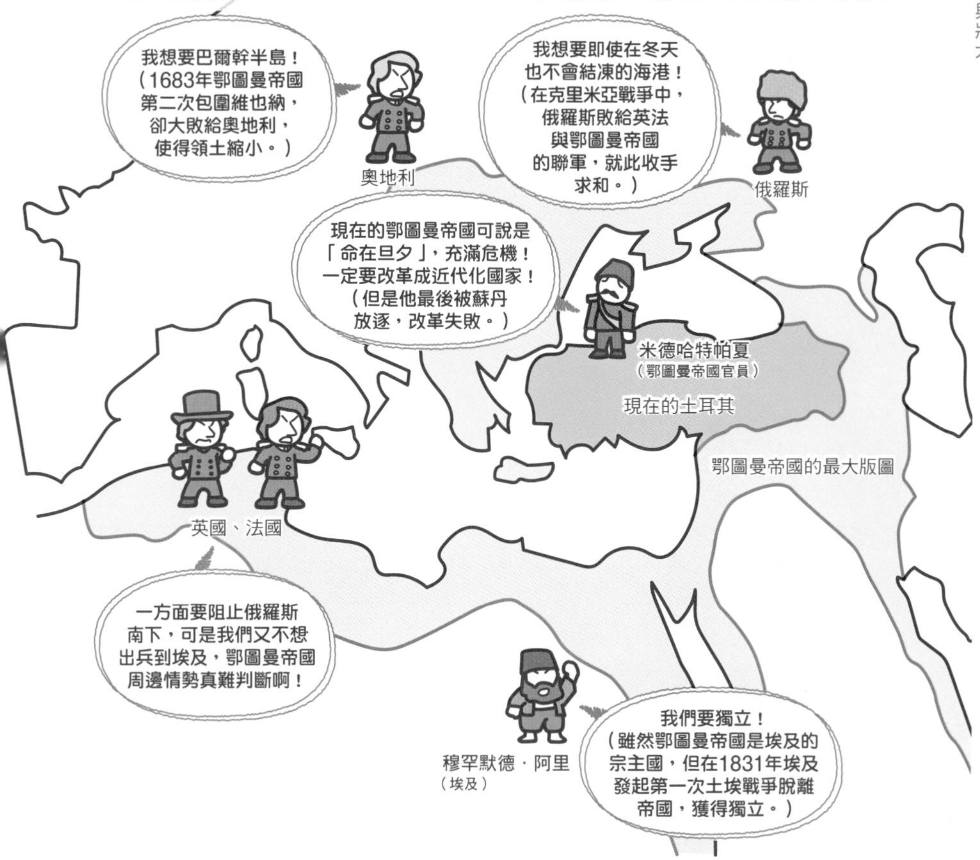
我想要巴爾幹半島！（1683年鄂圖曼帝國第二次包圍維也納，卻大敗給奧地利，使得領土縮小。）
奧地利
我想要即使在冬天也不會結凍的海港！（在克里米亞戰爭中，俄羅斯敗給英法與鄂圖曼帝國的聯軍，就此收手求和。）
俄羅斯
現在的鄂圖曼帝國可說是「命在旦夕」，充滿危機！一定要改革成近代化國家！（但是他最後被蘇丹放逐，改革失敗。）
米德哈特帕夏
（鄂圖曼帝國官員）
現在的土耳其
鄂圖曼帝國的最大版圖
英國、法國
一方面要阻止俄羅斯南下，可是我們又不想出兵到埃及，鄂圖曼帝國周邊情勢真難判斷啊！
穆罕默德・阿里
（埃及）
我們要獨立！（雖然鄂圖曼帝國是埃及的宗主國，但在1831年埃及發起第一次土埃戰爭脫離帝國，獲得獨立。）

鄂圖曼帝國在第二次包圍維也納時遭受挫折，敗給奧地利。此時也受到俄羅斯入侵，使得版圖大幅減少。再加上尋求獨立的阿拉伯人發起民族運動，讓帝國內部陷入混亂，又成為野心勃勃的歐洲諸國想要擴大領土的目標，種種因素導致國家的財政左支右絀，**甚至被揶揄為「垂死的病人」，漸漸走向衰亡之路**。

NO.03

column

茶

牽動著全世界？

在世界史的幕後，茶也占了一席之地

古代的中國，**將茶葉烹煮後萃取出的飲料視作為藥品**。到了宋朝，品茶的風氣甚至傳播至日本等周邊的民族。

在16世紀來到中國的葡萄牙人，是歐洲人當中第一個品嘗到茶的民族，到了17世紀之後，品茶的風氣擴散至歐洲，其中又特別受到英國人的喜愛，上至宮廷下至百姓都捲起了一股品茶的風潮。**在茶當中加入砂糖、使用陶器品茶等**，也是從當時流傳下來的習慣。

眾所皆知，由於英國東印度公司獨佔中國茶業的進口貿易，而觸發了美國獨立戰爭。其後，更因為從中國進口茶葉的問題而引爆了鴉片戰爭。英國為了順應國內對於茶葉的需求，開始在印度栽培茶葉，到了19世紀下半葉，印度產的茶葉已經超出了中國的產量。不僅如此，為了盡快將茶葉運回英國，**還研發出了高速帆船**，同時也促進了海運的發達。這麼看來，茶堪稱是撼動世界史的原動力也不為過呢！

Chapter 04

「歐洲世界的成形」

從5世紀日耳曼人大遷徙
造成西羅馬帝國滅亡，一直到
15世紀的歐洲，這段期間
在歷史上被劃分為「中世紀」。
這個時期是現代歐洲世界之母。

section

01 日耳曼人大遷徙掀開了中世紀歐洲的扉頁

02 法蘭克王國的查理曼大帝其實自大又殘忍？

03 從拜占庭帝國一直到大國俄羅斯誕生的期間

04 在中世紀歐洲，為什麼教會的勢力得以擴張呢？

05 「黑死病」曾使人口大幅減少了三分之一？

06 多達7次的十字軍東征原因究竟為何？

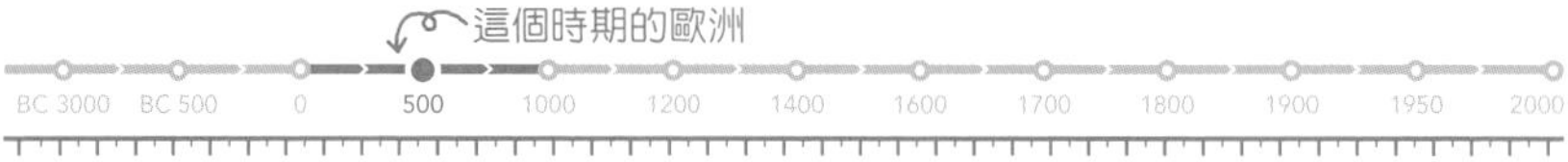
這個時期的歐洲
BC 3000
BC 500
0
500
1000
1200
1400
1600
1700
1800
1900
1950
2000

01 日耳曼人大遷徙掀開了中世紀歐洲的扉頁

在日耳曼人的侵略之下，導致了西羅馬帝國的滅亡。
在西洋史中，將這個時期看作是古代與中世紀的轉變期。

395年，羅馬帝國皇帝狄奧多西一世過世之後，羅馬帝國分裂為東西兩半。以君士坦丁堡為中心、統治巴爾幹半島與小亞細亞的**東羅馬帝國，作為拜占庭帝國延續了1000年之久**。另一方面，以羅馬為中心、掌管義大利半島及其周邊的西羅馬帝國，卻因為日耳曼人好幾度的侵略而逐漸衰退。其後，**在西羅馬帝國原本的領土上，建立了好幾個日耳曼國家**。

日耳曼國家的成立

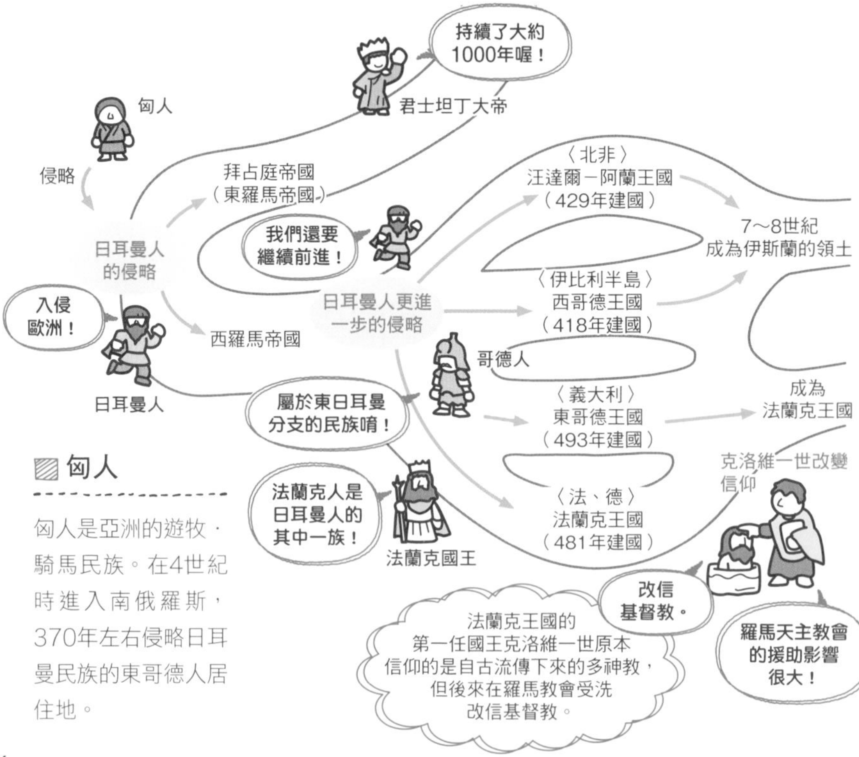
持續了大約
1000年喔！
君士坦丁大帝
匈人
侵略
拜占庭帝國
（東羅馬帝國）
日耳曼人
的侵略
我們還要
繼續前進！
入侵
歐洲！
西羅馬帝國
日耳曼人
日耳曼人更進
一步的侵略
〈北非〉
汪達爾－阿蘭王國
（429年建國）
7～8世紀
成為伊斯蘭的領土
〈伊比利半島〉
西哥德王國
（418年建國）
哥德人
屬於東日耳曼
分支的民族唷！
〈義大利〉
東哥德王國
（493年建國）
成為
法蘭克王國
克洛維一世改變
信仰
法蘭克人是
日耳曼人的
其中一族！
法蘭克國王
〈法、德〉
法蘭克王國
（481年建國）
改信
基督教。
法蘭克王國的
第一任國王克洛維一世原本
信仰的是自古流傳下來的多神教，
但後來在羅馬教會受洗
改信基督教。
羅馬天主教會
的援助影響
很大！

匈人

匈人是亞洲的遊牧．騎馬民族。在4世紀時進入南俄羅斯，370年左右侵略日耳曼民族的東哥德人居住地。

日耳曼人大遷徙

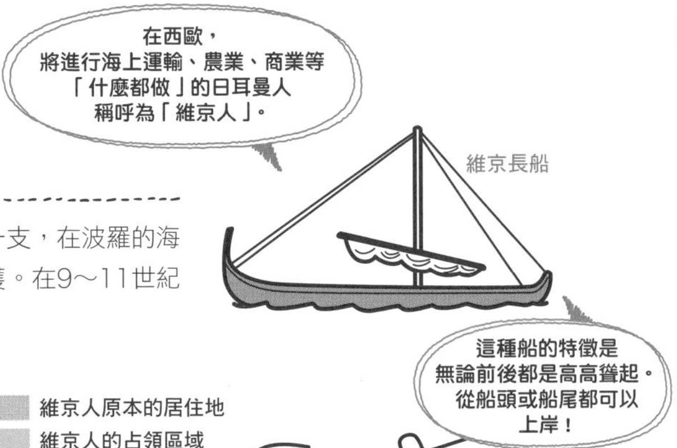
在西歐，
將進行海上運輸、農業、商業等
「什麼都做」的日耳曼人
稱呼為「維京人」。
維京長船
這種船的特徵是
無論前後都是高高聳起。
從船頭或船尾都可以
上岸！

諾曼人

諾曼人屬於日耳曼人的一支，在波羅的海沿岸等地從事狩獵與漁獲。在9～11世紀的期間往各地遷徙。

維京人原本的居住地
維京人的占領區域
維京人的入侵
入侵法蘭西，
諾曼第人的統治
地位受到認可，建立
諾曼第公國。
羅洛
（諾曼第公國）
維京人原本的居住地
漢堡
維京人的占領區域
巴黎
里昂
威尼斯
拿坡里
君士坦丁堡
大諾夫哥羅德
基輔
查理三世
（法蘭克王國）
在法國中部
還沒被奪走
之前，先將北方
封給他們也是
沒辦法的事。

受到匈人入侵而不得不遷徙居住地的日耳曼人，**造成西羅馬帝國才建國短短不到100年，就在476年滅亡了**。在西羅馬帝國原本的領土內，建立了西哥德王國、汪達爾－阿蘭王國、法蘭克王國、東哥德王國等諸多日耳曼國家。其後，諾曼人（維京人）也持續遷徙至歐洲大陸，開創了動盪的時代。

02 法蘭克王國的查理曼大帝其實自大又殘忍？

法蘭克王國的查理曼大帝不僅促進了基督教的融合，同時也開創出了現代歐洲文化的原型。

在西歐各地建國的日耳曼王國，大部分都在短時間內便滅亡了。其中，只有於481年建國的法蘭克王國，還繼續維持了400年之久的時間。為法蘭克王國創造出鼎盛期的查理曼大帝，為了使羅馬帝國的基礎——**拉丁語更為普及，推動了卡洛林文藝復興。藉由日耳曼文化與基督教的融合，造就出西歐文化的原型**。

為王國帶來鼎盛期的查理曼大帝

①768年即位
有傳聞指出查理曼大帝本人並不會讀寫，不過他非常積極地獎勵文化活動。
查理曼大帝
盎格魯．薩克遜七王國
亞琛
巴黎
④814年於亞琛過世
查理曼大帝
斯拉夫各族
481年 建國時的領土
在他46年的在位期間中發動了多達50次戰爭！
②774年征服了倫巴底王國
合併北義大利，其後，將領土擴張到伊比利半島、德意志、匈牙利附近。
倫巴底王國
被、被併吞了～
後伍麥亞王朝
我認可你是羅馬皇帝。你下跪接受加冕吧！
羅馬
拜占庭帝國
③800年查理曼大帝接受加冕
由於查理曼大帝被認定為基督教的保護者，受羅馬教宗利奧三世加冕為「羅馬人的皇帝」。
那我就收下了，感激不盡（這下子整個西歐都是我的囊中物了。）
查理曼大帝
教宗利奧三世

從法蘭克王國誕生的法、義、德

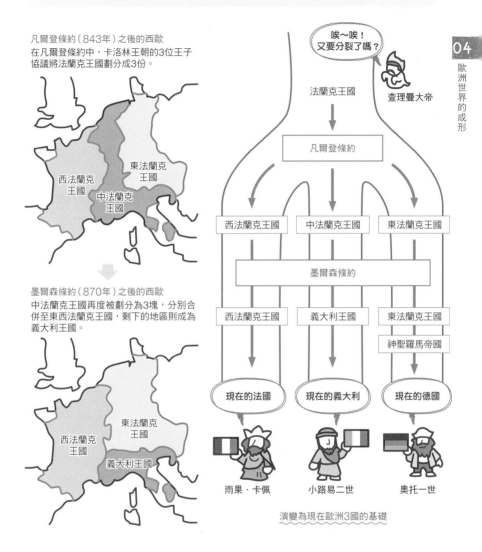

凡爾登條約（843年）之後的西歐

在凡爾登條約中，卡洛林王朝的3位王子協議將法蘭克王國劃分成3份。

東法蘭克
王國
西法蘭克
王國
中法蘭克
王國

墨爾森條約（870年）之後的西歐

中法蘭克王國再度被劃分為3塊，分別合併至東西法蘭克王國，剩下的地區則成為義大利王國。

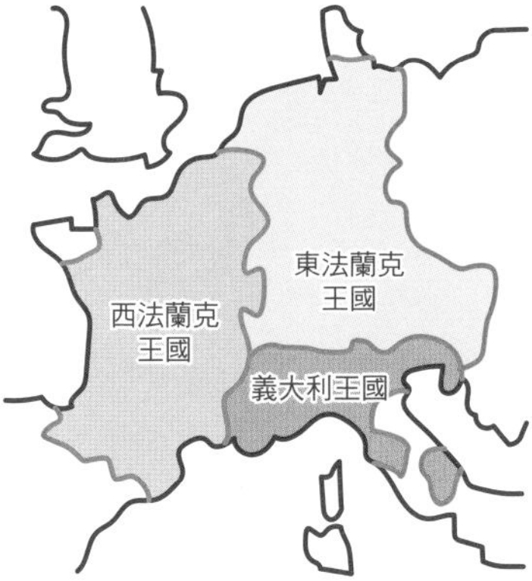
東法蘭克
王國
西法蘭克
王國
義大利王國

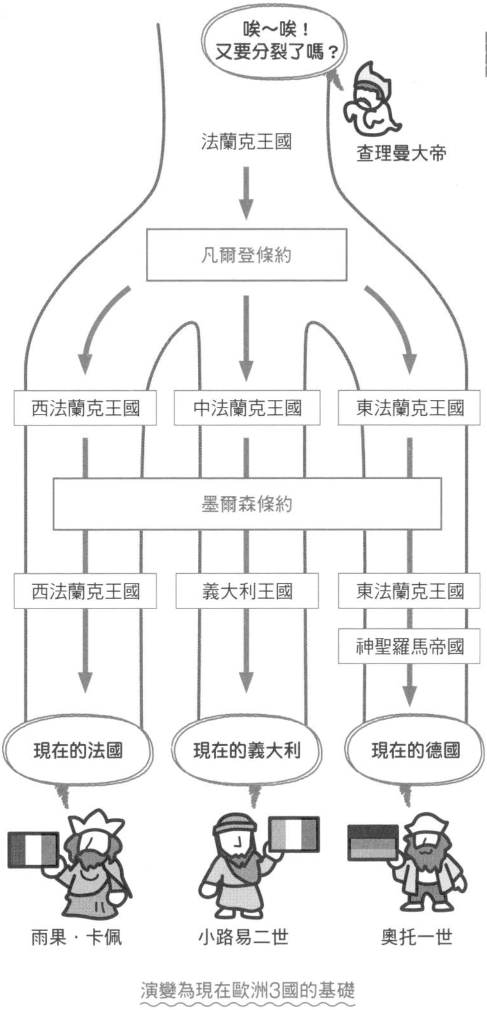
唉～唉！
又要分裂了嗎？
查理曼大帝
法蘭克王國
凡爾登條約
西法蘭克王國
中法蘭克王國
東法蘭克王國
墨爾森條約
西法蘭克王國
義大利王國
東法蘭克王國
神聖羅馬帝國
現在的法國
現在的義大利
現在的德國
雨果・卡佩
小路易二世
奧托一世
演變為現在歐洲3國的基礎

法蘭克王國在歷經843年的凡爾登條約、及870年的墨爾森條約後，分割為西法蘭克、東法蘭克及義大利3個王國，而**這也成了現在的法國、德國、義大利的起源**。查理曼大帝在位期間內發動超過50次的戰爭，也虐殺許多非基督教徒，儘管如此，他還是建立了歐洲的基礎，直到現在仍被尊稱為**「歐洲之父」**。

03 從拜占庭帝國一直到大國俄羅斯誕生的期間

斯拉夫人侵略東歐後，建立了基輔大公國。
基輔大公國成為繼拜占庭帝國後，保護希臘正教的傳人。

與羅馬天主教相對立的君士坦丁堡教會，**在拜占庭帝國的庇蔭之下，成為希臘正教的大本營**。此後，希臘正教持續對居住在東歐世界的斯拉夫民族進行傳教，拜占庭帝國除了保留希臘與羅馬的傳統外，也吸納了東方風情，形成了獨特的文化。1453年，拜占庭帝國被鄂圖曼帝國消滅之後，**君士坦丁堡教會仍然是希臘正教的精神領袖**。

6世紀拜占庭帝國的局勢

我們也要統治歐洲！
斯拉夫民族
我們要恢復雅利安人的國度。（＝侵略拜占庭帝國。）
法蘭克王國
東哥德王國
西哥德王國
拜占庭帝國
霍斯勞一世（波斯薩珊王朝）
薩珊王朝波斯
我要消滅汪達爾——阿蘭王國與東哥德王國，奪回舊羅馬帝國時代的所有領土！
查士丁尼大帝（拜占庭帝國）
埃及
朝向拜占庭帝國境內的敘利亞、埃及出發！（這些地方很多人反對拜占庭皇帝，容易征服。）
伊斯蘭勢力（阿拉伯人）

何謂斯拉夫民族

斯拉夫民族是居住在流經捷克與德國的易北河以東的東歐民族（包含巴爾幹半島）。波蘭、捷克、俄羅斯等地都是斯拉夫民族以前居住的地區。

從基輔大公國到莫斯科大公國

希臘正教

希臘正教是在拜占庭帝國底下發展的基督教宗派。從8世紀之後開始，因偶像崇拜的問題，與羅馬天主教會發展為對立的局面。

諾曼人的遷徙
諾夫哥羅德公國
東法蘭克王國
基輔大公國
拜占庭帝國

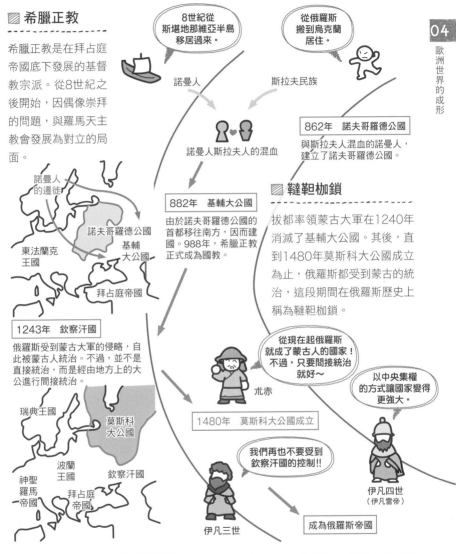

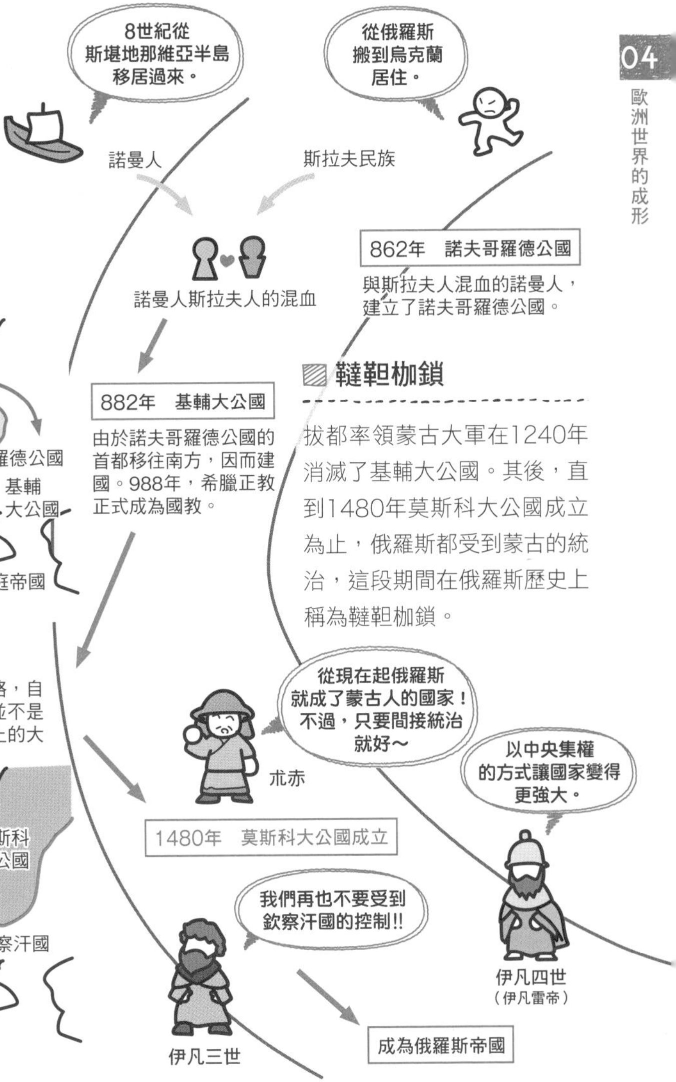
8世紀從斯堪地那維亞半島移居過來。
從俄羅斯搬到烏克蘭居住。
諾曼人
斯拉夫民族
諾曼人斯拉夫人的混血
862年　諾夫哥羅德公國
與斯拉夫人混血的諾曼人，建立了諾夫哥羅德公國。
882年　基輔大公國
由於諾夫哥羅德公國的首都移往南方，因而建國。988年，希臘正教正式成為國教。
1243年　欽察汗國
俄羅斯受到蒙古大軍的侵略，自此被蒙古人統治。不過，並不是直接統治，而是經由地方上的大公進行間接統治。
從現在起俄羅斯就成了蒙古人的國家！不過，只要間接統治就好～
朮赤
以中央集權的方式讓國家變得更強大。
1480年　莫斯科大公國成立
我們再也不要受到欽察汗國的控制!!
伊凡三世
伊凡四世（伊凡雷帝）
成為俄羅斯帝國

韃靼枷鎖

拔都率領蒙古大軍在1240年消滅了基輔大公國。其後，直到1480年莫斯科大公國成立為止，俄羅斯都受到蒙古的統治，這段期間在俄羅斯歷史上稱為韃靼枷鎖。

瑞典王國
莫斯科大公國
波蘭王國
神聖羅馬帝國
欽察汗國
拜占庭帝國

繼拜占庭帝國之後，**基輔大公國**扮演了希臘正教保護者的角色。基輔大公國是於9世紀末在現在的烏克蘭首都．基輔，由諾曼人建立起來的國家。基輔大公國的弗拉基米爾一世大公**將希臘正教立為國教**，促使了當地吸收拜占庭文化。此後，再由俄羅斯繼承基輔大公國。

04 在中世紀歐洲，為什麼教會的勢力得以擴張呢？

在中世紀的歐洲封建社會中，擁有領土的羅馬天主教會，權力甚至凌駕於國王之上。

中世紀的歐洲社會是藉由封建制度所支撐；而所謂的封建制度則是指圍繞著土地所發展出的主從關係，領主有義務賜與土地給家臣，家臣則有義務侍奉領主。在封建制度下，**教會也逐步產生教化民眾的作用**。此外，由於皇室與貴族奉獻了廣大的土地，**使得羅馬天主教會擁有領土**，其實力甚至足以與國王匹敵。

原因① 封建社會

秋耕地
在農地利用
牛隻耕作中。
農民
在我的土地上
耕作，我就會
保護你。
春耕地
領主的宅邸
領主
休耕地
要繳納十分之一
的稅給我唷！
磨粉廠
教宗
共同放牧地
飼養綿羊
來剃羊毛
教會
所謂十分之一的稅，
是依照聖經上的指示
農民必須將10%的
農作物繳納給教會。
放牧場

原因② 騎士的沒落

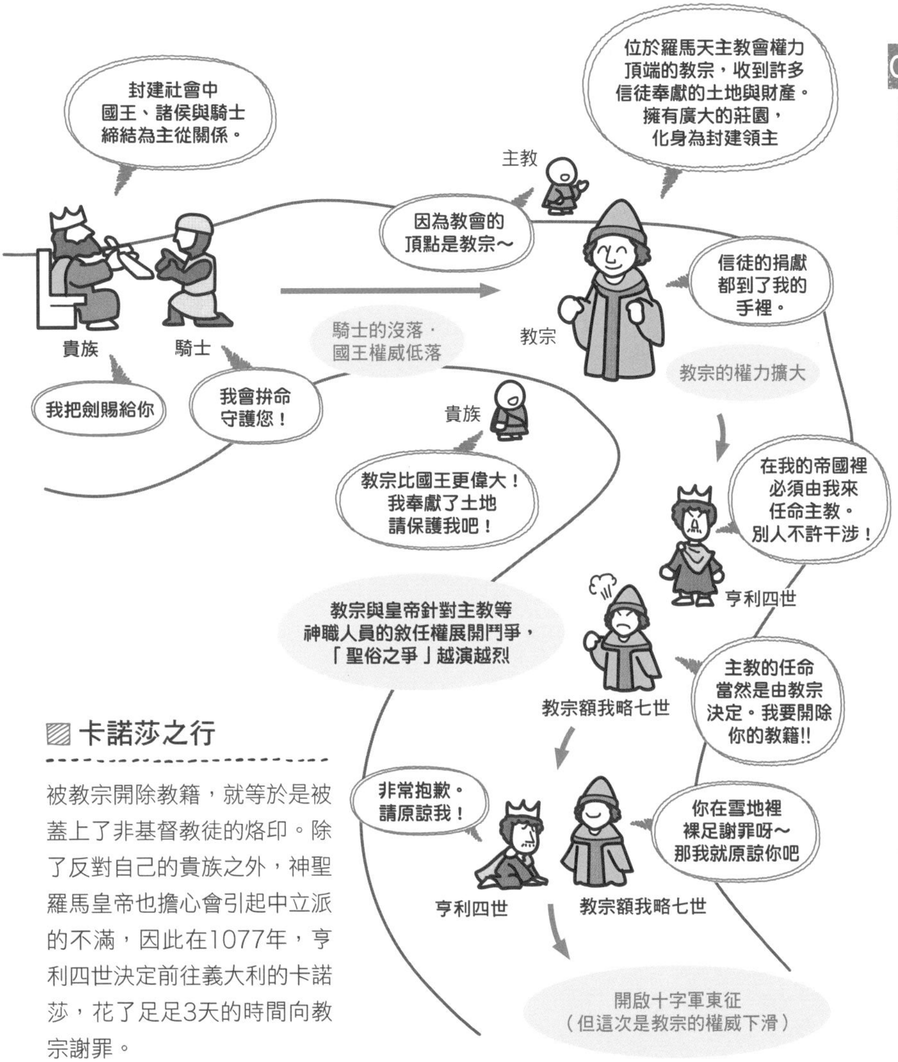
封建社會中
國王、諸侯與騎士
締結為主從關係。
貴族
騎士
我把劍賜給你
我會拼命
守護您！
騎士的沒落．
國王權威低落
主教
因為教會的
頂點是教宗～
位於羅馬天主教會權力
頂端的教宗，收到許多
信徒奉獻的土地與財產。
擁有廣大的莊園，
化身為封建領主
信徒的捐獻
都到了我的
手裡。
教宗
教宗的權力擴大
貴族
教宗比國王更偉大！
我奉獻了土地
請保護我吧！
在我的帝國裡
必須由我來
任命主教。
別人不許干涉！
亨利四世
教宗與皇帝針對主教等
神職人員的敘任權展開鬥爭，
「聖俗之爭」越演越烈
主教的任命
當然是由教宗
決定。我要開除
你的教籍!!
教宗額我略七世
非常抱歉。
請原諒我！
你在雪地裡
裸足謝罪呀～
那我就原諒你吧
亨利四世
教宗額我略七世
開啟十字軍東征
（但這次是教宗的權威下滑）

卡諾莎之行

被教宗開除教籍，就等於是被蓋上了非基督教徒的烙印。除了反對自己的貴族之外，神聖羅馬皇帝也擔心會引起中立派的不滿，因此在1077年，亨利四世決定前往義大利的卡諾莎，花了足足3天的時間向教宗謝罪。

在11～12世紀這段期間，**教宗與世俗的國王之間引發了鬥爭**，他們爭奪的是教會神職人員的敘任權。當時，國王與領主擁有主教等神職人員的敘任權，不過，羅馬教宗卻認為這正是教會墮落的原因，因此將當時的國王亨利四世逐出教會。經歷過這次的卡諾莎之行，可看出**教宗的地位在當時已然超越了國王**。

05 「黑死病」曾使人口大幅減少了三分之一？

14世紀的歐洲，爆發了黑死病（鼠疫）。
喪命於黑死病的人，多達當時總人口的三分之一。

1340年代，歐洲爆發了黑死病。一開始發生在中亞的黑死病，從黑海沿岸散播至歐洲，並且在瞬間就擴散至整個歐洲，**像是威尼斯的人口就從原本的11萬人，銳減為4萬5000人。**此外，**在法國與英國也有一半以上的人口死亡。**這波黑死病的侵襲一直持續到1370年左右，據說整個歐洲的喪生人數佔了總人口的三分之一之多。而黑死病這個名稱的由來，是因為一旦患病，身體就會出現黑色的斑點而逐步邁向死亡的緣故。

1353年
即使是國王也無法戰勝黑死病～（6世紀的拜占庭帝國也曾流行黑死病，導致人口減少了一半。）
1350年
倫敦
1349年
查士丁尼一世
多達半數的人口死亡！
巴黎
甚至傳播到英國與北歐～
就連下葬也必須依序排隊……
幾乎沒有受到黑死病影響的地區
米蘭
1346年
威尼斯
我有可以預防感染的專用口罩喔！口罩裡面放了可以預防感染的香料。
人口從11萬人減少至4萬人！
羅馬
忙著埋葬屍體的人們
治療黑死病的醫師

以黑死病為首的諸多感染疾病之所以會擴散，**原因之一就是都市中的污水與垃圾並未妥善處理，**而是四處散布。**由於在當時的歐洲，水資源非常珍貴，**就連洗滌衣物也並不是那麼方便。直到歐洲發生工業革命時，人們才了解到惡劣的居住環境跟傳染病大有關聯，於是慢慢發展出近代的衛生觀念。

黑死病的擴散

死亡之舞

在黑死病猖獗時，教會與墓地等地有相當多以死亡之舞作為主題的壁畫。特色是已成為骷髏的死者牽著活人的手一起跳舞。

無論國王或教宗
唯有在死亡面前
都是一律平等。

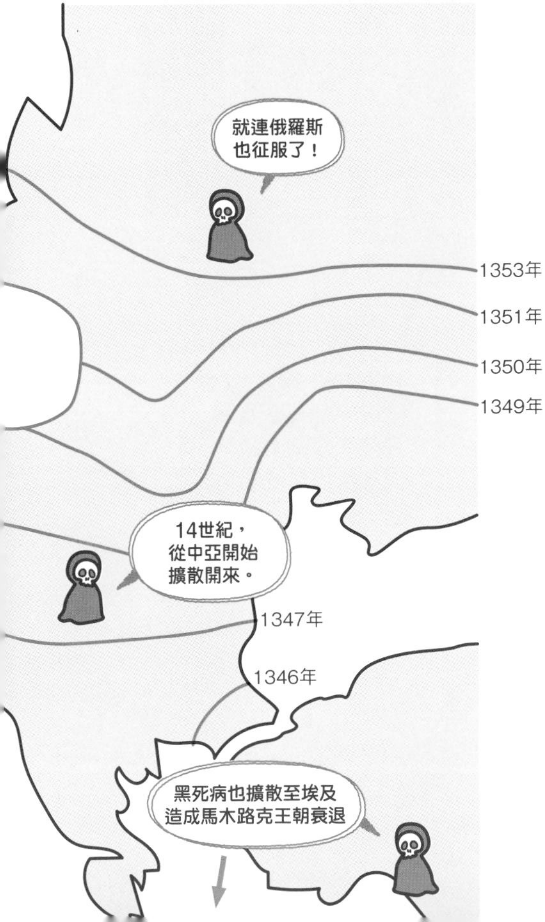
就連俄羅斯
也征服了！
1353年
1351年
1350年
1349年
14世紀，
從中亞開始
擴散開來。
1347年
1346年
黑死病也擴散至埃及
造成馬木路克王朝衰退

奪走生命的「死神」？

偉特版塔羅牌中描繪的死神，正是誕生於黑死病猖獗的時期。圖畫中的死神形象是手持著軍旗、騎乘著白馬的骷髏騎士，奪走人們性命的模樣。

DEATH
傳統的死神
形象是手持著
大鐮刀的模樣。

因黑死病猖獗使猶太人受到迫害

由於猶太人的黑死病發病率較低，因此有謠言稱是猶太人在井水中下毒，引發了一連串屠殺猶太人的暴行。

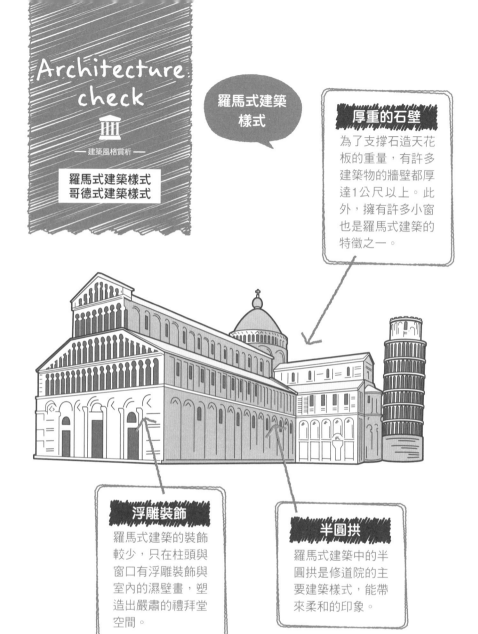

Architecture check

— 建築風格賞析 —

羅馬式建築樣式
哥德式建築樣式

羅馬式建築樣式

厚重的石壁

為了支撐石造天花板的重量，有許多建築物的牆壁都厚達1公尺以上。此外，擁有許多小窗也是羅馬式建築的特徵之一。

浮雕裝飾

羅馬式建築的裝飾較少，只在柱頭與窗口有浮雕裝飾與室內的濕壁畫，塑造出嚴肅的禮拜堂空間。

半圓拱

羅馬式建築中的半圓拱是修道院的主要建築樣式，能帶來柔和的印象。

從11世紀左右起，繼巴西利卡建築、拜占庭式建築之後，在法蘭西南部、義大利、西班牙北部誕生了羅馬式建築，並逐漸普及到歐洲各地。羅馬式建築的代表性建築物是義大利的比薩主教座堂與法國的克呂尼修道院等，可說是傳統的基督教藝術中最早的統一樣式。

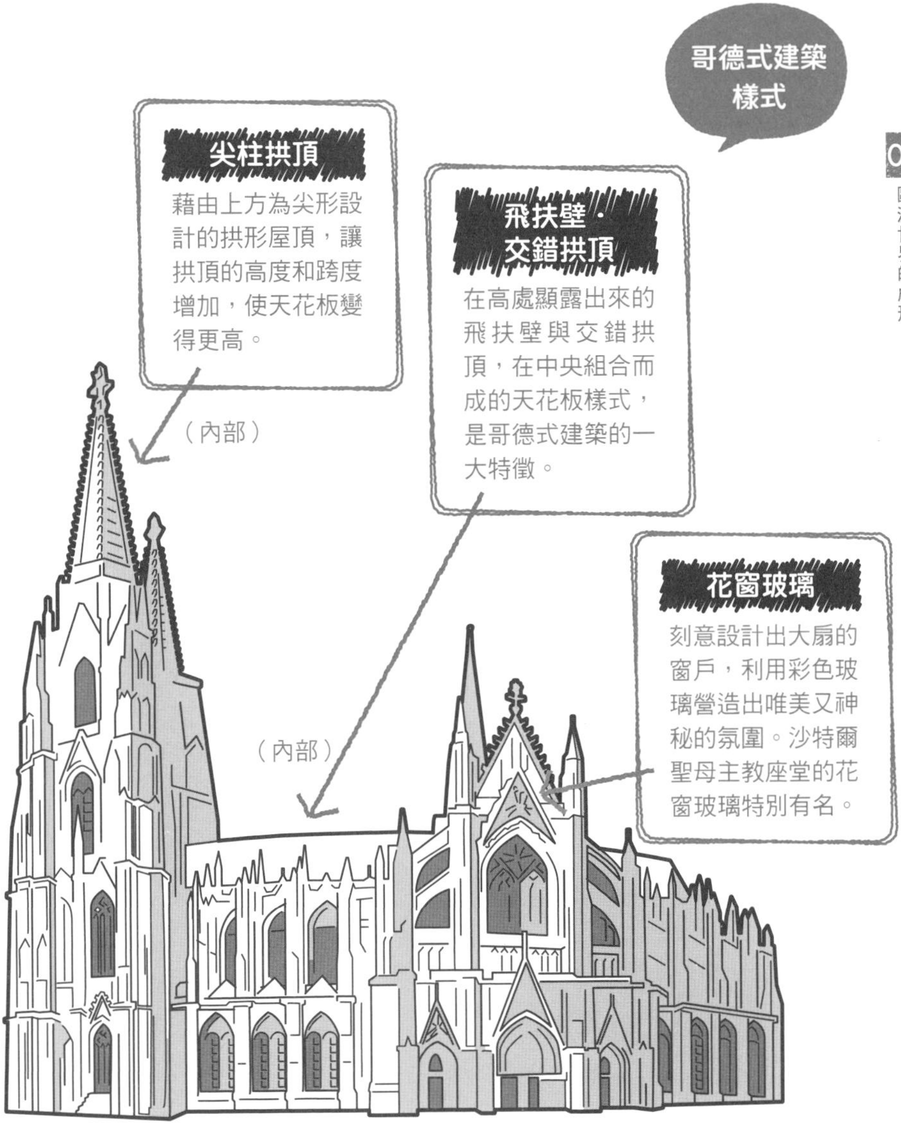

哥德式建築樣式
尖柱拱頂
藉由上方為尖形設計的拱形屋頂，讓拱頂的高度和跨度增加，使天花板變得更高。
（內部）
飛扶壁．交錯拱頂
在高處顯露出來的飛扶壁與交錯拱頂，在中央組合而成的天花板樣式，是哥德式建築的一大特徵。
（內部）
花窗玻璃
刻意設計出大扇的窗戶，利用彩色玻璃營造出唯美又神秘的氛圍。沙特爾聖母主教座堂的花窗玻璃特別有名。

像是法國的沙特爾聖母主教座堂、巴黎聖母院與德國科隆主教座堂，都是哥德式建築的代表性建築物。繼羅馬式建築之後，12世紀開始出現了哥德式建築。最古老的哥德式建築是法國聖但尼聖殿主教座堂，接著在北法流行開來。13世紀前葉、也是卡佩王朝的權力強化時，迎來哥德式建築的全盛時期。

06 多達7次的十字軍東征原因究竟為何？

最後以失敗告終的十字軍東征，使得教會的權威大幅下滑；另一方面，也使得歐洲的商業貿易獲得蓬勃的發展。

在羅馬天主教會權力到達顛峰的11世紀，教宗烏爾巴諾二世受到拜占庭帝國的援軍邀請之下，決定以**「奪回被伊斯蘭教徒掌控的聖地耶路撒冷」**作為名目，派遣十字軍出征。儘管在1096年出征的十字軍成功地奪回了聖地，但到了1187年又被穆斯林奪去。此後又歷經了6次十字軍東征（總共為7次），但每一次都是以失敗告終，**無法再度奪回聖地**。

十字軍東征

倫敦
布永
巴黎
第1次十字軍東征
雷根斯堡
我們要奪回
聖地耶路撒冷！
（擴大領土的
好機會！）
第3次十字軍東征
法蘭西王國
第2次
十字軍東征
神聖羅馬帝國
里昂
威尼斯
馬賽
教宗
哥多華
格拉納達
拜占庭
帝國
熙德
（在西班牙收復失地運動中有傑出表現的貴族）

收復失地運動的完結

為了結束伊斯蘭在伊比利半島的統治，西班牙所發動的收復失地運動，也被稱為復國運動。1492年，西班牙王國攻下了被伊斯蘭教國家耐斯爾王朝的最後據點格拉納達，成功使伊斯蘭勢力後退至北非。

由於多達7次的十字軍東征以失敗作收，**使得羅馬天主教教宗的權威大幅下滑**。但是，另一方面卻**也促進了北義大利與伊斯蘭商人之間的東方貿易發展**。雖然這並非十字軍東征的初衷，不過藉由不同文化的人事物互相交流，對於歐洲商業的發展有著巨大的貢獻。

十字軍的出征

十字軍除了在1070年最先成立的醫院騎士團之外，其它還有聖殿騎士團、條頓騎士團等。由於他們身上穿著象徵基督教的十字架標誌，因此被稱為十字軍。

「＋」是聖戰的標誌

基督教徒把耶路撒冷奪走了！
您如此善待我這個投降者真是感激不盡。
薩拉丁（阿尤布王朝）
居伊（耶路撒冷國王）

薩拉丁

薩拉丁是將埃及收為領土的阿尤布王朝創始者。為了反擊入侵耶路撒冷、並帶來暴行的十字軍，他統一了伊斯蘭勢力，在1187年擊敗十字軍，奪回了耶路撒冷。而且，此後他並沒有對基督教徒展開報復行動。

拜占庭帝國皇帝
耶路撒冷被塞爾柱王朝佔領了！幫幫我吧！
君士坦丁堡
塞爾柱王朝
這裡允許基督教徒前來巡禮朝聖，並沒有對我造成困擾呀……
基督教徒
耶路撒冷

聽說只要參加十字軍就可以得到贖罪券（抵銷罪罰）！
為了基督教而英勇奮戰！
騎士
貴族

NO.04

column

零「0」是改變世界的偉大發明

「什麼都沒有的狀態」=「0」是劃時代的思想！

從前在歐洲表示數字時，使用的是羅馬數字。1是Ⅰ、5是Ⅴ、10是Ⅹ，如果要將87寫成羅馬數字的話就會變成「LⅩⅩⅩⅦ」，也就是50（L）與3個10（Ⅹ），再加上5（Ⅴ）與2個1（Ⅰ）。這樣的表記方式在進行計算時非常不方便。

而「123……」等數字則是阿拉伯數字，大約在12世紀時傳入歐洲，也就是在歐洲貿易變得興盛起來的商業復興時期，**由伊斯蘭文化圈的阿拉伯商人傳入**。光是阿拉伯數字就已經夠令人吃驚了，而0的概念又比阿拉伯數字帶來更革命性的改變。從0的概念中又發展出進位（個位數、十位數）、負數與小數等構想，為數字帶來急遽的改變。

阿拉伯數字與0的概念，都是在6世紀時的印度出現。要是當初亞歷山大大帝將印度也納入麾下的話，也許0的概念就不會問世了。為什麼呢？因為他的恩師、也就是古希臘哲學家亞里斯多德最討厭無、無限之類的想法了。

Chapter 05

「近代歐洲社會的發展」

在15世紀末發生的地理大發現，
徹底改變了全世界的結構；所謂的
全球化可說是早在這個時代就開始了。
而現代國際關係的基礎，
也是從這個時期開始形成的呢！

section

01「被發現」的美洲大陸及美洲古文明

02 意味著「重新復甦」的文藝復興運動，傑作百花齊放

03 西班牙與葡萄牙為何要航向大海呢？

04 宗教改革為什麼是從德意志開始的呢？

05「日不落帝國」西班牙之所以會敗給英國的原因

06 成為現代「民族國家」基礎的歐洲政治局勢

01 「被發現」的美洲大陸及美洲古文明

美洲的原住民蒙古人種，是從陸地相連的阿拉斯加與跨海的西伯利亞遷徙到美洲大陸。歷經漫長歲月建構出獨特的古文明。

在哥倫布抵達美洲前，美洲大陸從未與其他大陸文明進行交流，發展出了好幾個獨特的文明。在3～16世紀左右，猶加敦半島上誕生了馬雅文明，**並發展出金字塔建築、文字、曆法、二十進位法等高度文化**。到了14～16世紀時，馬雅文明被阿茲特克帝國的阿茲特克文明取而代之。另一方面，在同時期，安地斯山脈上印加帝國崛起，**發展出興盛的印加文明**，並建造出馬丘比丘遺跡。

古代美洲的文明

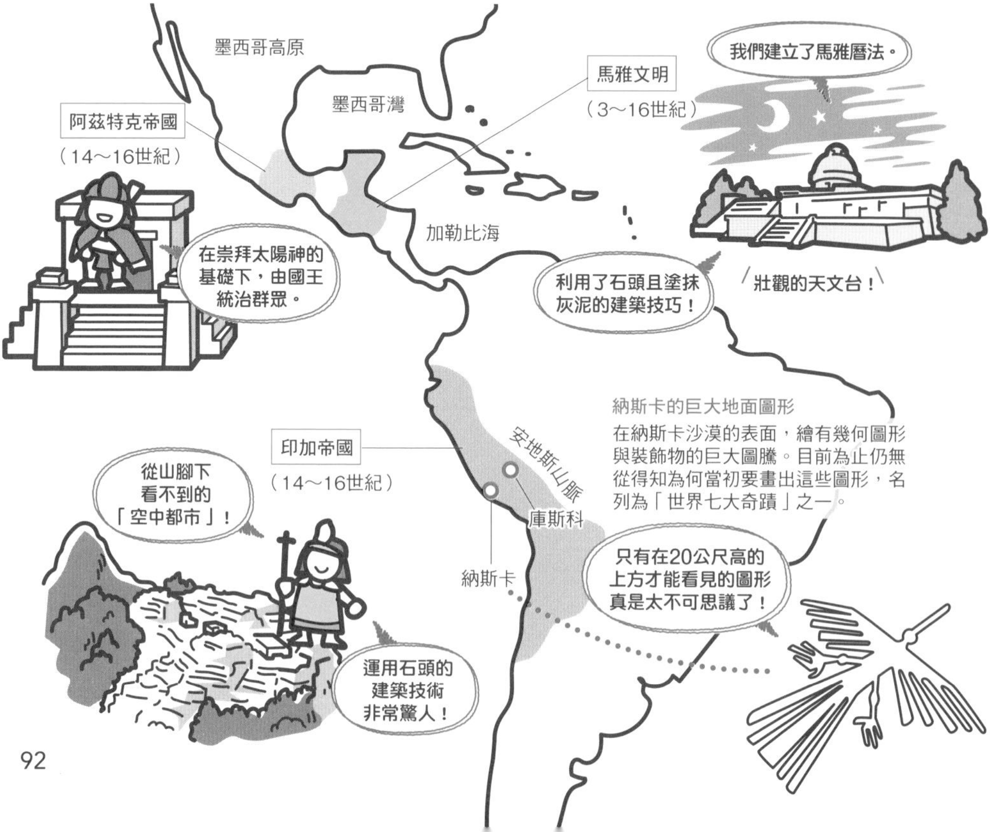
墨西哥高原
墨西哥灣
馬雅文明
（3～16世紀）
我們建立了馬雅曆法。
阿茲特克帝國
（14～16世紀）
加勒比海
在崇拜太陽神的基礎下，由國王統治群眾。
利用了石頭且塗抹灰泥的建築技巧！
壯觀的天文台！
納斯卡的巨大地面圖形
在納斯卡沙漠的表面，繪有幾何圖形與裝飾物的巨大圖騰。目前為止仍無從得知為何當初要畫出這些圖形，名列為「世界七大奇蹟」之一。
印加帝國
（14～16世紀）
安地斯山脈
從山腳下看不到的「空中都市」！
庫斯科
納斯卡
只有在20公尺高的上方才能看見的圖形真是太不可思議了！
運用石頭的建築技術非常驚人！

西班牙造成的侵略

馬雅文明滅亡之謎

興盛了大約2000年之久的馬雅文明，忽然間就突然滅亡了。關於滅亡的原因有乾旱、異族入侵、感染病蔓延等種種說法，但目前為止尚未揭開馬雅文明滅亡的真相。

守護美洲原住民的頭號人物

在歐洲人當中，也有人致力於幫助那些被強迫奴役、甚至殘忍殺害的美洲大陸原住民，那就是道明會的德拉斯．卡薩斯。

竟然犧牲了多達400萬人的原住民！
（西班牙人是）人類最大的敵人！
德拉斯．卡薩斯
原住民
原住民的遷徙路線
1521年 阿茲特克帝國滅亡
科爾特斯的路徑
辛苦了！（竟然有這麼多金銀財寶!!）
這些是金銀等貢品
科爾特斯
阿茲特克人
1533年 印加帝國滅亡
皮薩羅的路徑
被火焚燒過的話靈魂就回不來了～～
只要你改信基督教，我就幫你改成絞刑
遭受虐殺的阿茲特克人多達3萬名!!
印加帝國的國王
皮薩羅

由美洲原住民所建構出的美洲古文明，在哥倫布抵達美洲大陸後，**被西班牙征服者們消滅殆盡**。阿茲特克帝國在1521年被科爾特斯消滅；而印加帝國則是於1533年被皮薩羅消滅。其後，多數**美洲原住民都被歐洲人當作奴隸，受到殘酷的奴役**。

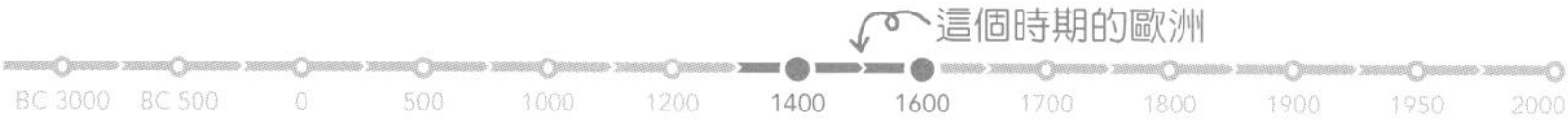
這個時期的歐洲
BC 3000
BC 500
0
500
1000
1200
1400
1600
1700
1800
1900
1950
2000

02 象徵「重新復甦」的文藝復興運動，傑作百花齊放

在歐洲興起的文藝復興運動，是在自由發展的都市、以及有餘裕保護藝術家的商人們為背景，展開的一連串文化運動。

文藝復興運動是在14～16世紀於義大利為中心展開的文化運動。在義大利語中「Rinascimento」指的是「復甦」、「重生」的意思，**也就是重新喚醒從中世紀以來，在基督教文化中受到壓抑的人類精神之意**。當時的義大利不僅擁有自治的都市國家、君主制的小國，也有教宗國等等，可說是在整個歐洲當中都市化進展最進步的地區，在如此自由的社會風氣之下，**再加上當時的有力商人擁有餘裕保護文化藝術**，因此造就了百花齊放的文藝復興運動。

尤其是藝術方面的成就最為突出！

為什麼是以義大利為中心向外擴展呢？

受到拜占庭侵略、而從鄂圖曼帝國脫逃出來的文化人士，紛紛移居到義大利北部地區。他們所帶來的希臘文化，也對文藝復興運動造成了不小的影響。

何謂人文主義？

人文主義（Humanism）出現在文藝復興時期，指的是以人類為中心的思想，重新找出生而為人的美與價值，批判天主教會的權威主義與形式主義。

繪畫也是一流！
史上最優秀的畫家在科學與醫學方面也是天才！
我怎麼可能會輸給達文西！
雕塑才是藝術！
完成了佳作♡
解剖圖
直升機
李奧納多·達文西
裝甲車（戰車）
米開朗基羅
拉斐爾
長相俊美的他超受歡迎～

正因為有贊助者，文藝復興運動才能蓬勃發展

贊助者與藝術

所謂的贊助者就是拿錢出來支持藝術活動的人。直到19世紀，藝術家都必須依靠贊助商的支援，才能進行藝術活動。

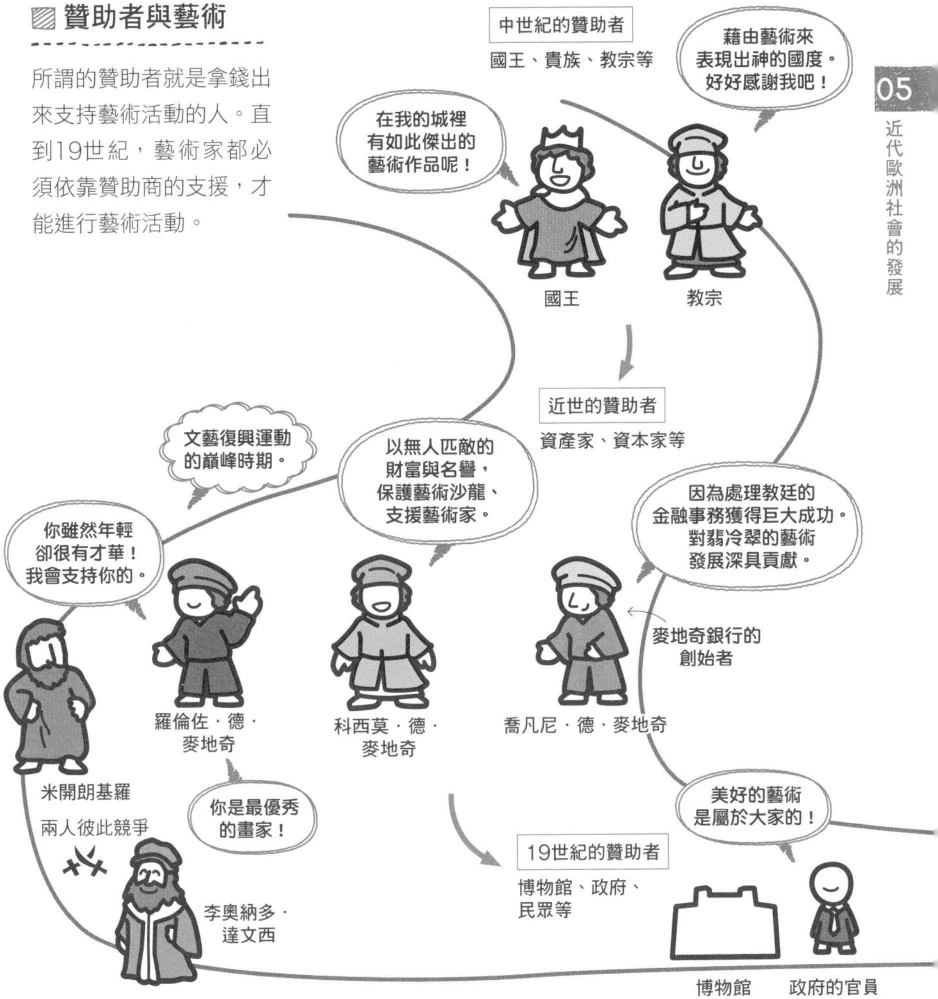
中世紀的贊助者
國王、貴族、教宗等
在我的城裡有如此傑出的藝術作品呢！
藉由藝術來表現出神的國度。好好感謝我吧！
國王
教宗
近世的贊助者
資產家、資本家等
文藝復興運動的巔峰時期。
以無人匹敵的財富與名譽，保護藝術沙龍、支援藝術家。
因為處理教廷的金融事務獲得巨大成功。對翡冷翠的藝術發展深具貢獻。
你雖然年輕卻很有才華！我會支持你的。
麥地奇銀行的創始者
羅倫佐．德．麥地奇
科西莫．德．麥地奇
喬凡尼．德．麥地奇
米開朗基羅
兩人彼此競爭
你是最優秀的畫家！
李奧納多．達文西
19世紀的贊助者
博物館、政府、民眾等
美好的藝術是屬於大家的！
博物館
政府的官員

李奧納多．達文西不僅是一位優秀的學者，也是足以代表整個文藝復興時期的藝術家。**米開朗基羅**創造出了擁有健美肉體的大衛像。而名揚天下。**拉斐爾**的畫作《 聖母與聖子 》也帶給了後代畫家無數的影響。另外，**山德羅．波提且利**在《 維納斯的誕生 》中描繪出了希臘神話的場景。這些文藝復興時期的偉大藝術家，直至今日還是深受大眾的喜愛。

03 西班牙與葡萄牙為何要航向大海呢？

在地理大發現的時代，為何是由西班牙與葡萄牙領先發現亞洲與非洲等新大陸、為全世界帶來莫大的改變呢？

西班牙與葡萄牙等歐洲國家之所以會前進到亞洲、非洲、美洲等地，開啟地理大發現時代，背後有著種種的背景因素。**由於馬可波羅等人帶來的影響，使歐洲將目光轉移至亞洲，希望將基督教傳播到亞洲**。此外，鄂圖曼帝國阻擋了歐亞之間的陸地交易路線，也促使歐洲人想要開拓海上航線的決心。還有歐洲**對於香料的需求日漸增高、羅盤的發明也大幅提升了遠洋航海的技術等**，在諸多因素下，揭開了地理大發現時代的序幕。

地理大發現時代的來臨

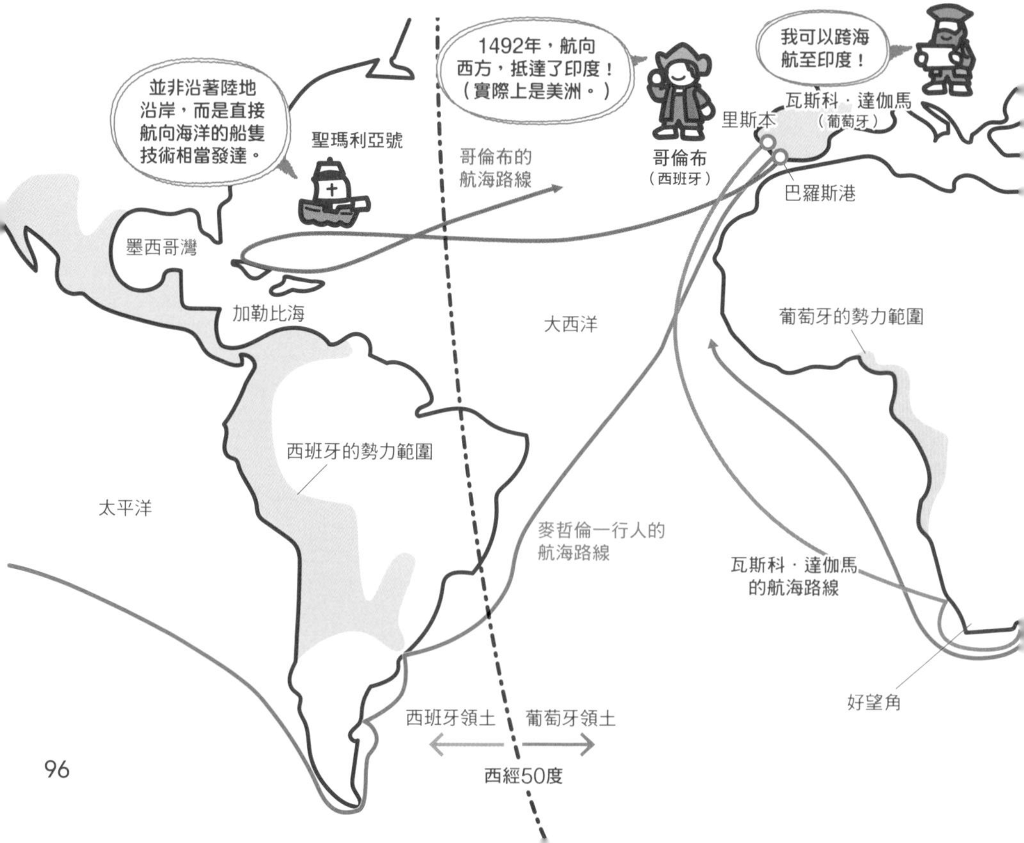
並非沿著陸地沿岸，而是直接航向海洋的船隻技術相當發達。
聖瑪利亞號
1492年，航向西方，抵達了印度！（實際上是美洲。）
哥倫布的航海路線
哥倫布
（西班牙）
我可以跨海航至印度！
瓦斯科．達伽馬
（葡萄牙）
里斯本
巴羅斯港
墨西哥灣
加勒比海
大西洋
葡萄牙的勢力範圍
西班牙的勢力範圍
太平洋
麥哲倫一行人的航海路線
瓦斯科．達伽馬的航海路線
好望角
西班牙領土
葡萄牙領土
西經50度

藉由地理大發現，歐洲的經濟活動達到世界級的規模，**邁向「全球化」的第一步**。在美洲大陸挖掘到的銀礦大量流入歐洲，**導致歐洲物價上漲**，這也是全球化的表徵之一。這場物價革命造成了封建社會的崩壞，另一方面，在世界各地出現的殖民地、以及奴隸貿易的問題，至今依然留下深遠的影響。

以前的人知道地球是圓的嗎？

義大利學者托斯卡內利曾在15世紀後半葉提倡地圓說，德國的倍海姆也在15世紀後半葉製作出世界上最古老的地球儀。儘管在希臘哲學、希臘化時代的天文學中都曾討論過地圓說，不過實際證實地圓說的人則是地理大發現時代的麥哲倫。

火槍傳至日本種子島

比西班牙更早開拓印度航線的葡萄牙人，搶先來到東亞。在1543年，葡萄牙人抵達種子島，並傳入火槍。到了1575年，織田信長在長篠之戰中就實際使用了非常大量的火槍。

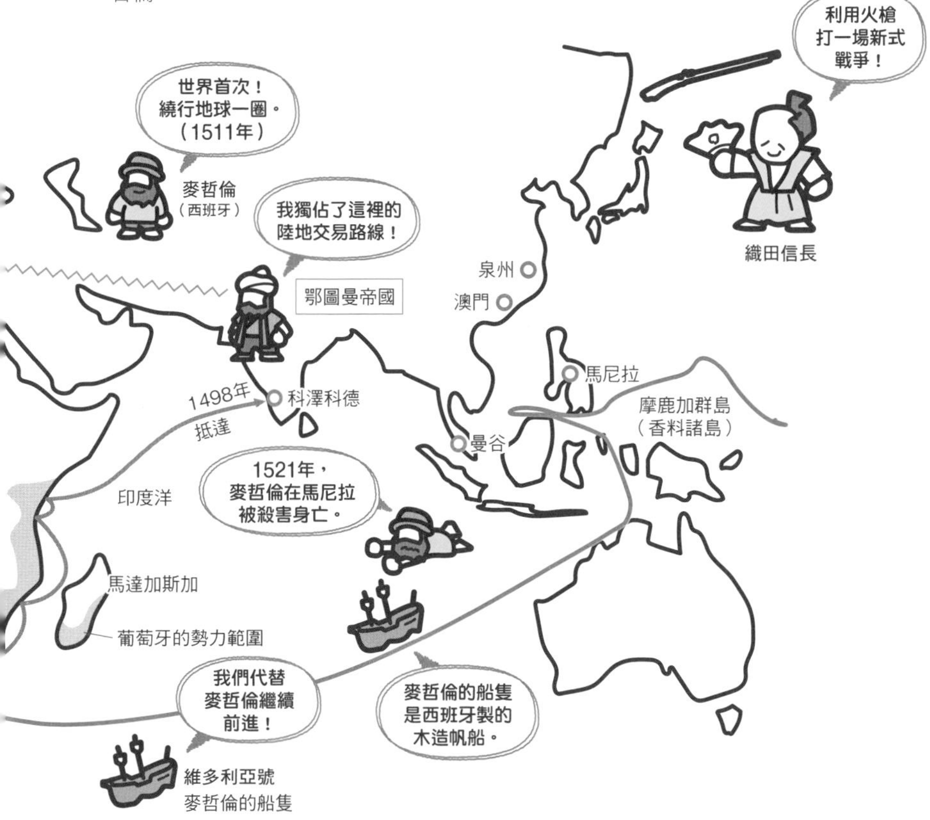

世界首次！繞行地球一圈。（1511年）
麥哲倫（西班牙）
我獨佔了這裡的陸地交易路線！
鄂圖曼帝國
利用火槍打一場新式戰爭！
織田信長
泉州
澳門
馬尼拉
摩鹿加群島（香料諸島）
1498年抵達
科澤科德
曼谷
印度洋
1521年，麥哲倫在馬尼拉被殺害身亡。
馬達加斯加
葡萄牙的勢力範圍
我們代替麥哲倫繼續前進！
麥哲倫的船隻是西班牙製的木造帆船。
維多利亞號
麥哲倫的船隻

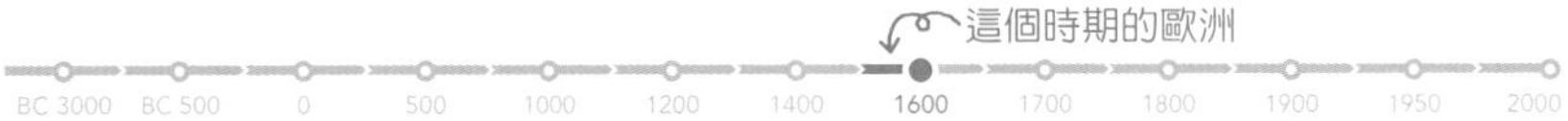

這個時期的歐洲
BC 3000
BC 500
0
500
1000
1200
1400
1600
1700
1800
1900
1950
2000

04 宗教改革為什麼是從德意志開始的呢？

面對墮落又腐敗的羅馬教會，
馬丁．路德挺身而出對抗教會的力量。

在中世紀擁有至高無上權威的羅馬教會，到了近世已經徹底腐敗了。16世紀時的德意志並不是統一的國家，而是分裂為許多地方國家與都市，羅馬教會為了要填補被教宗浪費掉的資金空缺，於是盯上了德意志這個地區。羅馬教會在當時賣給德意志農民贖罪券，聲稱**「只要買了贖罪券、罪孽就可以一筆勾銷」**。當時的神學教授馬丁．路德強力抨擊教會這樣的行為，引發了宗教改革。

德意志宗教改革發生之前

好缺錢啊～
用金錢來抵免罪過吧！
用金錢就可以贖罪真是太輕鬆了
教宗
贖罪券的販售
路德強力批判
馬丁．路德被逐出教會。
了解聖經、信仰上帝才是最重要的。
馬丁．路德
教會正在讓農民們受苦！
農民支持馬丁．路德
1524年　德意志農民戰爭
貴族分裂
在瑞士等地改革聲浪日起
被稱為基督新教。
獲得西歐工商業者的大力支持。
路德派
支持路德的主張批判羅馬天主教會
喀爾文派
不服從國家權力

馬丁．路德創造了讚美上帝的詩歌？

深諳魯特琴演奏的馬丁．路德，也很擅長作詞作曲。他不僅讓前來參加禮拜的人們聆聽讚美上帝的詩歌，還創造出了歌唱的形式。

處於宗教改革時代的歐洲

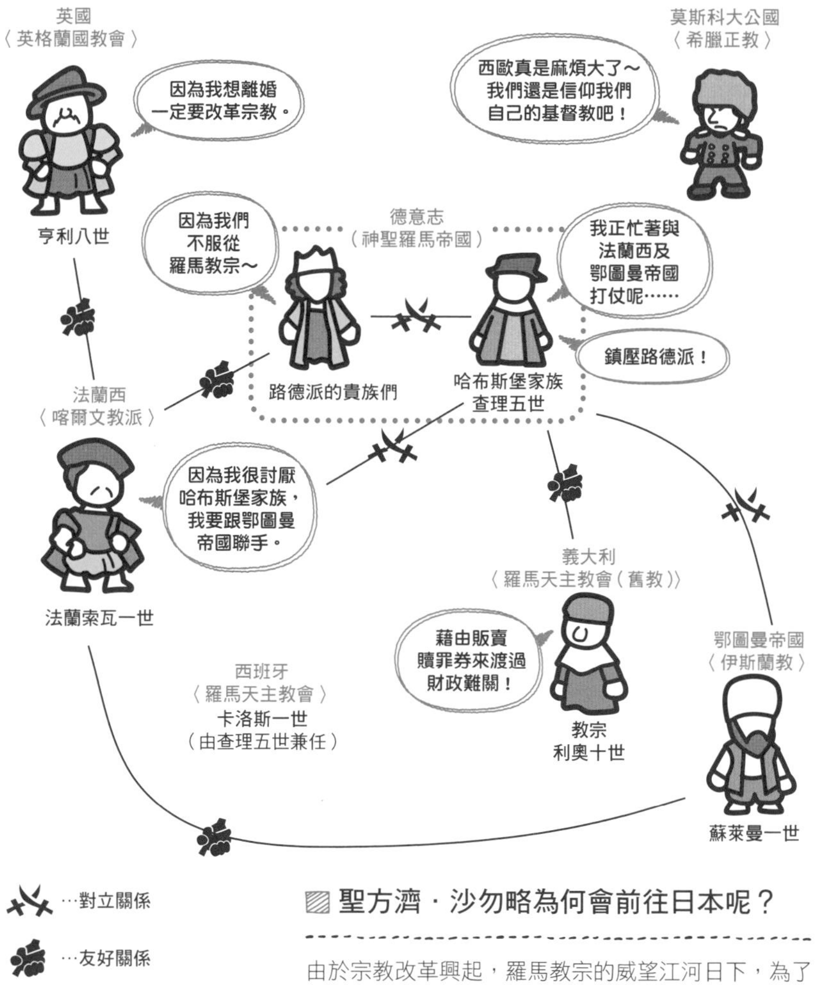
英國
〈英格蘭國教會〉
因為我想離婚一定要改革宗教。
亨利八世
莫斯科大公國
〈希臘正教〉
西歐真是麻煩大了～我們還是信仰我們自己的基督教吧！
德意志
〈神聖羅馬帝國〉
因為我們不服從羅馬教宗～
我正忙著與法蘭西及鄂圖曼帝國打仗呢……
鎮壓路德派！
路德派的貴族們
哈布斯堡家族
查理五世
法蘭西
〈喀爾文教派〉
因為我很討厭哈布斯堡家族，我要跟鄂圖曼帝國聯手。
法蘭索瓦一世
義大利
〈羅馬天主教會（舊教）〉
藉由販賣贖罪券來渡過財政難關！
教宗
利奧十世
西班牙
〈羅馬天主教會〉
卡洛斯一世
（由查理五世兼任）
鄂圖曼帝國
〈伊斯蘭教〉
蘇萊曼一世
…對立關係
…友好關係

聖方濟・沙勿略為何會前往日本呢？

由於宗教改革興起，羅馬教宗的威望江河日下，為了解決這個問題，羅馬教會決定積極朝向亞洲傳教。聖方濟・沙勿略就是在這個方針下來到日本傳教。

雖然馬丁・路德因批判教會而被開除教籍，不過他依然堅持自己的信念，獲得了當時民眾與貴族們的支持。反對羅馬天主教會的路德派被稱為**「新教（拉丁文原意為抗議者）」**，成為新興的龐大勢力。路德所領導的宗教改革傳到了歐洲各地，在瑞士甚至有更嚴格的喀爾文派勢力崛起，**宗教改革在歐洲遍地開花**。

05 「日不落帝國」西班牙之所以會敗給英國的原因

在地理大發現時代有著傑出表現的西班牙，進一步掌握霸權。不過，之後爆發戰爭卻成了英國迎頭趕上的關鍵契機。

在地理大發現時代中，西班牙在世界各地開疆闢土，將許多土地都吸收為殖民地，被稱作「日不落帝國」。所謂日不落指的是無論任何時間點，世界上都有西班牙的領土處於白晝。這個時期的西班牙勢力銳不可當，1571年在地中海爆發的勒班陀戰役中，西班牙大敗鄂圖曼帝國，到了1580年更兼併了葡萄牙。**在經濟方面也取得了美洲的銀山，同時掌握毛織品市場，搖身一變成為世界上最強大的帝國**。

西班牙與英國的對立

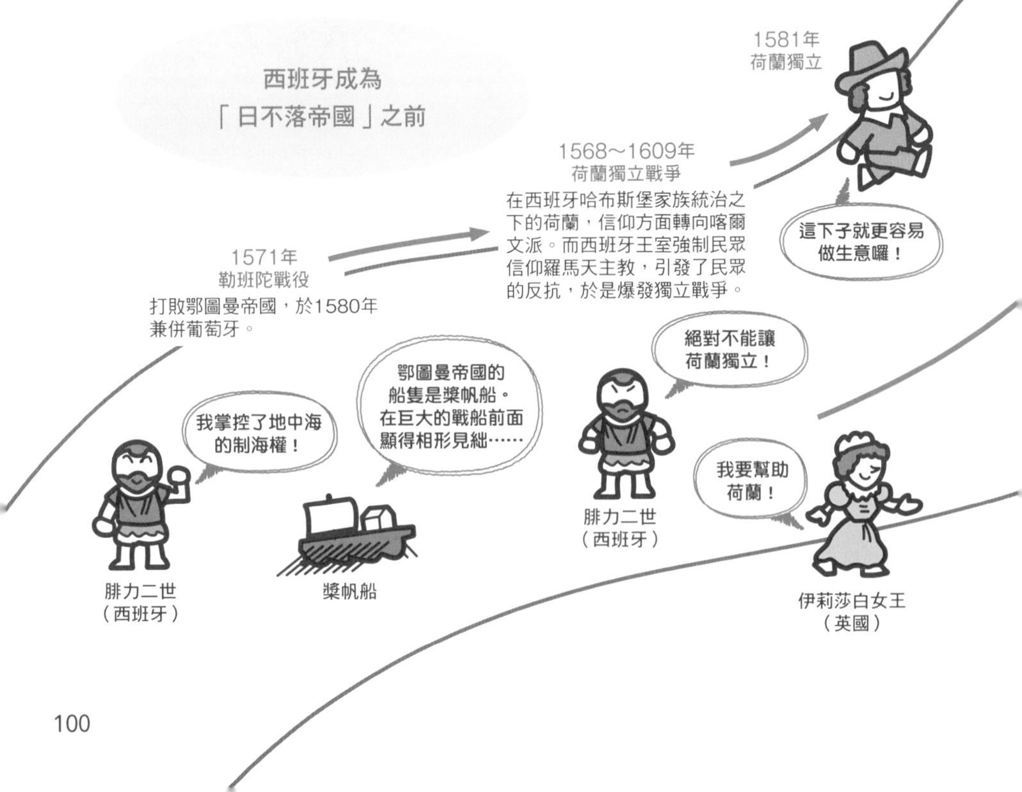
西班牙成為
「日不落帝國」之前
1571年
勒班陀戰役
打敗鄂圖曼帝國，於1580年兼併葡萄牙。
1568～1609年
荷蘭獨立戰爭
在西班牙哈布斯堡家族統治之下的荷蘭，信仰方面轉向喀爾文派。而西班牙王室強制民眾信仰羅馬天主教，引發了民眾的反抗，於是爆發獨立戰爭。
1581年
荷蘭獨立
這下子就更容易做生意囉！
我掌控了地中海的制海權！
腓力二世
（西班牙）
鄂圖曼帝國的船隻是槳帆船。在巨大的戰船前面顯得相形見絀……
槳帆船
絕對不能讓荷蘭獨立！
腓力二世
（西班牙）
我要幫助荷蘭！
伊莉莎白女王
（英國）

荷蘭商人

實際上於1609年脫離西班牙獨立的荷蘭，有一群屬於新教徒的工商業者們亡命天涯，在波羅的海從事轉口貿易，使經濟急速成長。這也連帶導致了市民與商人地位的上升。

儘管英國與西班牙締結了婚姻關係……

英國伊莉莎白女王的姊姊．瑪麗一世，嫁給了曾為對立關係的西班牙王子腓力二世。雖然她致力於恢復天主教的地位，卻於1558年病逝。其後，伊莉莎白一世恢復了英國國教會，與西班牙之間的關係越來越惡化。

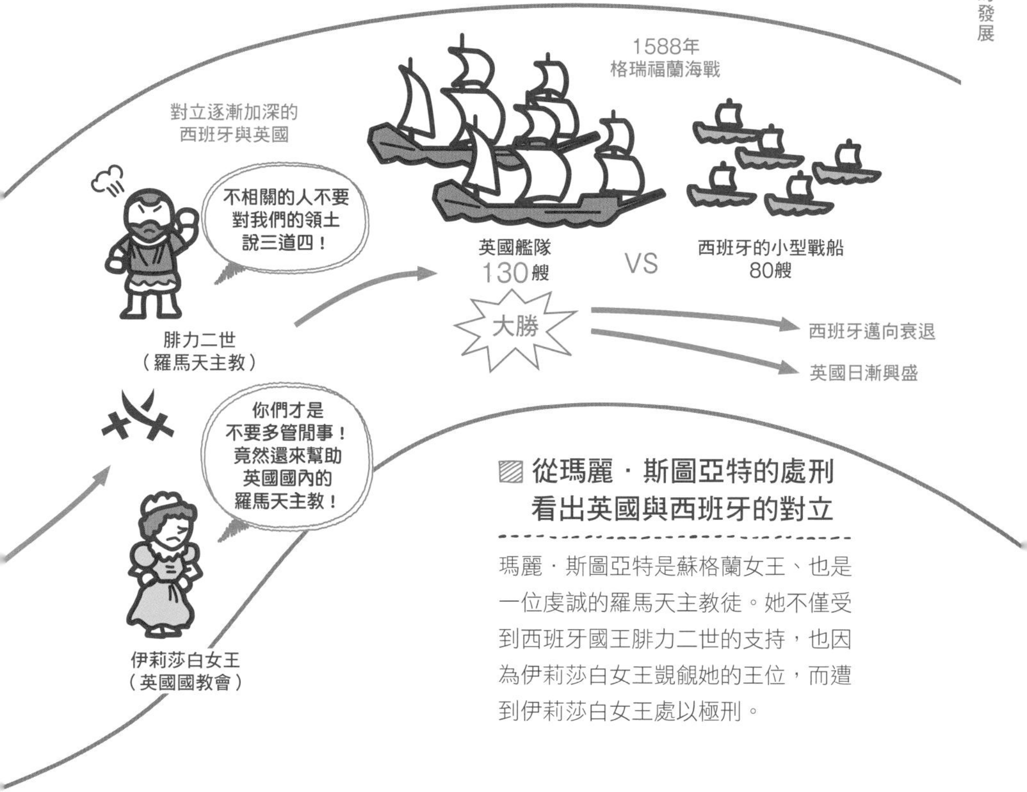

1588年
格瑞福蘭海戰
對立逐漸加深的西班牙與英國
不相關的人不要對我們的領土說三道四！
英國艦隊 130艘
VS
西班牙的小型戰船 80艘
大勝
西班牙邁向衰退
英國日漸興盛
腓力二世（羅馬天主教）
你們才是不要多管閒事！竟然還來幫助英國國內的羅馬天主教！
伊莉莎白女王（英國國教會）

從瑪麗．斯圖亞特的處刑看出英國與西班牙的對立

瑪麗．斯圖亞特是蘇格蘭女王、也是一位虔誠的羅馬天主教徒。她不僅受到西班牙國王腓力二世的支持，也因為伊莉莎白女王覬覦她的王位，而遭到伊莉莎白女王處以極刑。

由於西班牙信奉羅馬天主教，而英國則屬於反對羅馬天主教的新教，因此處於對立狀態。不僅如此，針對荷蘭獨立的議題上，兩國也採取對立立場，於是在1588年兩國之間爆發了格瑞福蘭海戰。**在機動力方面展現優勢的英國艦隊大敗了西班牙的無敵艦隊**，這次的戰事也成為西班牙邁向衰退的轉捩點。

fashion check

— 時尚穿搭評鑑 —

伊莉莎白一世時代的英國貴族
維多利亞時代的紳士

都鐸帽

都鐸帽是在英國都鐸時期流行的一款圓形帽子。直到1640年代左右，貴族們都普遍配戴都鐸帽。

拉夫

在此之前，英國貴族只是在衣襟上縫有領子裝飾而已，到了伊莉莎白一世時期，由於她喜愛這種可以摘取下來的巨大衣領，於是掀起廣泛的流行。

半截褲

配合上半身的緊身短上衣，下半身穿著的是一種只有半截、且特別巨大的「南瓜褲」；而開岔的流行則是受到上個朝代的影響。

伊莉莎白一世
時代的英國貴族

儘管在1588年西班牙的無敵艦隊敗給伊莉莎白女王的海軍，不過當時的服裝潮流則以西班牙風為主流。當時英國貴族們穿著的是緊身服貼的上衣（Doublet），再搭配上半截褲（Breeches）。在劍帶上附有能將劍繫在腰上的繫帶，將護手刺劍佩掛在盔甲的縫隙之間。

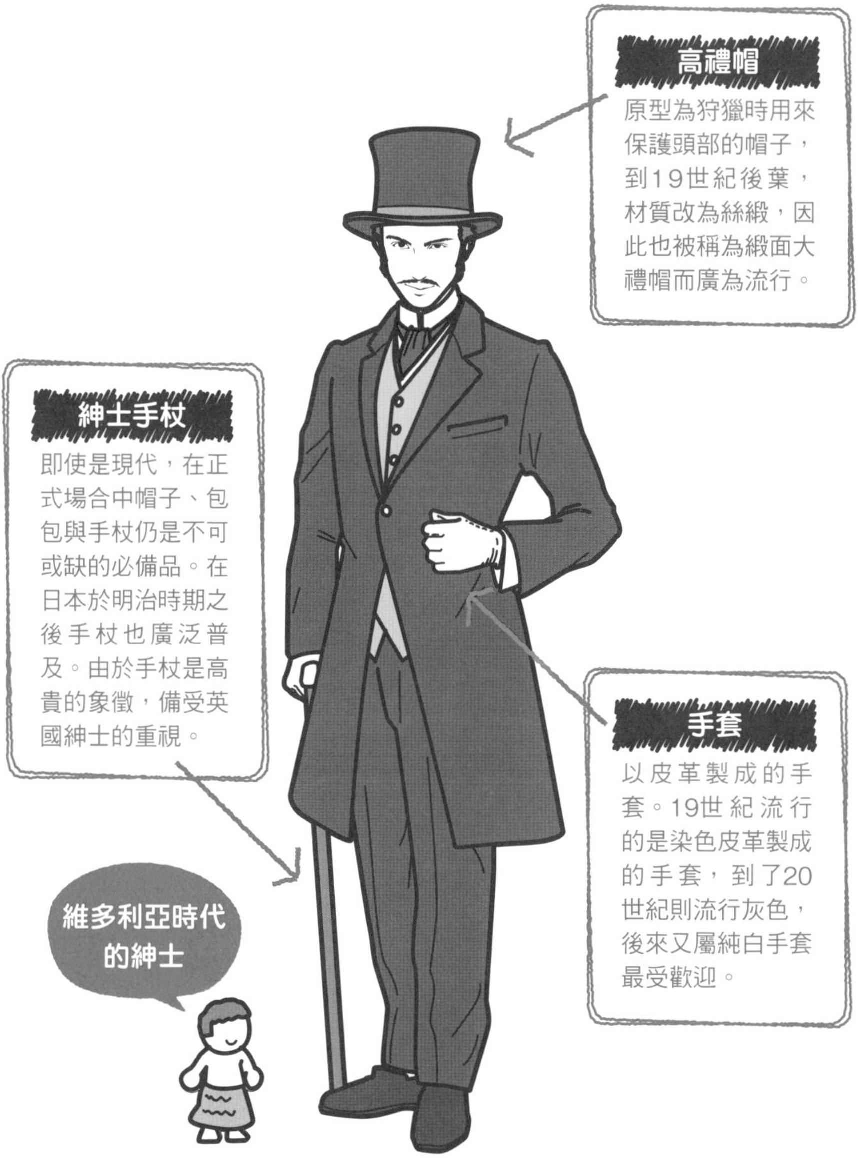
高禮帽
原型為狩獵時用來保護頭部的帽子，到19世紀後葉，材質改為絲緞，因此也被稱為緞面大禮帽而廣為流行。
紳士手杖
即使是現代，在正式場合中帽子、包包與手杖仍是不可或缺的必備品。在日本於明治時期之後手杖也廣泛普及。由於手杖是高貴的象徵，備受英國紳士的重視。
手套
以皮革製成的手套。19世紀流行的是染色皮革製成的手套，到了20世紀則流行灰色，後來又屬純白手套最受歡迎。
維多利亞時代的紳士

1840年，來自德意志的薩克森－科堡－哥達公國阿爾伯特親王與維多利亞女王結婚，此時穿著大禮服仍有許多限制規範。貴族白天的標準服裝是長外衣，晚間則是燕尾服。曾為普魯士軍人服裝的長外衣，自從蛻變為宮廷的標準服裝後，一般都是以黑色為主流。

06 成為現代「民族國家」基礎的歐洲政治局勢

在與現代有著極大差距的君主專制國家體制之下，其實也包含了與現今國家息息相關的要素。

中世紀的歐洲是藉由封建制度成立，君王賜與家臣領地並保護家臣，而家臣則必須侍奉君王；同時也因為必須要守護國家抵禦異族或異國的入侵，建立了強大的軍事體制，封建制度於焉形成。在封建社會中，貴族們持有固定的領土，君王只是在名目上享用統治權而已。不過，**當貨幣經濟逐漸滲透整個社會後，有些農民漸漸有能力對抗領主，導致封建制度開始瓦解**。

西歐的國家體系

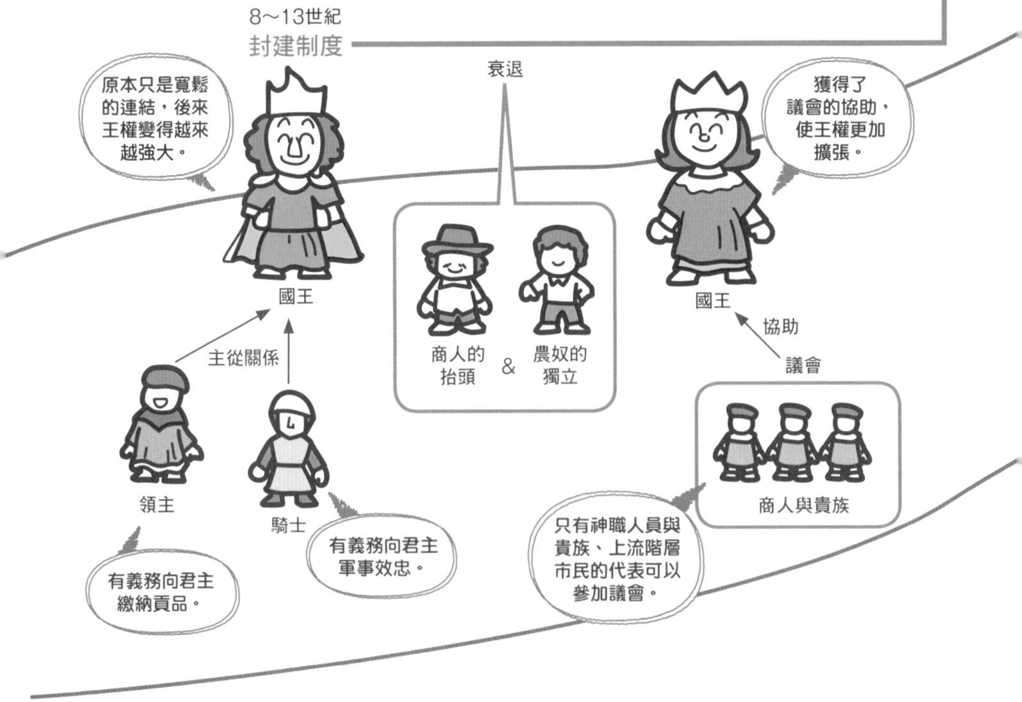
8～13世紀
封建制度
原本只是寬鬆的連結，後來王權變得越來越強大。
國王
主從關係
領主
騎士
有義務向君主繳納貢品。
有義務向君主軍事效忠。
衰退
商人的抬頭
&
農奴的獨立
獲得了議會的協助，使王權更加擴張。
國王
協助
議會
商人與貴族
只有神職人員與貴族、上流階層市民的代表可以參加議會。

何謂莊園制度

莊園制度也是封建社會的重要支柱。領主擁有土地(莊園),在莊園裡工作的農奴(不能自由離開莊園的隸屬農民)必須向領主繳納重稅。

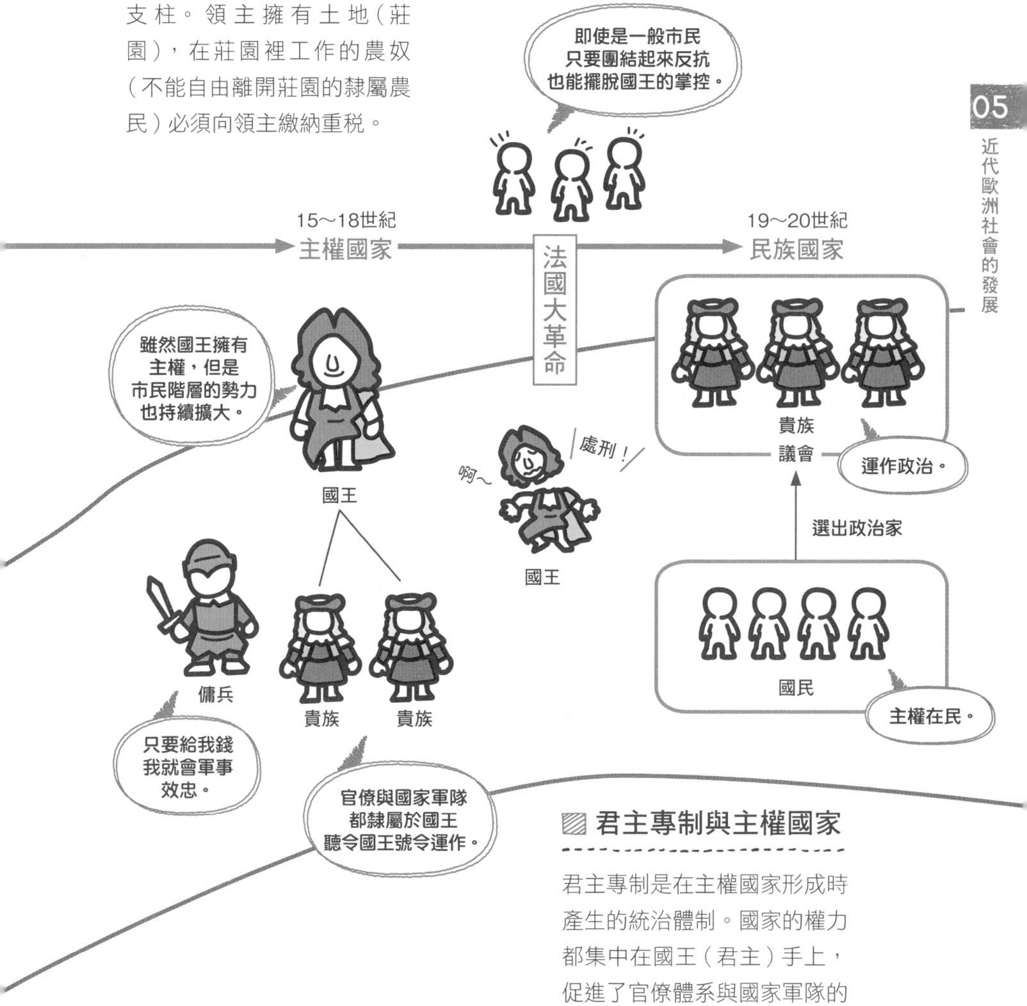
即使是一般市民
只要團結起來反抗
也能擺脫國王的掌控。
15～18世紀
主權國家
法國大革命
19～20世紀
民族國家
雖然國王擁有
主權,但是
市民階層的勢力
也持續擴大。
國王
貴族
議會
運作政治。
處刑!
啊～
國王
選出政治家
傭兵
貴族
貴族
國民
主權在民。
只要給我錢
我就會軍事
效忠。
官僚與國家軍隊
都隸屬於國王
聽令國王號令運作。

君主專制與主權國家

君主專制是在主權國家形成時產生的統治體制。國家的權力都集中在國王(君主)手上,促進了官僚體系與國家軍隊的形成。

封建制度瓦解後貴族喪失權力,到了地理大發現時代,為了擴大經濟圈又必須依賴權力,**使得國王獨攬大權,形成君主專制制度。在這個時期建構完全的官僚體系與國家軍隊**,也與現代國家的形成息息相關。不過,最後君主專制還是被以法國大革命為代表的市民革命所打破,開啟了民族國家的時代。

NO.05

column

世界是繞著綿羊為中心轉動？

從綿羊來看世界史……

在人類的歷史長河中，與許多動物都有著密切的關連，其中又以綿羊最為特別。綿羊作為人類家畜的歷史最早可以追溯至美索不達米亞文明，在古代興盛一時的巴比倫第一王朝的名稱，其實就意味著**「羊毛之國」**。羊毛是巴比倫特有的產物，可說是依靠綿羊繁榮興盛的國家。

另外，紡織羊毛的技術特別發達的國家則是波斯，到了中世紀，歐洲還不得不從伊斯蘭國家進口價格高昂的羊毛織品。在14世紀左右，**法蘭德斯地區**的機械紡織技術大大提升，可以與伊斯蘭國家並駕齊驅。後來的英國與法國甚至為了爭奪法蘭德斯地區，而開啟了英法百年戰爭。

最後，英國的毛織品工業達到了大幅度的進展，確立了系統化分工與**工廠手工業的制度**，而這也與後來18世紀後半葉的第一次工業革命有著密切相關。正因為有這段利用綿羊毛製成毛織品的漫長歷史，才會促使由棉花引起的工業革命發生。

ERASER

Chapter 06

「歐美近代社會的確立」

美國的獨立革命、英國的市民革命
與工業革命、法國大革命……
這些革命讓全世界都迎來了轉變期。
此外，西洋列強的殖民政策
也越來越強硬。

section

01 咖啡為美國的獨立運動推了一把？

02 在英國爆發的市民革命與工業革命

03 法國王朝頻頻發動戰爭，因此爆發了法國大革命？

04 拿破崙的野心與挫折之軌跡

05 什麼是「會議謾舞」？維也納體制的真相

06 執全世界牛耳的英國維多利亞女王

07 為何德意志帝國是在凡爾賽宮統一的呢？

08 「不夠的東西就從國外獲取」帝國主義的抬頭

09 科學革命帶來的思想變遷

01 咖啡為美國的獨立運動推了一把？

17～18世紀，在北美大陸建立殖民地的國家主要是英國與法國。英法兩國不斷因殖民地的問題互不相讓、頻起爭端。

儘管英法兩國針對美洲殖民地的問題互相對立，於1763年簽訂的巴黎條約中，英法兩國之間的殖民地戰爭終於結束，法國全面撤退。在英國本地遭受迫害的清教徒等則移居至殖民地。雖然在簽訂巴黎條約之前，英國就已承認美洲的地方自治權，但由於長年的殖民地戰爭導致英國財政持續惡化，**於是對殖民地徵收苛刻的稅賦**。在英國無視其自治權、又強徵重稅的情況下，殖民地的反抗越演越烈，最終美國獨立。

1763年的美洲

何謂清教徒？

英國信奉喀爾文派的新教徒被稱之為清教徒（Puritan）。在英國國教會的體制完備之後，清教徒便移居至北美。

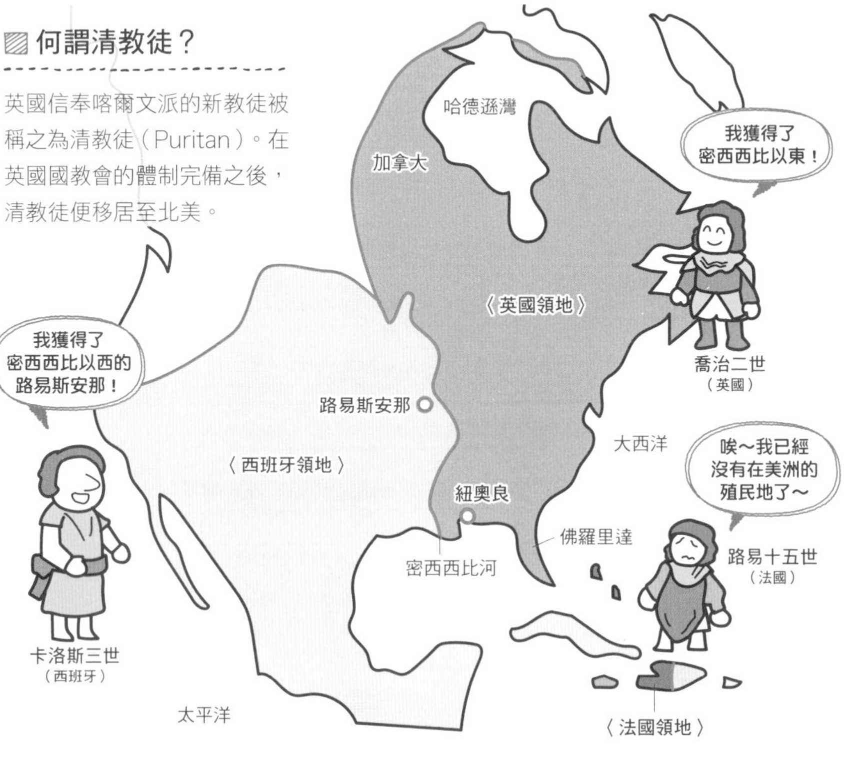
哈德遜灣
加拿大
我獲得了密西西比以東！
〈英國領地〉
喬治二世
（英國）
我獲得了密西西比以西的路易斯安那！
路易斯安那
〈西班牙領地〉
大西洋
唉～我已經沒有在美洲的殖民地了～
紐奧良
佛羅里達
密西西比河
路易十五世
（法國）
卡洛斯三世
（西班牙）
太平洋
〈法國領地〉

美國獨立戰爭

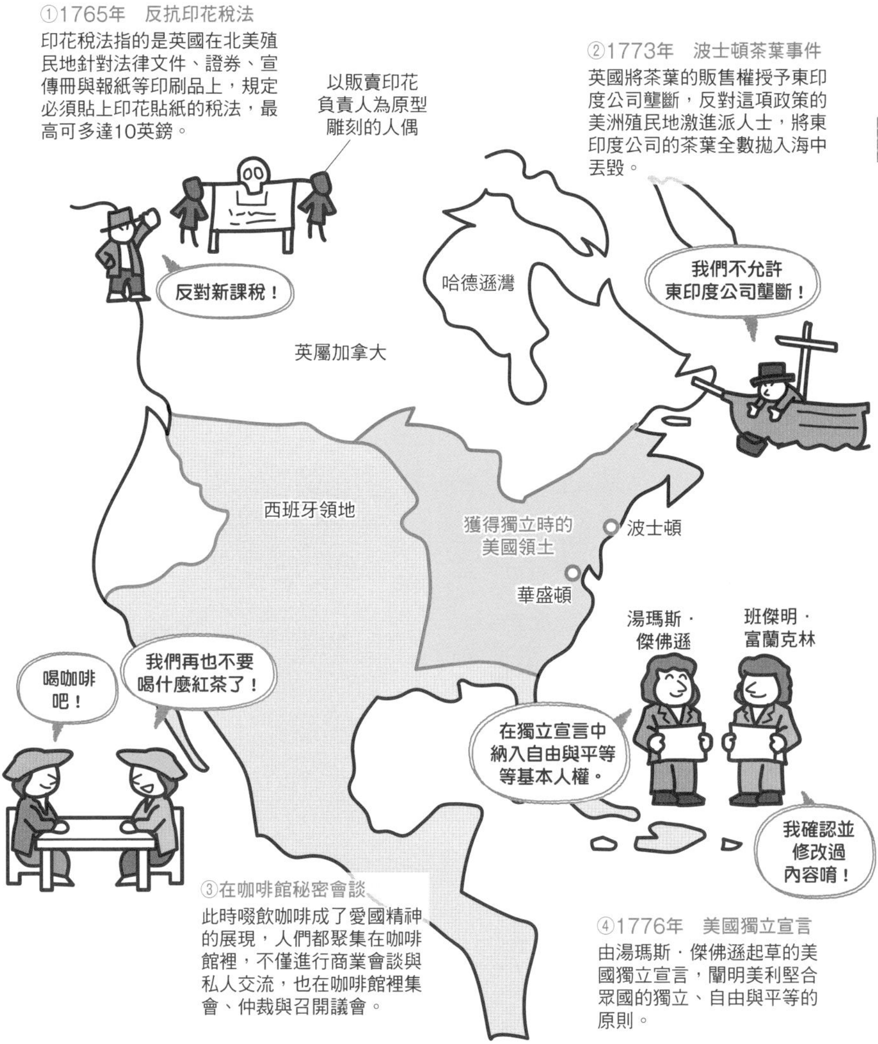
①1765年　反抗印花稅法
印花稅法指的是英國在北美殖民地針對法律文件、證券、宣傳冊與報紙等印刷品上，規定必須貼上印花貼紙的稅法，最高可多達10英鎊。
以販賣印花負責人為原型雕刻的人偶
反對新課稅！
②1773年　波士頓茶葉事件
英國將茶葉的販售權授予東印度公司壟斷，反對這項政策的美洲殖民地激進派人士，將東印度公司的茶葉全數拋入海中丟毀。
我們不允許東印度公司壟斷！
哈德遜灣
英屬加拿大
西班牙領地
獲得獨立時的美國領土
波士頓
華盛頓
湯瑪斯．傑佛遜
班傑明．富蘭克林
在獨立宣言中納入自由與平等等基本人權。
我確認並修改過內容唷！
喝咖啡吧！
我們再也不要喝什麼紅茶了！
③在咖啡館秘密會談
此時啜飲咖啡成了愛國精神的展現，人們都聚集在咖啡館裡，不僅進行商業會談與私人交流，也在咖啡館裡集會、仲裁與召開議會。
④1776年　美國獨立宣言
由湯瑪斯．傑佛遜起草的美國獨立宣言，闡明美利堅合眾國的獨立、自由與平等的原則。

以1773年的波士頓茶葉事件為契機，正式揭開了殖民地人民的反抗序幕，殖民地聯合軍隊與英國軍隊爆發衝突，展開了美國獨立戰爭。**當時擔任駐法大使的班傑明．富蘭克林**，號召各國支持美國獨立，獲得了法國與西班牙的支援打敗英國，**於1783年簽訂巴黎條約、贏得獨立**。

02 在英國爆發的市民革命與工業革命

結束了國王專制統治的市民革命、以及使工業獲得大幅進步的工業革命，都是改變英國歷史的重要里程碑。

由於斯圖亞特王朝的國王鎮壓清教徒，以清教徒為主的議會派帶頭反抗，進一步發展成革命，國王遭到處刑。其後，雖然議會派領導者奧立佛・克倫威爾勢力抬頭，但又受到國民反對，國王權力復辟。此後，議會與國王之間長期處於對立。1688年，議會廢黜當時的國王，瑪麗二世與威廉三世登上王位，確立君主立憲制度。這場沒有造成流血衝突的革命，**在歷史上稱為「光榮革命」**。

清教徒革命與光榮革命

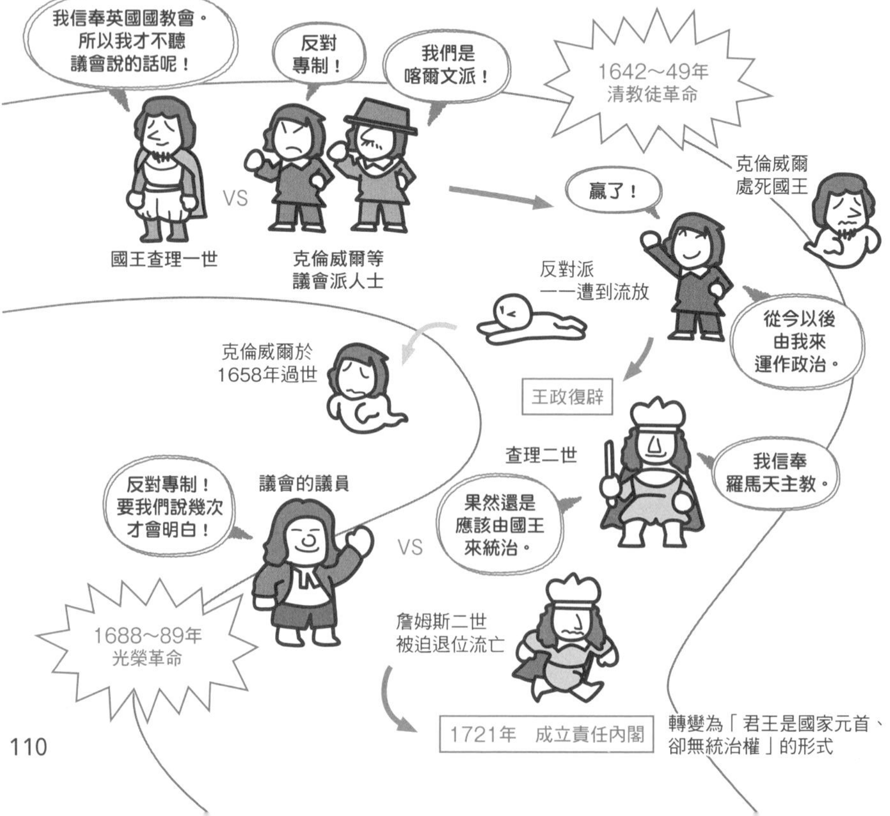
我信奉英國國教會。所以我才不聽議會說的話呢！
反對專制！
我們是喀爾文派！
1642~49年 清教徒革命
VS
國王查理一世
克倫威爾等議會派人士
克倫威爾處死國王
贏了！
反對派一一遭到流放
從今以後由我來運作政治。
克倫威爾於1658年過世
王政復辟
查理二世
我信奉羅馬天主教。
反對專制！要我們說幾次才會明白！
議會的議員
VS
果然還是應該由國王來統治。
1688~89年 光榮革命
詹姆斯二世被迫退位流亡
1721年　成立責任內閣
轉變為「君王是國家元首、卻無統治權」的形式

工業革命的經過

豐富的資本
工人
貿易發達
廣大的海外市場
農業革命
農作物增收
自然科學的發達
經驗論思考的發展
工業革命
技術的革新
走錠式精紡機
於1779年發明的紡織機，能大量生產優質的棉紗，一直使用到19世紀。
走錠式精紡機
動力的革新
蒸汽火車
蒸汽機催生鐵路與汽船的實用化。1830年代蒸汽火車正式開始運行。
蒸汽機
將水蒸氣的熱能利用渦輪轉動來轉換成動力。在20世紀電力登場之前，蒸汽機一直是最實用的動力來源。
問題是……
虐待童工
失業者增加

交通革命

蒸汽機的發明不僅應用在工廠的機械上，更擴及到汽船與火車，因此載運人及物資的交通方式變得更加發達。

勞動相關法律也是從此時開始制定

由於當時採取機械化的工廠，以低工資．高工時壓榨勞工，因此也誕生了世界上第一個「工廠法」來保護勞工。

原本以毛織品獲得財富的英國，到了17世紀後半葉，從印度進口的棉製品掀起了熱賣風潮後，**英國國內也開始埋首於棉織品技術的開發**。18世紀後半葉確立了大量生產的體制，全新的機械、動力、技術紛紛問世，**逐漸發展為工業革命**。19世紀**蒸汽機的發明，更將自由貿易體制推到了巔峰**。

03 法國王朝頻頻發動戰爭，因此爆發了法國大革命？

英法之間長期征戰的結果，使得國家財政左支右絀。
被強制徵稅的平民，不滿日漸升溫，終於爆發法國大革命。

當時的法國人民被劃分為三種身分階級（第一種＝神職人員、第二種＝貴族、第三種＝平民）。神職人員與貴族享用許多特權，也不必繳納稅金，但**毫無政治權力的平民卻必須繳納高額稅金**，深陷貧困。1789年，當時的國王路易十六世召集各階層代表召開三級會議，屬於第三身分的平民在會議中要求提升自身的權利。不僅如此，不滿的民眾更攻佔巴士底監獄，爆發法國大革命。

法國大革命的經過

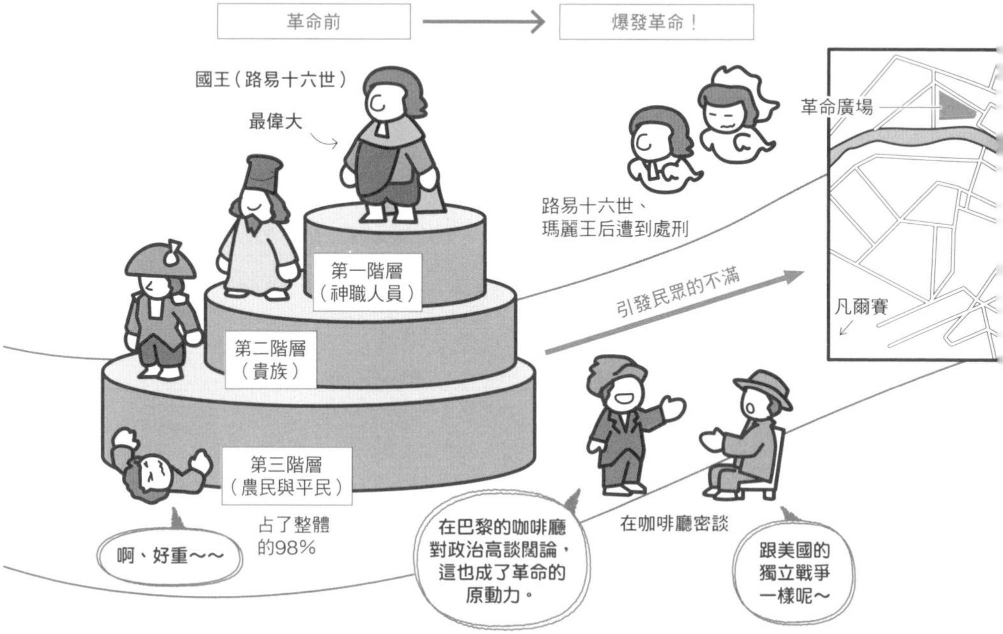
革命前
爆發革命！
國王（路易十六世）
最偉大
第一階層
（神職人員）
第二階層
（貴族）
第三階層
（農民與平民）
占了整體的98%
啊、好重～～
引發民眾的不滿
路易十六世、
瑪麗王后遭到處刑
革命廣場
凡爾賽
在咖啡廳密談
在巴黎的咖啡廳對政治高談闊論，這也成了革命的原動力。
跟美國的獨立戰爭一樣呢～

奢侈浮華的王朝

極為豪奢的凡爾賽宮是由路易十四世興建完成。儘管路易十六世的王后瑪麗・安東尼被冠上奢侈浪費的惡名，讓法國民不聊生，但實際上是因為戰費的支出，造成法國財政的龐大負擔。

自由、平等、博愛理念的誕生

飽受不平等待遇的法國平民打倒王政，樹立了人民應當擁有自由與平等的「人權宣言」。雖然在革命時期打著「自由、平等、博愛」的口號，但在維也納體制時期下這樣的思想衰退，直到1848年法國二月革命時才再度恢復。1858年被寫進法國憲法中，成為法國精神的代表。

巴士底監獄
破壞王政的象徵！

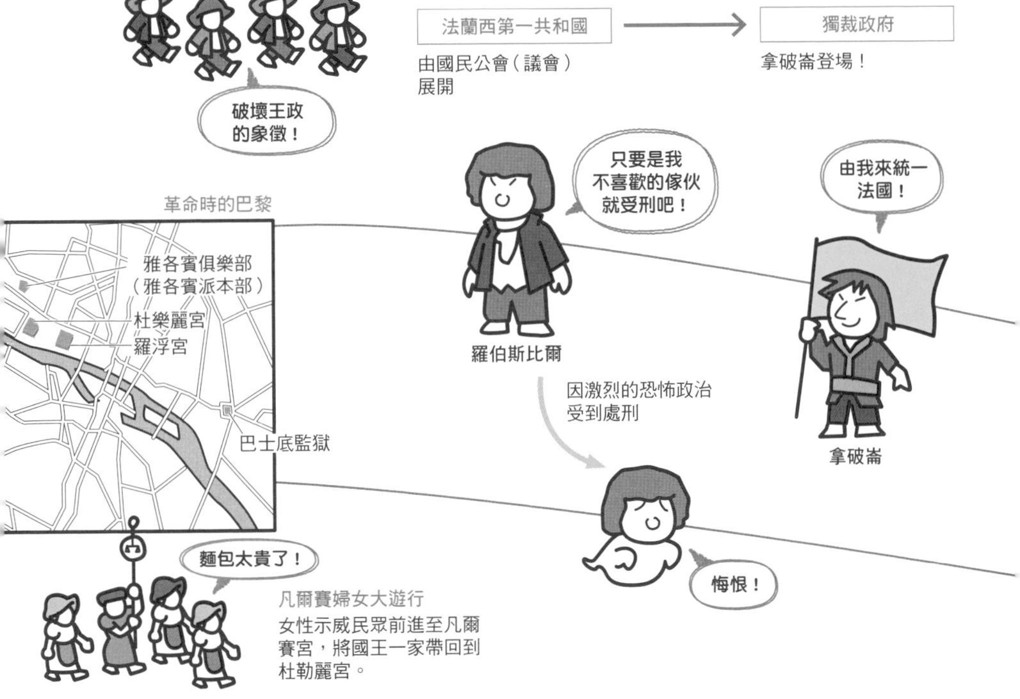
法蘭西第一共和國
由國民公會（議會）展開
獨裁政府
拿破崙登場！
只要是我不喜歡的傢伙就受刑吧！
羅伯斯比爾
因激烈的恐怖政治受到處刑
悔恨！
由我來統一法國！
拿破崙
革命時的巴黎
雅各賓俱樂部（雅各賓派本部）
杜樂麗宮
羅浮宮
巴士底監獄
麵包太貴了！
凡爾賽婦女大遊行
女性示威民眾前進至凡爾賽宮，將國王一家帶回到杜勒麗宮。

1789年8月，以平民為主的國民議會採納了人權宣言，4年後國王路易十六世與王后瑪麗・安東尼受到處刑。這段期間內，**引領革命的羅伯斯比爾成為獨裁者，執行恐怖政治**，只要是反對他的人都一律處刑，最終於1794年失勢。其後，法國一直處於混亂的情勢，**直到拿破崙登場才終結了這場法國大革命**。

04 拿破崙的野心與挫折之軌跡

拿破崙．波拿巴在法國革命軍中的活躍表現，使他聲名大噪。他以總司令的身分帶領法國軍隊遠征各國，擴張法國的領土。

在法國大革命時期，歐洲各國也都加強戒備，各地紛紛陷入戰亂。趁勢崛起的軍人拿破崙，**在對抗歐洲反法同盟的戰爭中大獲全勝，成功擴張了法國的領土**，接著在義大利遠征中戰勝奧地利。不過，1799年拿破崙卻在埃及的尼羅河河口海戰輸給了英國。為了度過這次危機，拿破崙認為不能只掌握軍事大權，同時也必須掌握政權，因此發動了政變，**於1804年在國民投票下成為法國的第一位皇帝**。

拿破崙勢力的抬頭

⑦1815年
滑鐵盧戰役
（敗給英國、荷蘭與普魯士王國的聯軍→退位）
我怎麼可能會輸給年輕人！我們英國海軍可是很強大的～
⑥1813年
萊比錫戰役
（敗給普魯士、奧地利、俄羅斯與瑞典聯軍→被流放至厄爾巴島）
英國
納爾遜
（英國）
普魯士
荷蘭
巴黎
萊茵聯盟
③1804年
登基為皇帝
法國
奧地利
西班牙
①1796年～
義大利遠征
（戰勝奧地利）
厄爾巴島
義大利
④1805年
特拉法加海戰
（敗給納爾遜）
聖赫倫那島
摩洛哥
⑧被流放至
聖赫倫那島
52歲時過世
地中海

成功擴張權力的拿破崙，在1812年的俄羅斯遠征中敗北，此時受他掌控的歐洲各國也趁機叛亂，孤立法國。最後，拿破崙被流放到聖赫倫那島度過餘生。不過，拿破崙戰爭卻將法國大革命的理念傳遍歐洲諸國，**傳播了自由．平等的思潮，同時也成為其後「民族主義運動」的基礎**。

▨ 拿破崙加冕的畫作中隱藏的含意

原本應該由羅馬教宗為國王進行加冕儀式，但拿破崙卻親自為妻子約瑟芬戴上后冠。他下令將這個場景描繪成畫作，表現出自己是為人民服務的皇帝。

由古典主義的代表性畫家大衛繪成的《拿破崙加冕》
雖然我本來是打算要畫出皇帝為自己加冕的場景……
因為有顧忌，所以改成描繪拿破崙為皇后加冕的場景。
約瑟芬
拿破崙

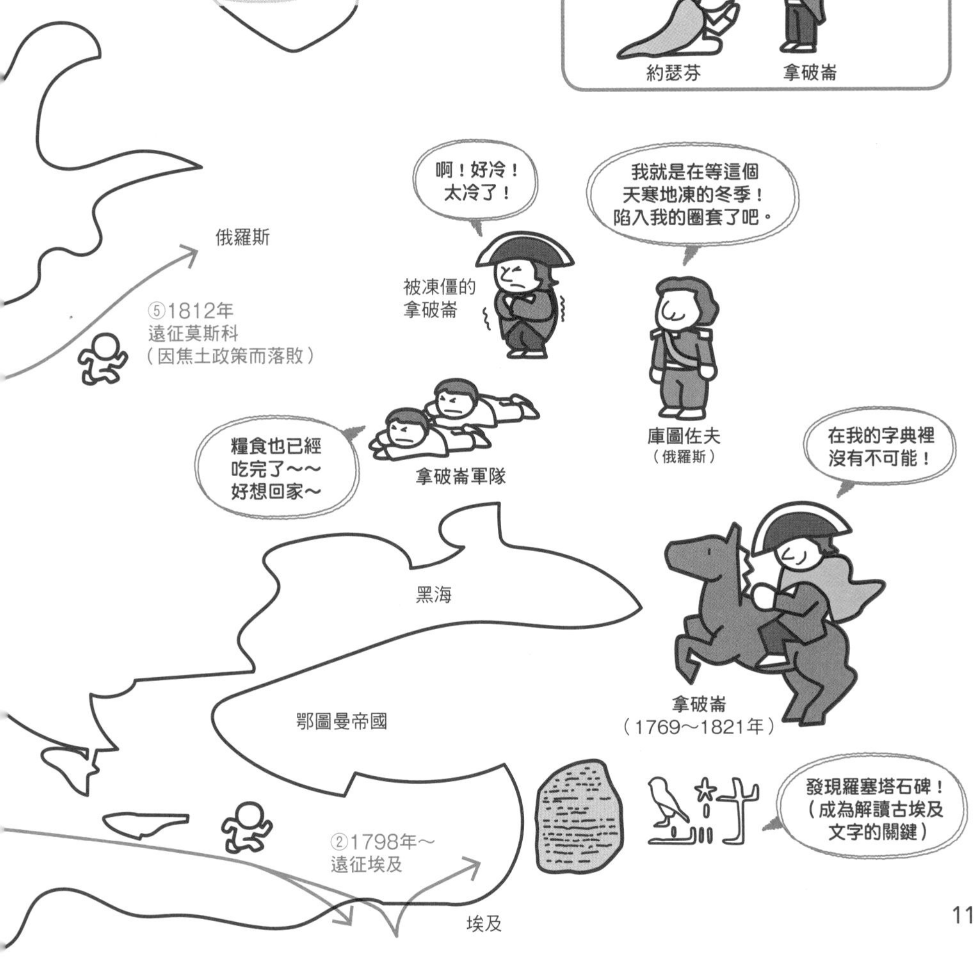
俄羅斯
⑤1812年
遠征莫斯科
（因焦土政策而落敗）
啊！好冷！太冷了！
被凍僵的拿破崙
我就是在等這個天寒地凍的冬季！陷入我的圈套了吧。
庫圖佐夫
（俄羅斯）
糧食也已經吃完了～～好想回家～
拿破崙軍隊
在我的字典裡沒有不可能！
黑海
鄂圖曼帝國
拿破崙
（1769～1821年）
發現羅塞塔石碑！（成為解讀古埃及文字的關鍵）
②1798年～
遠征埃及
埃及

05 什麼是「會議謾舞」？維也納體制的真相

拿破崙戰爭結束後，歐洲各國的代表都聚集在一起，召開維也納會議想要維持歐洲的長久和平，可是……

在維也納會議召開的時期，各國之間複雜的利害關係尚未解決，卻頻繁舉辦奢華的舞會，因此也被揶揄**「只顧跳舞、不幹正事」**。法國代表塔列朗在會議中提倡歐洲應恢復在法國大革命之前的正統主義，因此**造就了「維也納體制」**。在法國，波旁王朝復辟，重新掌握權勢。不過，自由主義、民族主義卻已傳遍了整個歐洲，歐洲各國都爆發了反對維也納體制的運動，引發一連串的衝突。

法國又再度重啟革命！

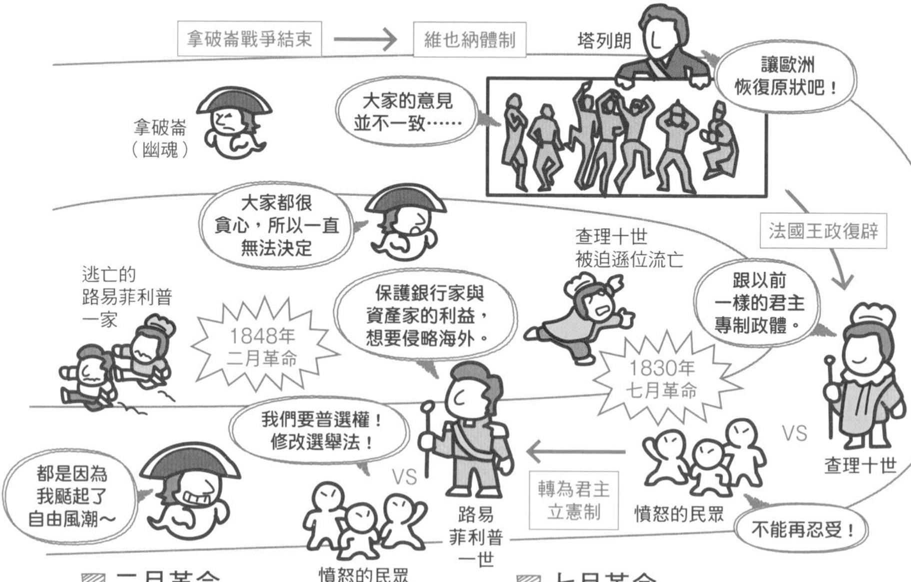
拿破崙戰爭結束
維也納體制
塔列朗
讓歐洲恢復原狀吧！
大家的意見並不一致……
拿破崙（幽魂）
大家都很貪心，所以一直無法決定
法國王政復辟
查理十世被迫遜位流亡
逃亡的路易菲利普一家
保護銀行家與資產家的利益，想要侵略海外。
跟以前一樣的君主專制政體。
1848年二月革命
1830年七月革命
我們要普選權！修改選舉法！
VS
查理十世
都是因為我颳起了自由風潮～
VS
轉為君主立憲制
憤怒的民眾
路易菲利普一世
不能再忍受！
憤怒的民眾

二月革命

要求參政權的民眾反抗政府，佔據巴黎。國王路易菲利普因而失勢，2月25日發表共和國宣言。

七月革命

推翻了波旁王朝國王查理十世的專制統治，擁立路易菲利普成為新王，確立君主立憲體制。

歐洲各地都爆發了革命!?

1837～50年左右
憲章運動
勞動階級要求獲得
普選權的運動
工人
不可以參政！
給我選舉權
勞工
英國
1848年
柏林三月革命
1830～63年
波蘭民族運動
1848年　波希米亞民族運動
1849年　維也納三月革命
1849年　匈牙利民族運動
巴黎
法國
七月革命
二月革命
受到維也納
當局流放
忙於逃亡的
梅特涅
西班牙
匈牙利
獨立！
科蘇特
在遙遠的美國也……
1823年美國發布門羅
宣言，聲明歐洲各國與
美洲大陸之間互不干涉
彼此事務。
義大利受到的影響
1831年，從義大利中部的
革命開始，羅馬共和國與薩
丁尼亞王國帶頭叛變，後來
遭到鎮壓。
歐洲各國
不要插手
干預美國！
我是在殖民地
出生的白人。
使拉丁美洲的5個
國家獲得獨立。
門羅
西蒙·玻利瓦

法國的七月革命鼓動了義大利統一運動、以及比利時與波蘭等國的獨立革命。二月革命則影響了德國、捷克、義大利等國的獨立·統一運動，同時在維也納發起的反政府運動中，令當初主導維也納會議的奧地利外交大臣梅特涅失勢，**維也納體制隨之結束**。這場革命擴及全歐洲，**被稱為「人民之春」**。

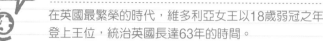

06 執全世界牛耳的英國維多利亞女王

在英國最繁榮的時代，維多利亞女王以18歲弱冠之年登上王位，統治英國長達63年的時間。

透過成功的工業革命建立起龐大財富的英國，**以「世界工廠」之姿邁向全盛時期**。在維多利亞女王的統治之下，英國無論是經濟或軍事實力都處於頂點，這段時期也被譽為是**「不列顛治世」**。這位大幅提升英國國力的維多利亞女王，在長期以來一直支持她的丈夫過世後，雖然消沉了10年左右的時間沒有出現在政治舞台，不過後來又重新出面活躍。她的9位子女們都與歐洲各國王室締結婚姻，其影響力不僅涵蓋歐洲全土，更擴及到全世界。

不列顛治世

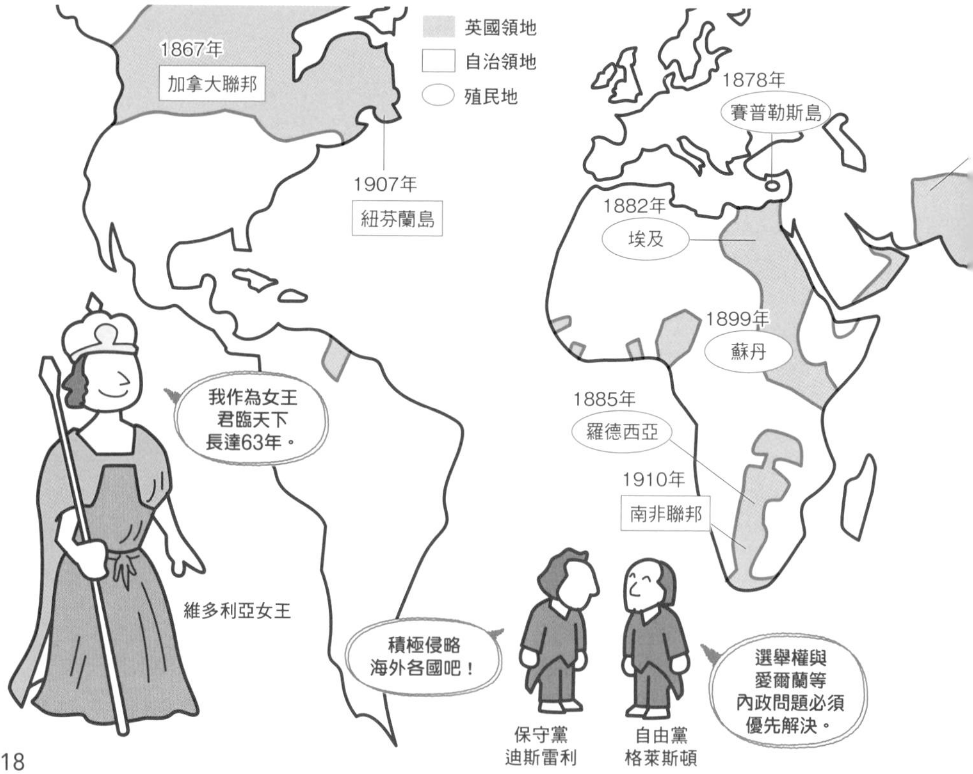
英國領地
自治領地
殖民地
1867年
加拿大聯邦
1907年
紐芬蘭島
1878年
賽普勒斯島
1882年
埃及
1899年
蘇丹
1885年
羅德西亞
1910年
南非聯邦
我作為女王君臨天下長達63年。
維多利亞女王
積極侵略海外各國吧！
選舉權與愛爾蘭等內政問題必須優先解決。
保守黨
迪斯雷利
自由黨
格萊斯頓

在維多利亞女王領導之下的英國，以鴉片戰爭打開了清朝(中國)的大門，同時掌控印度、抑制俄羅斯勢力，在亞洲與非洲廣闢殖民地，**使英國成為領導全世界的大帝國**。而在內政方面，由秉持帝國主義的保守黨與信奉自由主義的自由黨，**確立了兩黨制的政治制度**。儘管英國情勢長期處於安定，到了19世紀後半葉，英國製造業卻開始浮現出陰影。

此時英國國內仍有不平……

英國與愛爾蘭之間的紛爭

與英國合併後的愛爾蘭，仍然遭受差別待遇。儘管愛爾蘭已於1937年獲得獨立，但北愛爾蘭仍屬英國，這塊土地至今依然紛爭不斷。

宗教跟民族
都不一樣，
怎麼可能被統治！
歐康諾

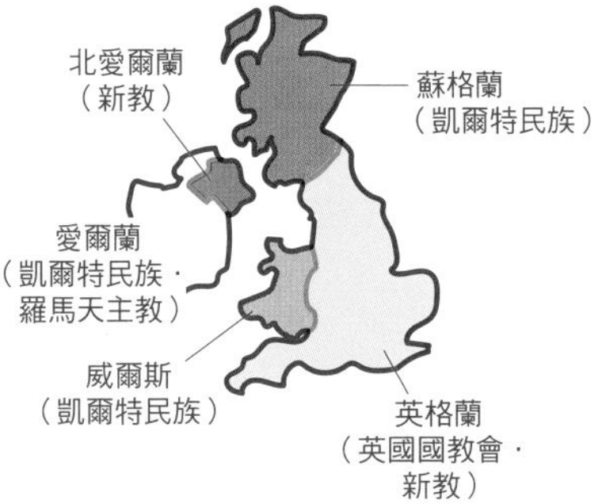
北愛爾蘭
(新教)
蘇格蘭
(凱爾特民族)
愛爾蘭
(凱爾特民族・
羅馬天主教)
威爾斯
(凱爾特民族)
英格蘭
(英國國教會・
新教)

1880年
阿富汗
1886年
緬甸
1842年
香港
1895年
馬來聯邦
1877年
印度帝國
1901年
澳大利亞聯邦
1907年
紐西蘭

參政權的擴大

雖然在英國原本只有資產家擁有選舉權，但在修改選舉相關法令後，選舉權變得越來越普及，解決了不平等的問題。

- 選舉權 3%：第一次修改選舉法(將選舉權擴大至產業資本家)
- 選舉權 9%：第二次修改選舉法(選舉權擴大至市民・都市的勞工階級)
- 選舉權 19%：第三次修改選舉法(將選舉權擴大至農村・礦工階級)
- 選舉權 46%：第四次修改選舉法(21歲以上的男性、30歲以上的女性擁有普選權)
- 選舉權 62%：第五次修改選舉法(21歲以上的男女皆擁有普選權)
- 選舉權 71%：第六次修改選舉法(18歲以上的男女皆擁有普選權)

07 為何德意志帝國是在凡爾賽宮統一的呢？

處於中世紀的德意志地區，有許多領地國家各主其政。
後來受到周邊諸國的統治與干涉後，才走向統一之路。

德意志的歷史始於843年東法蘭克王國成立。中世紀之後，儘管德意志各聯邦原本都在神聖羅馬帝國的管轄之下，但自從被法國的拿破崙征服後，各小國便組成了萊茵聯盟。1806年神聖羅馬帝國的滅亡，也可被看作是由拿破崙興起的自由主義改革**喚起了德意志人民族意識的成果**。維也納會議召開之後，**德意志從原本的35個君主國與4個自由都市，組成了德意志邦聯**，不過，此時還尚未形成民族國家。

在德意志統一之前

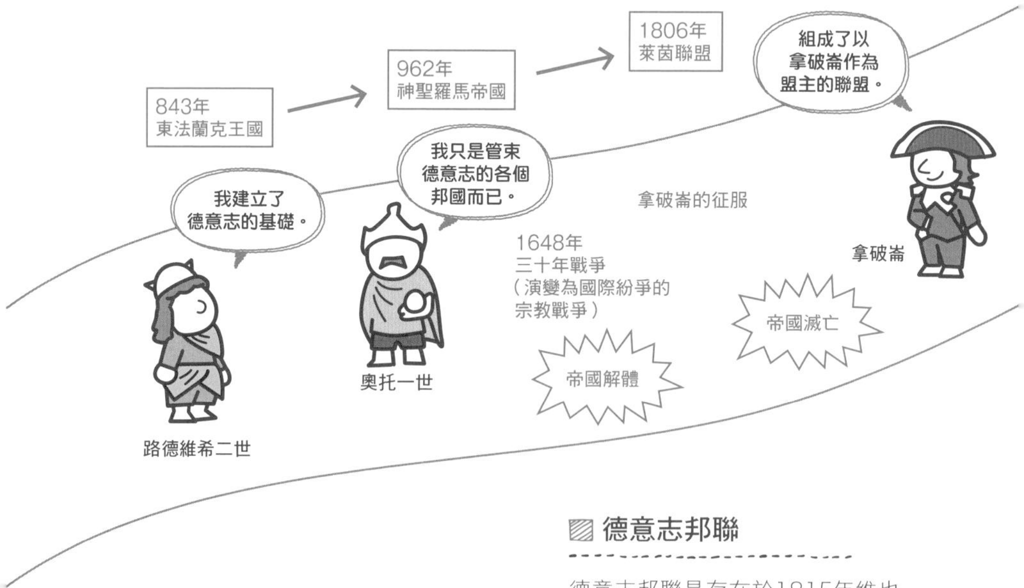
843年
東法蘭克王國
962年
神聖羅馬帝國
1806年
萊茵聯盟
組成了以拿破崙作為盟主的聯盟。
我只是管束德意志的各個邦國而已。
我建立了德意志的基礎。
拿破崙的征服
1648年
三十年戰爭
（演變為國際紛爭的宗教戰爭）
拿破崙
帝國滅亡
帝國解體
奧托一世
路德維希二世

德意志邦聯

德意志邦聯是存在於1815年維也納會議召開後，到1866年普奧戰爭這段期間的邦聯。由35個君主國與4個自由都市所組合而成。

俾斯麥

於1862年成為普魯士王國首相的政治家，以軍國主義強化普魯士王國，並孤立法國，是帶領普魯士統一德意志的關鍵人物。

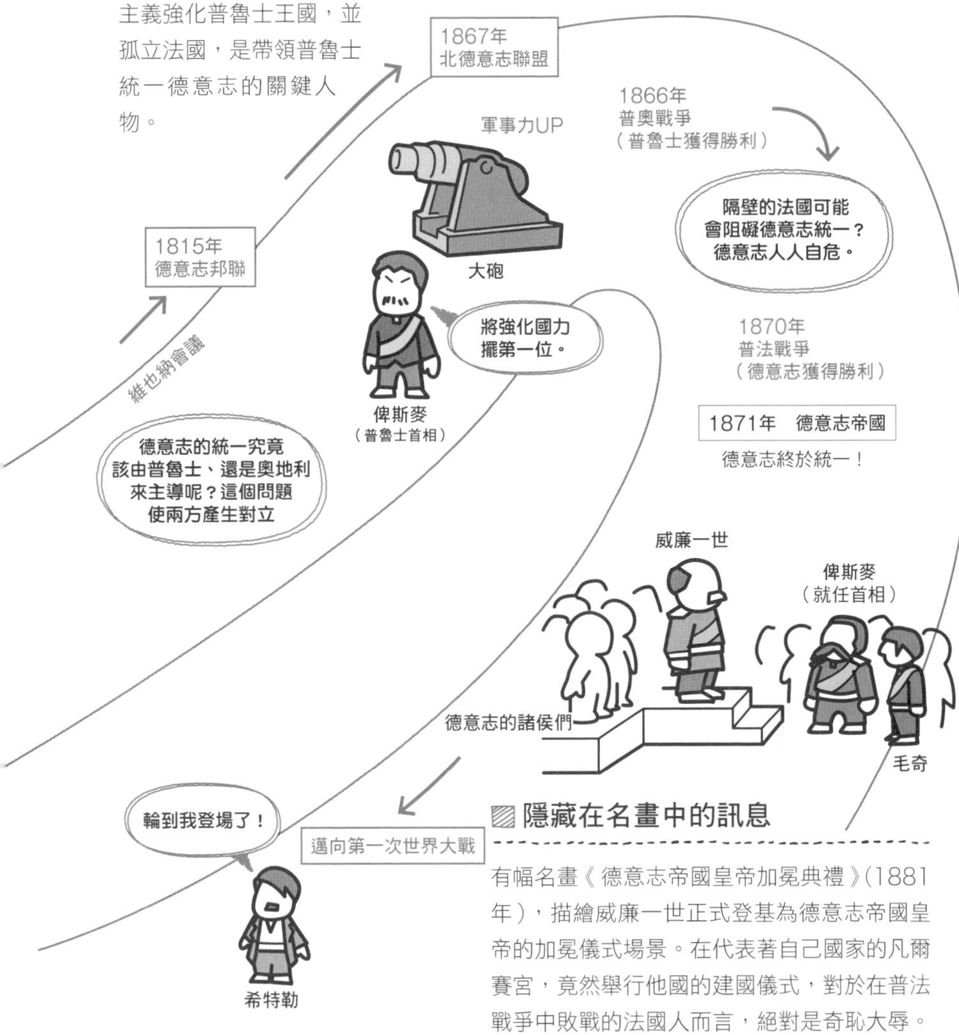

維也納會議
1815年
德意志邦聯
1867年
北德意志聯盟
軍事力UP
大砲
將強化國力擺第一位。
俾斯麥
（普魯士首相）
德意志的統一究竟該由普魯士、還是奧地利來主導呢？這個問題使兩方產生對立
1866年
普奧戰爭
（普魯士獲得勝利）
隔壁的法國可能會阻礙德意志統一？德意志人人自危。
1870年
普法戰爭
（德意志獲得勝利）
1871年　德意志帝國
德意志終於統一！
威廉一世
俾斯麥
（就任首相）
德意志的諸侯們
毛奇
邁向第一次世界大戰
輪到我登場了！
希特勒

隱藏在名畫中的訊息

有幅名畫《德意志帝國皇帝加冕典禮》(1881年)，描繪威廉一世正式登基為德意志帝國皇帝的加冕儀式場景。在代表著自己國家的凡爾賽宮，竟然舉行他國的建國儀式，對於在普法戰爭中敗戰的法國人而言，絕對是奇恥大辱。

漸漸地，**統一德意志的重責大任都聚焦在普魯士王國上**。俾斯麥擔任普魯士王國首相，**採行「鐵血政策」，以強大軍事力量邁向統一目標**。1870年，由於普魯士王國認為法國阻礙德意志統一，因此向拿破崙三世發起普法戰爭，並贏得勝利。隔年，威廉一世便在法國凡爾賽宮正式宣布德意志帝國的統一。

08 「不夠的東西就從國外獲取」帝國主義的抬頭

因工業革命而繁榮發展的歐洲各國，到了1870年代卻遭遇了空前的不景氣，也因此各國紛紛向帝國主義靠攏。

所謂的帝國主義指的是歐洲的資本主義列強，將亞洲與大洋洲當作殖民地，擴大出口與投資目標，提升國力的政策。這不僅只是為了擺脫不景氣而已，也能夠轉移庶民對政府不滿的注意力。**即使當地發起抵抗或暴動，帝國主義國家也會以強大的軍事力量強行侵略鎮壓**。在當時，英國控制印度與大洋洲、法國統治中南半島、荷蘭則控管印尼等等，就是各列強的勢力劃分範圍。

瓜分全世界的帝國主義

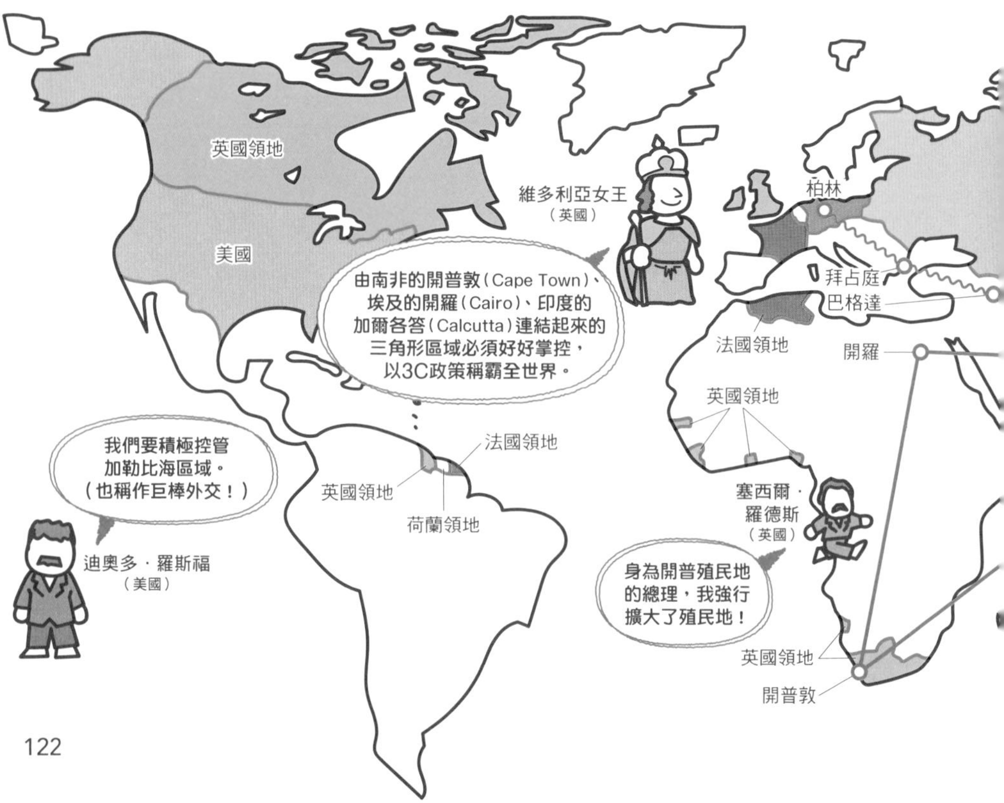
英國領地
美國
維多利亞女王
（英國）
由南非的開普敦（Cape Town）、埃及的開羅（Cairo）、印度的加爾各答（Calcutta）連結起來的三角形區域必須好好掌控，以3C政策稱霸全世界。
柏林
拜占庭
巴格達
法國領地
開羅
英國領地
我們要積極控管加勒比海區域。（也稱作巨棒外交！）
法國領地
英國領地
荷蘭領地
迪奧多・羅斯福
（美國）
塞西爾・羅德斯
（英國）
身為開普殖民地的總理，我強行擴大了殖民地！
英國領地
開普敦

當時，各個擁戴帝國主義的列強都抱著複雜的心思互相防範，到了20世紀初期，列強們組成了三國同盟（德、義、奧）與三國協約（英、法、俄），**於巴爾幹半島爆發衝突**。在塞拉耶佛，塞爾維亞青年暗殺了奧匈帝國的皇儲夫婦，此事件導致奧匈帝國向塞爾維亞開戰，**直接引爆了第一次世界大戰**。

尼古拉二世

尼古拉二世是羅曼諾夫王朝的最後一位皇帝，他不僅引發了日俄戰爭、第一次俄國革命，也埋下了第一次世界大戰爆發的導火線。

威廉二世
（德國）
雖然我也很想侵略歐洲，但還是先從東亞開始進攻吧！
尼古拉二世
（俄羅斯帝國）
將柏林（Berlin）、拜占庭（Byzantium）與巴格達（Baghdad）連結起來，以3B政策侵略全世界，同時對抗英國的3C政策。
俄羅斯
日本
清
加爾各答
英國領地
法國領地
從中國來了
2萬4000人！
從英國來了
20萬人！
澳大利亞
（英國領地）
英國領地

日本不屬於亞洲!?

福澤諭吉發表的「脱亞論」中，提倡日本不屬於「亞細亞」（前近代亞洲的代名詞），而是應該成為跟歐美各國平起平坐的文明國家。

日本也
必須學習西歐
的近代化！
福澤諭吉（日本）

淘金熱

1851年在澳大利亞發現了金礦，讓這原本是英國流放罪犯的地方，搖身一變成為周邊各國移民湧入的熱門地點。

09 科學革命帶來的思想變遷

由兩位哲學家在17世紀所提倡的兩種思考方式，成為近代科學與哲學的基礎，並且也影響了工業革命的發展。

英國哲學家法蘭西斯．培根提倡，以實驗與觀察為基礎引導出一般法則的「歸納法」；另一方面，法國哲學家勒內．笛卡兒則提出用邏輯推理得出合理結論的「演繹法」。**上述的思考方式掀起了「科學革命」，對於生物學、物理學、天文學、地球科學等近代自然科學的發展，有著極大的功勞**。這些思想也大幅提升了技術層面，**為工業革命打下堅固的基礎**。

2位哲學家與科學革命的關聯

法蘭西斯．培根
英國哲學家、法學家。他重視以實驗來探究真理，提倡經驗論。
從觀察與實驗中找出法則！
愛德華．詹納
英國的醫師。他發現只要為人們接種牛痘疫苗（讓人體產生免疫力、預防發病），就可以有效預防天花。
我找出了天花的預防方法。
為生物學、天文學、物理學帶來的影響
自然科學的發展
&
工業革命
（技術層面的進步）
從法則來解釋各個事實。
勒內．笛卡兒
法國哲學家，也是近代哲學之父。以「我思故我在」的思想廣為人知，提出「普遍懷疑」的主張。
我不做任何假設。
牛頓
英國科學家，創造了微分與積分的全新數學法則，並發現了萬有引力定律等法則。

關於社會契約論……
卡爾・馬克思
19世紀的德國思想家，將社會主義思想體系化。他闡述資本主義矛盾之處的著作《資本論》非常有名。
在歐洲出現了共產主義的幽靈。
對資本主義的懷疑
19世紀
我否定基督教的價值觀。
尼采
德國哲學家，提倡存在主義的先驅。他的名言：「上帝已死」，批判基督教式的道德思想。
湯瑪斯・霍布斯
他認為雖然每個人都擁有平等的自然權，不過，只要處在自然狀態中便會形成「萬人對萬人的戰爭」，因此必將主權委託給國家。
人類是自私的。
人類是自然且未發展的。
盧梭
法國的啟蒙思想家。以社會契約論為基礎，批判封建社會與君主專制的制度，對市民革命帶來莫大的影響。
啟蒙思想廣為盛行
人類是理性的。
約翰・洛克
繼續發展霍布斯提倡的社會契約論，主張人民擁有抵抗權・革命權，宣揚君主立憲制的理論。
在貴族的沙龍中能夠自由討論真不錯！
在沙龍中編纂《百科全書》

《百科全書》推動了法國大革命？

於1751～80年發行的百科全書，秉持的並非中世紀基督教的世界觀，而是以經驗論為基礎，將知識統整為清楚的體系。當時購買百科全書的人主要都是新興的布爾喬亞階級（資產階級），他們也是推動法國大革命的主要人士。

科學革命擴及的範圍也包含社會科學與人文科學。18世紀的啟蒙思想家們**以人類的理性為基礎提倡社會契約說**，相信人類擁有光明的未來。不過，到了19世紀後半葉卻因貧窮等社會問題，對人類的理性產生懷疑，也針對資本主義社會與西歐的存在方式、**國家權力等展開批判，產生了較悲觀的思想**。

NO.06

column

引領「可愛～～」潮流的法國王妃

由瑪麗・安東尼所推動的文化

路易十六世的王妃瑪麗・安東尼由於揮霍國庫、過著極盡奢華的生活而引發法國大革命，向來惡名昭彰。雖然她最後命喪斷頭台，但其實到了現代依然有無數的文化是因她而誕生，這點我們也不能視而不見。

以貝殼與植物樹葉等細膩優美元素為象徵的**「洛可可藝術」**，也是由她發起而推向極致。她帶動在頭上裝飾鳥籠、軍艦等奇異的髮型，穩站時尚教主的地位，對歐洲各國的貴族都造成影響。她極為熱衷鑽研時尚流行，不僅自己親自設計禮服，也大膽啟用平民出身的設計師。順帶一提，當時的設計師也是**打造高級訂製服的始祖**。

開始使用玫瑰與香草香水的也是瑪麗・安東尼；將可頌麵包與奶油圓蛋糕帶進法國，發展法國飲食文化的功臣也是她。直到今日，女性們看見瑪麗・安東尼這「可愛」的一面，肯定也會忍不住頷首稱道。

Chapter 07

「亞洲的變動」

在這個時代，歐美各國把目光
聚焦於海外領土而引發爭端，
導致整個亞洲四分五裂。向來被認為
是「沉睡的獅子」而讓各國心生畏懼
的中國，自從敗給日本之後，
更加速了亞洲的動盪趨勢。

section

01 比歐洲更早實現大規模遠洋航海的明朝

02 日本與美國的白銀撐起了世界經濟

03 靠著辮子頭一統了中國？所謂的清朝與滿洲族是？

04 風靡歐洲的中國與日本陶瓷器

05 「亞洲最強盛」的中國何以會敗給英國呢!?

06 以中國沒落為契機，逐漸殖民地化的亞洲

07 領導亞洲的國家從原本的大國中國轉變為小國日本

08 皇帝制的終結與中華民國的誕生

01 比歐洲更早實現大規模遠洋航海的明朝

中國最後一個漢族王朝——明朝，是由貧農出身的男子建國。明朝遠比歐洲各國更早航向大海，探索這個世界。

進入14世紀後，元朝的國力衰退，國內頻起動盪。朱元璋（洪武帝）是由白蓮教徒掀起的紅巾之亂首領之一，**他攻陷了元朝首都，於1368年建立明朝**。明朝的第三代皇帝永樂帝為了要全世界都向明朝朝貢，派遣信仰伊斯蘭教的宦官．鄭和率領艦隊南下遠征。鄭和共遠航7次，分別抵達了印度、阿拉伯半島、東非等地。也就是說，明朝遠比歐洲更早了一個世紀，就達成了大規模遠洋航海的壯舉。

鄭和的遠征航線

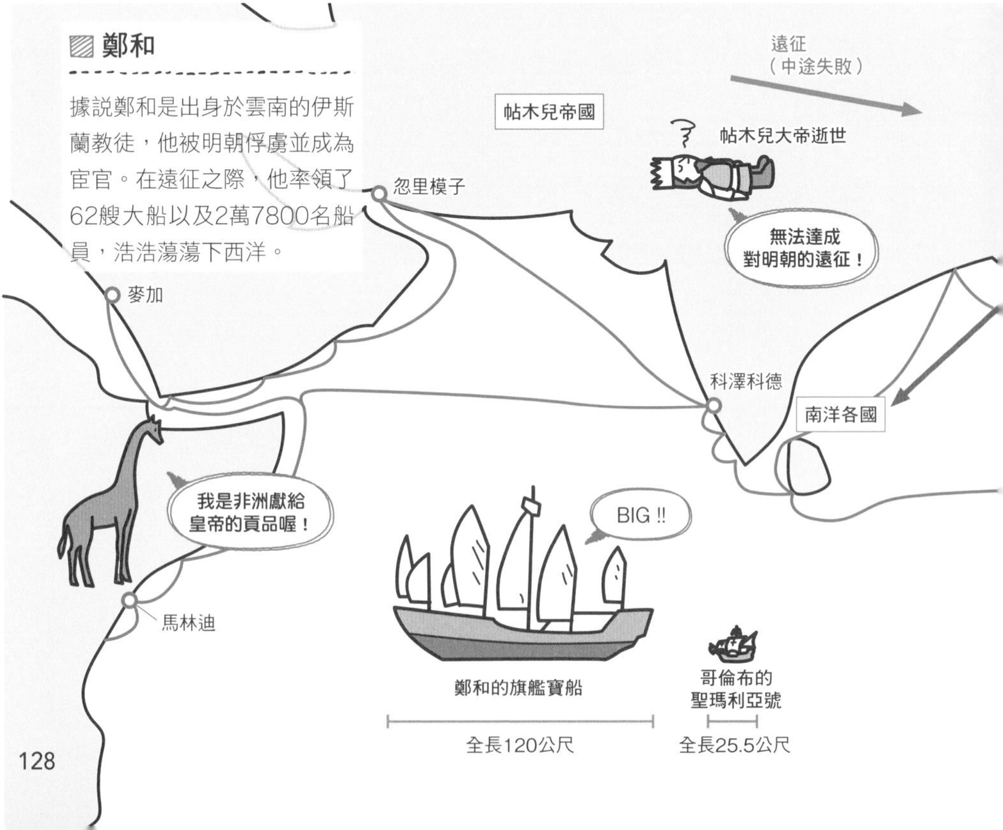
鄭和
據說鄭和是出身於雲南的伊斯蘭教徒，他被明朝俘虜並成為宦官。在遠征之際，他率領了62艘大船以及2萬7800名船員，浩浩蕩蕩下西洋。
遠征
（中途失敗）
帖木兒帝國
帖木兒大帝逝世
無法達成
對明朝的遠征！
忽里模子
麥加
科澤科德
南洋各國
我是非洲獻給
皇帝的貢品喔！
馬林迪
BIG !!
鄭和的旗艦寶船
全長120公尺
哥倫布的
聖瑪利亞號
全長25.5公尺

由於豐臣秀吉出兵朝鮮，明朝為了幫助朝鮮抵抗，也派了援軍前往朝鮮，但這筆費用卻對於國家財政造成了相當沉重的負擔。同時，明朝內部也掀起動盪，1631年李自成起義，而後明朝於1644年滅亡。儘管李自成想要在中國建立名為大順的國家，不過卻又被來自中國東北地區的滿族所建立的清給消滅，**從此之後清朝便成了新的中國統治者**。

勘合貿易

指的是明朝與室町幕府之間實行的朝貢貿易。為了區分倭寇，明朝與室町幕府使用名為「勘合符」的許可證，因此名為勘合貿易。

豐臣秀吉為何出兵朝鮮？

豐臣秀吉打著侵略明朝的主意，曾先後2度出兵朝鮮。他的動機眾說紛紜，也有一說指出他比西班牙更早企圖進攻明朝。

鐵製的屋頂
所向披靡!?
龜船
要侵略明朝
就從朝鮮開始！
瓦剌
入侵
遠征
韃靼
入侵
遠征
朝貢
朝鮮
豐臣秀吉
明
北京
朝貢
朝貢
日本
遵旨！
（第一次是
1405年啟航）
遠征
南京
只要我一出馬
就不可能敗給日本。
福州
GO！
李舜臣
（朝鮮）
因豐臣秀吉過世
日本軍隊撤退
悔恨！
鄭和
永樂帝
越南
大城
馬六甲
（鄭和的據點）
泗水

02 日本與美國的白銀撐起了世界經濟

戰國時代～江戶時代初期的日本，是全世界屈指可數的白銀生產國，從日本出產的白銀，曾帶給全世界經濟莫大的影響。

自從地理大發現時代開始，全世界的經濟都互相緊密連結，從全世界最大銀山——玻利維亞的波托西銀礦、以及**日本出產的白銀，在全世界頻繁流通**。西班牙在馬尼拉～阿卡普爾科的貿易航線中，將出產自新大陸的白銀交換絲綢、陶瓷等物品。17世紀，荷蘭將明朝的蠶絲運往日本交換白銀，**再利用得來的白銀購買明朝與東南亞的絲綢、陶瓷、辛香料等，接著運往歐洲高價賣出，藉此累積大量財富**。

以白銀連結起全世界

南蠻貿易

南蠻貿易指的是日本與葡萄牙、西班牙之間的貿易。日本進口槍械、火藥與中國的蠶絲，並出口白銀等。

里斯本
加的斯
果阿
貝寧帝國
蒙巴薩
葡萄牙的航線
③在歐洲販賣絲綢、陶瓷與辛香料，獲取龐大利益。
在中國也要宣揚基督教。（傳教士也頻繁往來東西方。）
利瑪竇

倭寇的出現

出沒於中國近海、以漢人為主體的海盜。從13世紀左右開始出現，但由於明朝的海禁政策，使得非法行為更加猖獗、貿易往來也更加頻繁。

美洲大陸與日本出產的白銀，對全世界的經濟都帶來了大幅影響。流入大量白銀的明朝，**確立了將白銀作為稅金的稅法，名為「一條鞭法」**。另一方面在歐洲，白銀的流入則導致貨幣價值下滑、同時造成物價急遽上漲。這場物價革命也使得固定收取地租的封建地主勢力沒落，**導致封建制度日趨瓦解**。

基督教傳教士的東西往來

基督教的傳教士也大量來到明朝傳教，其中又以利瑪竇是最早來到明朝傳教的傳教士。儘管他苦心傳教，但在剛開始的10年間僅獲得了200位基督教信徒。他繪製了中國最早的世界地圖「坤輿萬國全圖」，也向中國介紹了許多西洋的科學技術。

日本的白銀

從16世紀起，波托西銀礦的開採使得墨西哥出產的白銀越來越多，這些白銀被稱作西班牙銀幣。17世紀，日本也成為世界上屈指可數的白銀生產國，在全世界流通的白銀當中，約有1/3是產自日本。當時，日本島根的石見銀山一年最多甚至可出產高達38噸的白銀。

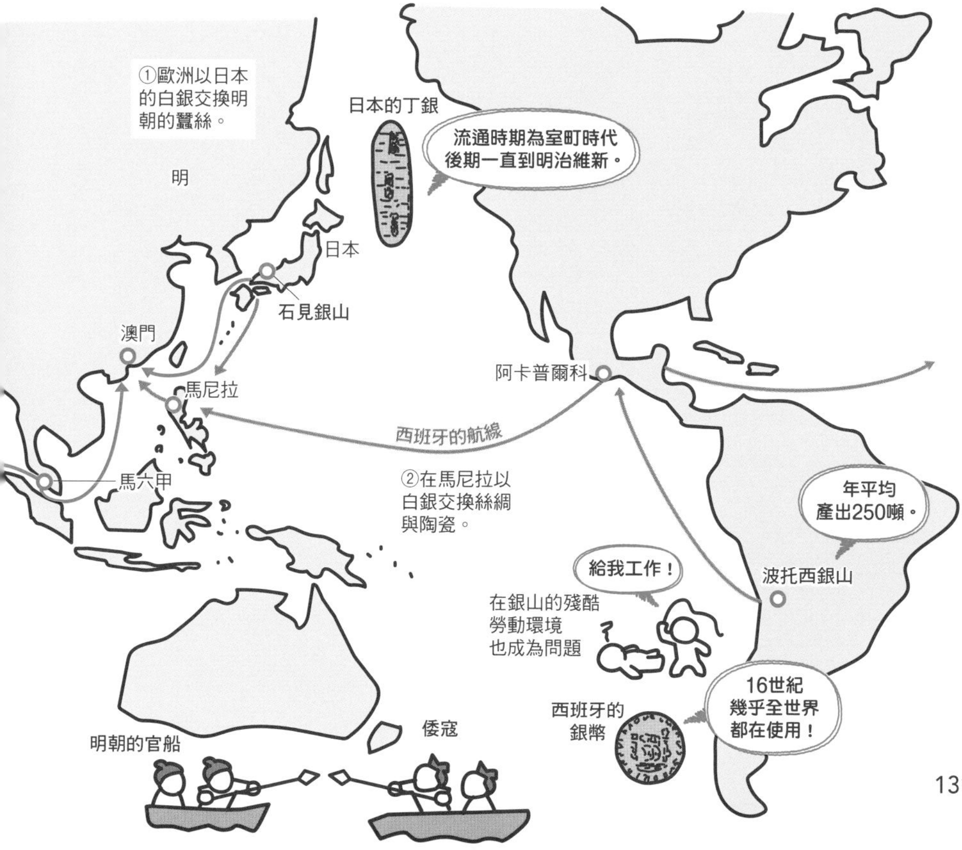
①歐洲以日本的白銀交換明朝的蠶絲。
明
日本的丁銀
流通時期為室町時代後期一直到明治維新。
日本
石見銀山
澳門
馬尼拉
阿卡普爾科
西班牙的航線
馬六甲
②在馬尼拉以白銀交換絲綢與陶瓷。
年平均產出250噸。
給我工作！
波托西銀山
在銀山的殘酷勞動環境也成為問題
16世紀幾乎全世界都在使用！
西班牙的銀幣
倭寇
明朝的官船

這個時期的中國

BC 3000 BC 500 0 500 1000 1200 1400 1600 1700 1800 1900 1950 2000

03 靠著辮子頭一統了中國？所謂的清朝與滿洲族是？

中國最後的王朝——清朝，並非由漢族構成的王朝，而是由以「辮子頭」編髮而為人所知的滿族所建立的王朝。

當明朝派兵前往朝鮮與豐臣秀吉的軍隊打仗時，中國東北地區的滿族正逐漸統一，**努爾哈赤建立了後金國、也是清朝的前身。**滿族人推翻了明朝之後，將李自成趕出北京，進一步掌控中國。初代皇帝努爾哈赤開創了清朝，到了第4代皇帝康熙更將中國全土納入統治。從康熙開始，到第5代的雍正及第6代的乾隆，構築了史上最大的中華帝國，迎來名為**「康雍乾盛世」**的全盛時期。

「康雍乾盛世」

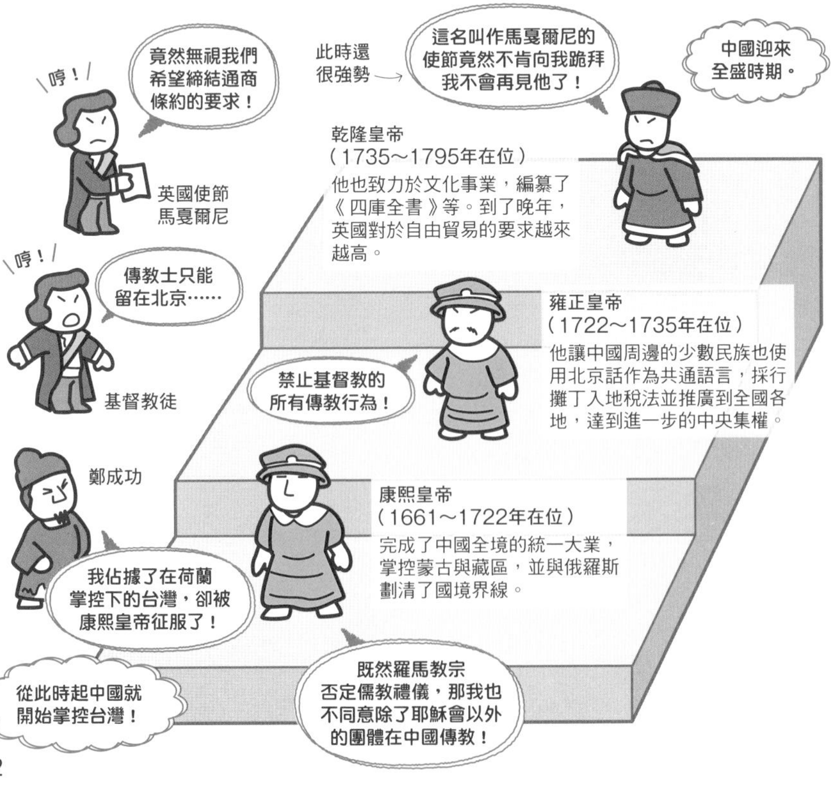

哼！
竟然無視我們希望締結通商條約的要求！
英國使節 馬戛爾尼
此時還很強勢
這名叫作馬戛爾尼的使節竟然不肯向我跪拜我不會再見他了！
中國迎來全盛時期。
乾隆皇帝
（1735～1795年在位）
他也致力於文化事業，編纂了《四庫全書》等。到了晚年，英國對於自由貿易的要求越來越高。
哼！
傳教士只能留在北京……
基督教徒
禁止基督教的所有傳教行為！
雍正皇帝
（1722～1735年在位）
他讓中國周邊的少數民族也使用北京話作為共通語言，採行攤丁入地稅法並推廣到全國各地，達到進一步的中央集權。
鄭成功
我佔據了在荷蘭掌控下的台灣，卻被康熙皇帝征服了！
康熙皇帝
（1661～1722年在位）
完成了中國全境的統一大業，掌控蒙古與藏區，並與俄羅斯劃清了國境界線。
從此時起中國就開始掌控台灣！
既然羅馬教宗否定儒教禮儀，那我也不同意除了耶穌會以外的團體在中國傳教！

清朝的統治領域

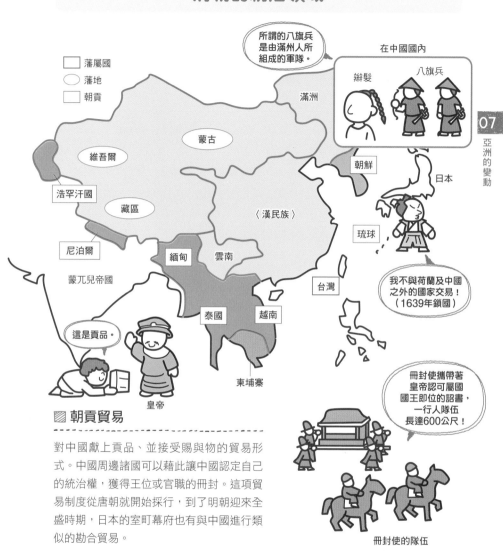

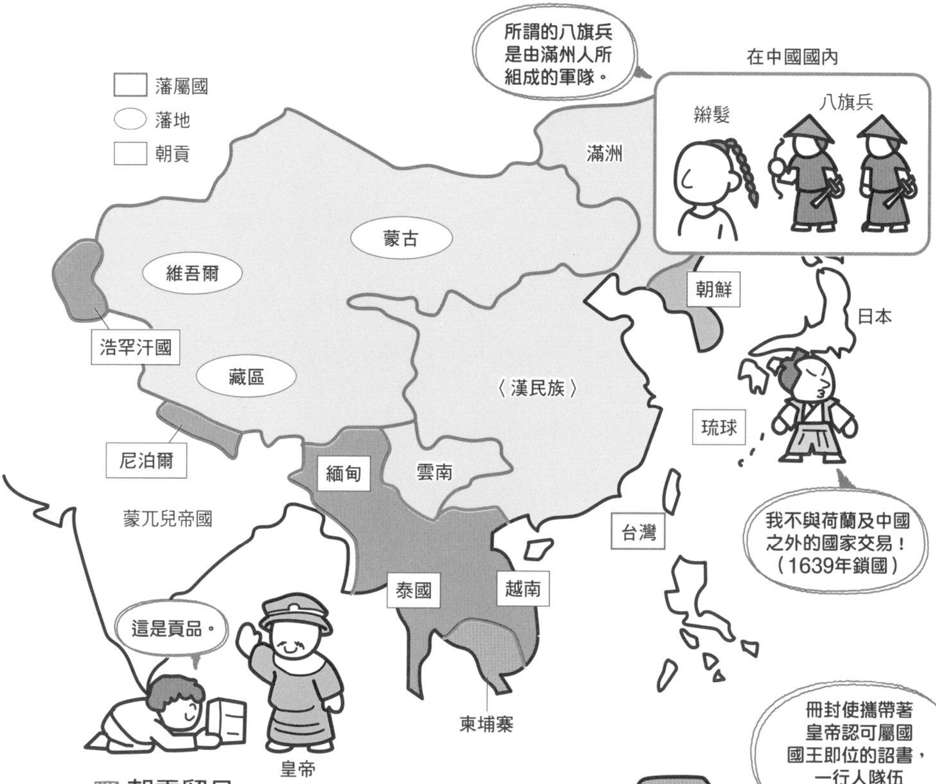
所謂的八旗兵是由滿州人所組成的軍隊。
在中國國內
辮髮
八旗兵
藩屬國
藩地
朝貢
滿洲
蒙古
維吾爾
朝鮮
日本
浩罕汗國
藏區
〈漢民族〉
琉球
尼泊爾
緬甸
雲南
蒙兀兒帝國
台灣
我不與荷蘭及中國之外的國家交易！（1639年鎖國）
泰國
越南
這是貢品。
柬埔寨
皇帝

▨ 朝貢貿易

對中國獻上貢品、並接受賜與物的貿易形式。中國周邊諸國可以藉此讓中國認定自己的統治權，獲得王位或官職的冊封。這項貿易制度從唐朝就開始採行，到了明朝迎來全盛時期，日本的室町幕府也有與中國進行類似的勘合貿易。

冊封使攜帶著皇帝認可屬國國王即位的詔書，一行人隊伍長達600公尺！

冊封使的隊伍

自古以來便習於剃光前額頭髮、將剩下的髮絲編成長辮的滿州族，其「辮髮」的傳統廣為人知。由滿州人所開創的清朝，也強迫漢人男性必須辮髮（僧侶和道士除外）。另一方面，卻藉由科舉制度任用漢人作為官僚、或賦予除了軍事將領之外的要職，**還採行減稅等懷柔政策，巧妙地恩威並施操控漢人。**如此在中國建立王權的清朝，是中國最後的王朝。

04 風靡歐洲的中國與日本陶瓷器

中國與日本的美麗陶瓷器，在東西交流中扮演了重要的角色，這些陶瓷器傳回歐洲後，颳起了風靡一世的收藏旋風。

由於東西方之間的貿易交流，被帶到歐洲本土的**中國與日本美術品、工藝品，非常受到歐洲人的歡迎**。此外，由傳教士傳達的東洋文化也引起了人們的矚目。從18世紀起，汲取中國元素的「**中國風**」美術與建築在歐洲廣為流行；**19世紀後半葉開始，富有日本風情的「日本主義」也深深影響了歐洲**。另一方面，德國的萊布尼茲與法國的伏爾泰也深受儒學影響，因此即使是在思想層面，東方也帶給了西方深遠的影響。

陶瓷之路

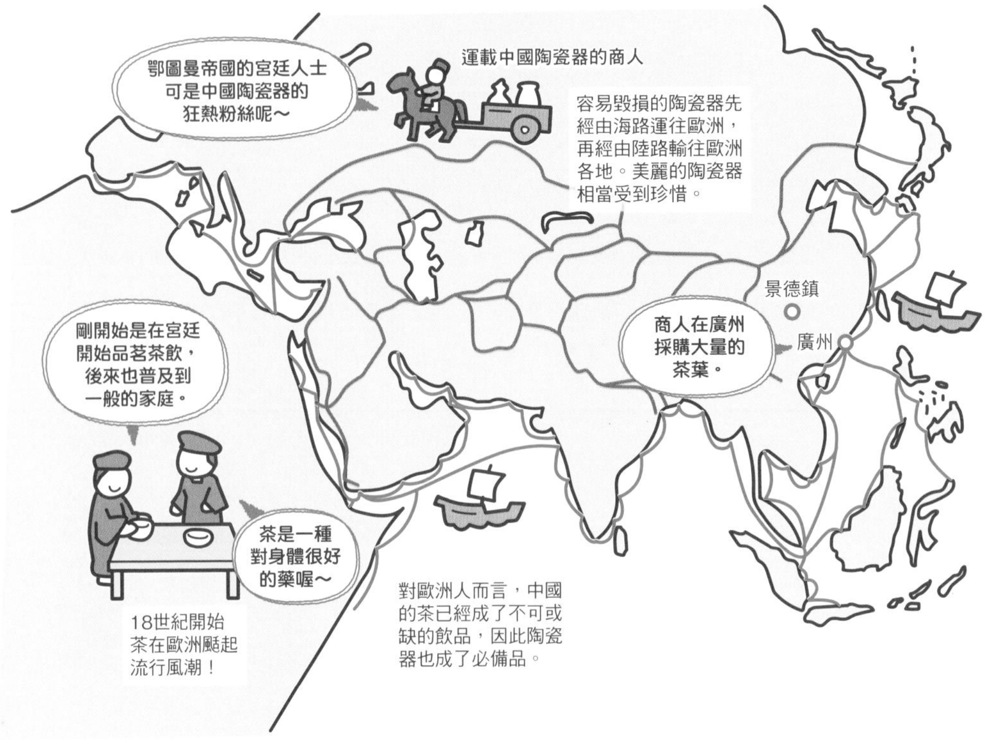
鄂圖曼帝國的宮廷人士可是中國陶瓷器的狂熱粉絲呢～
運載中國陶瓷器的商人
容易毀損的陶瓷器先經由海路運往歐洲，再經由陸路輸往歐洲各地。美麗的陶瓷器相當受到珍惜。
景德鎮
商人在廣州採購大量的茶葉。
廣州
剛開始是在宮廷開始品茗茶飲，後來也普及到一般的家庭。
茶是一種對身體很好的藥喔～
18世紀開始茶在歐洲颳起流行風潮！
對歐洲人而言，中國的茶已經成了不可或缺的飲品，因此陶瓷器也成了必備品。

從東洋傳來的陶瓷器中，尤以**中國景德鎮生產的瓷器最是受到青睞**。為了讓中國產的陶瓷器更廣為人知，瓷器在歐洲也被稱為「China」；而日本的瓷器則是以伊萬里燒最受歡迎。由於一般而言陶瓷器都是經由印度洋運往歐洲，**因此這條路線也被稱為「陶瓷之路」**。

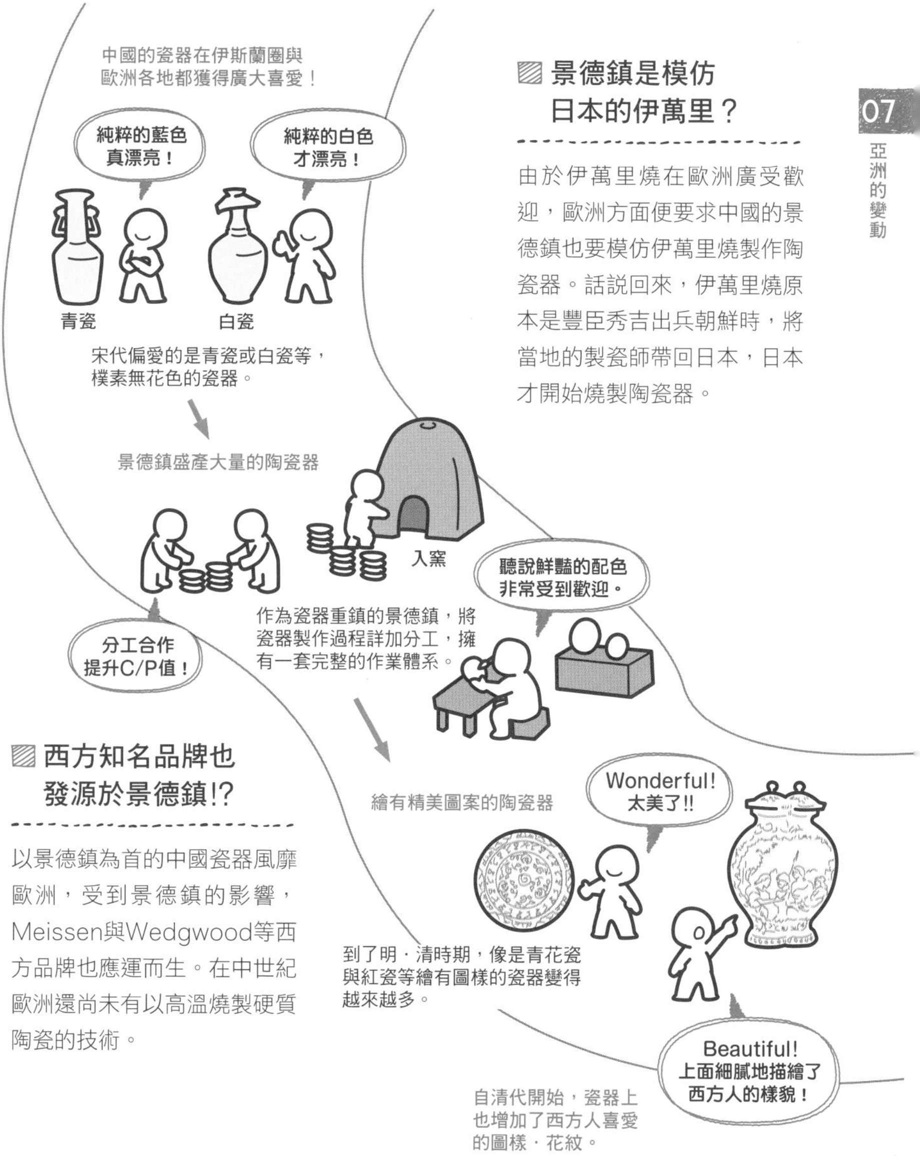
中國的瓷器在伊斯蘭圈與歐洲各地都獲得廣大喜愛！
純粹的藍色真漂亮！
純粹的白色才漂亮！
青瓷
白瓷
宋代偏愛的是青瓷或白瓷等，樸素無花色的瓷器。
景德鎮盛產大量的陶瓷器
入窯
分工合作提升C/P值！
作為瓷器重鎮的景德鎮，將瓷器製作過程詳加分工，擁有一套完整的作業體系。
聽說鮮豔的配色非常受到歡迎。
繪有精美圖案的陶瓷器
Wonderful! 太美了!!
到了明・清時期，像是青花瓷與紅瓷等繪有圖樣的瓷器變得越來越多。
Beautiful! 上面細膩地描繪了西方人的樣貌！
自清代開始，瓷器上也增加了西方人喜愛的圖樣・花紋。

景德鎮是模仿日本的伊萬里？

由於伊萬里燒在歐洲廣受歡迎，歐洲方面便要求中國的景德鎮也要模仿伊萬里燒製作陶瓷器。話說回來，伊萬里燒原本是豐臣秀吉出兵朝鮮時，將當地的製瓷師帶回日本，日本才開始燒製陶瓷器。

西方知名品牌也發源於景德鎮!?

以景德鎮為首的中國瓷器風靡歐洲，受到景德鎮的影響，Meissen與Wedgwood等西方品牌也應運而生。在中世紀歐洲還尚未有以高溫燒製硬質陶瓷的技術。

05 「亞洲最強盛」的中國何以會敗給英國呢!?

儘管清朝原本是在全世界數一數二的大國，但在與英國交戰落敗之後，中國王朝的時代便一步步邁向終結了。

茶葉消費量日漸增加的英國，從清朝進口茶葉、將棉織品等英國產品外銷印度，再將印度產的鴉片賣給清朝。雖然英國藉由這樣的**三角貿易賺取利益**，但原屬於一種麻藥的鴉片，卻使得清朝內部的風紀敗壞。於是清朝大力禁止鴉片進口，並嚴加取締鴉片。對此感到不滿的英國，與清朝產生了嚴重的衝突，導致**1840年爆發鴉片戰爭**。在這場戰爭中，英國以近代化的軍艦擊敗清朝，取得了壓倒性的勝利。

在鴉片戰爭爆發之前

單向貿易

英國與中國之間的貿易，是從英國以白銀向中國交換茶葉開始的。

三角貿易

19世紀，英國攜手中國與印度（東印度公司）進行三角貿易。英國從印度進口棉花，製成棉織品出售；從中國進口茶葉，再從印度出口鴉片給中國，而中國則將白銀輸往英國。

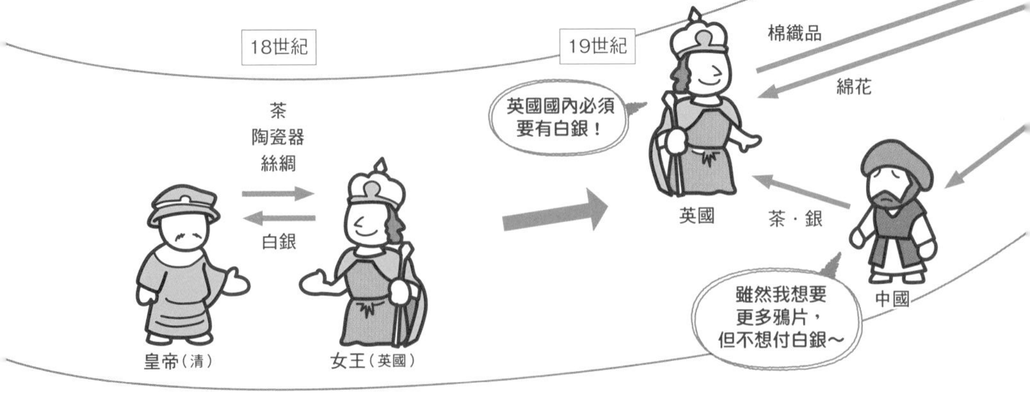
18世紀
茶
陶瓷器
絲綢
白銀
皇帝（清）
女王（英國）
19世紀
英國國內必須要有白銀！
棉織品
綿花
英國
茶・銀
中國
雖然我想要更多鴉片，但不想付白銀～

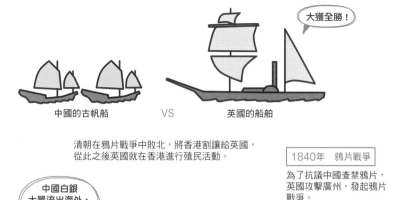

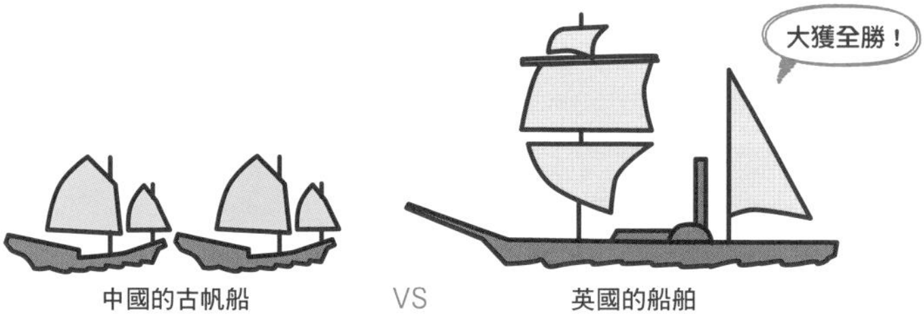
大獲全勝！
中國的古帆船
VS
英國的船舶

清朝在鴉片戰爭中敗北，將香港割讓給英國，
從此之後英國就在香港進行殖民活動。

1840年　鴉片戰爭

為了抗議中國查禁鴉片，
英國攻擊廣州，發起鴉片
戰爭。

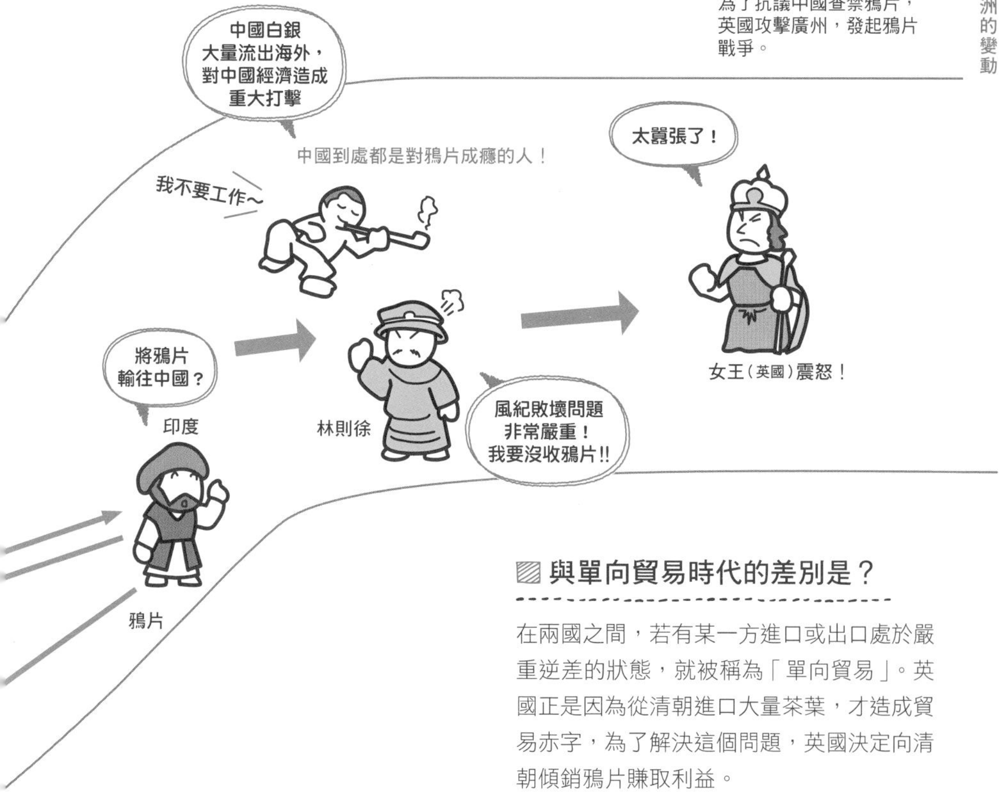
中國白銀
大量流出海外，
對中國經濟造成
重大打擊
中國到處都是對鴉片成癮的人！
我不要工作～
太囂張了！
將鴉片
輸往中國？
印度
林則徐
風紀敗壞問題
非常嚴重！
我要沒收鴉片!!
女王（英國）震怒！
鴉片

與單向貿易時代的差別是？

在兩國之間，若有某一方進口或出口處於嚴重逆差的狀態，就被稱為「單向貿易」。英國正是因為從清朝進口大量茶葉，才造成貿易赤字，為了解決這個問題，英國決定向清朝傾銷鴉片賺取利益。

在鴉片戰爭中打了敗仗的清朝，與英國簽訂南京條約，不僅支付賠償金，還**割讓香港、允諾上海與廣州等地開港通商**。接著在1856年，英法聯軍與清朝之間又爆發英法聯軍之役。**這次再度敗戰的清朝，又開放天津開港通商，並將九龍半島南部割讓給英國**。鴉片戰爭可說是開啟了西方列強侵略中國的大門。

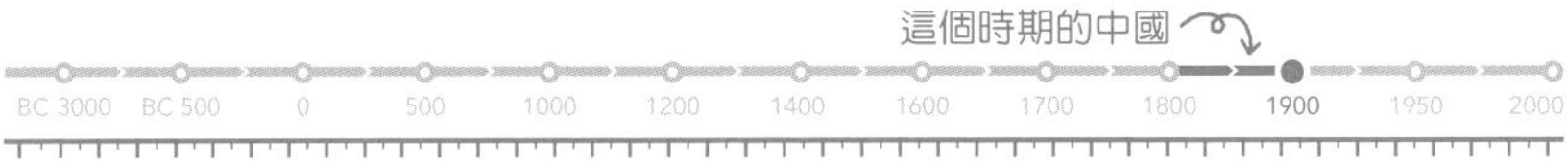
這個時期的中國
BC 3000
BC 500
0
500
1000
1200
1400
1600
1700
1800
1900
1950
2000

06 以中國沒落為契機，逐漸殖民地化的亞洲

自從在戰爭中敗給英國後，清朝國力衰落的徵兆越來越顯著，而其周邊的亞洲諸國也逐漸成為西方列強的殖民地。

由於在鴉片戰爭與英法聯軍等戰役中清朝節節敗退，**到了19世紀後半葉，整個亞洲都朝向殖民地化發展**。1858年發生的法越戰爭，由法國取得勝利，結果導致西貢等地割讓給法國。接著在1884年由越南引起的中法戰爭中，導致越南完全掌控於法國之下。另一方面，在東亞以外的局勢，**則是在1857年的印度民族起義遭受鎮壓後，蒙兀兒帝國在1858年正式宣告滅亡**，印度直接受到英國的控管。

亞洲的殖民地化

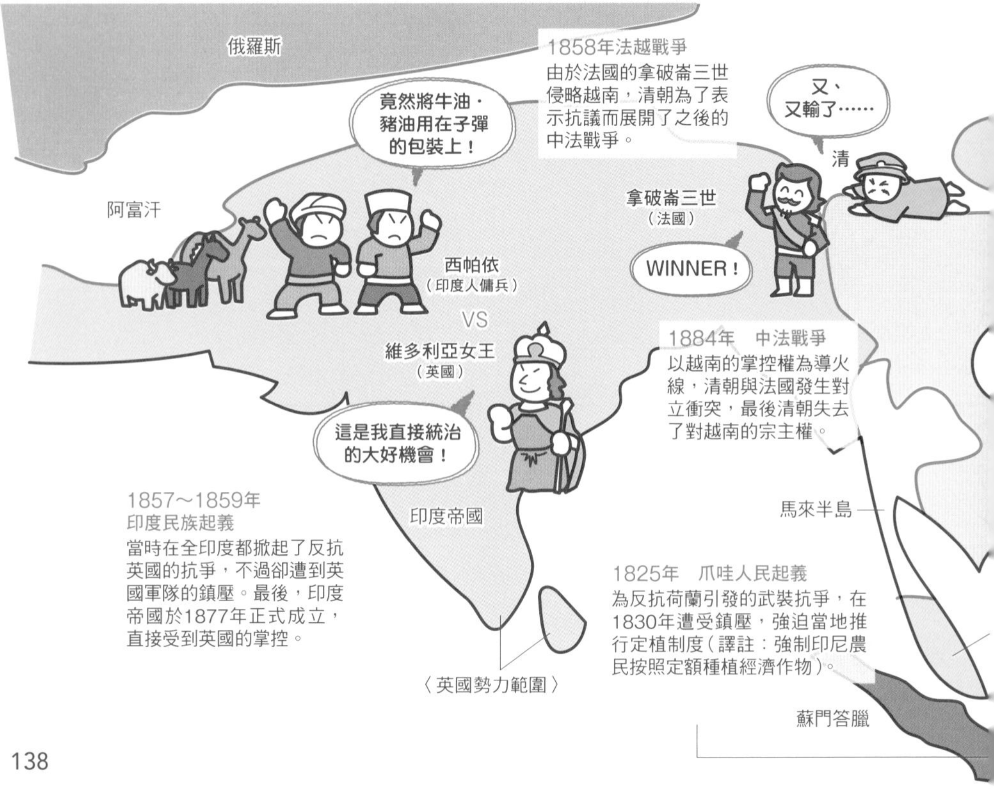
俄羅斯
竟然將牛油．豬油用在子彈的包裝上！
1858年法越戰爭
由於法國的拿破崙三世侵略越南，清朝為了表示抗議而展開了之後的中法戰爭。
又、又輸了……
清
阿富汗
拿破崙三世（法國）
WINNER！
西帕依（印度人傭兵）
VS
維多利亞女王（英國）
1884年　中法戰爭
以越南的掌控權為導火線，清朝與法國發生對立衝突，最後清朝失去了對越南的宗主權。
這是我直接統治的大好機會！
1857～1859年
印度民族起義
當時在全印度都掀起了反抗英國的抗爭，不過卻遭到英國軍隊的鎮壓。最後，印度帝國於1877年正式成立，直接受到英國的掌控。
印度帝國
馬來半島
1825年　爪哇人民起義
為反抗荷蘭引發的武裝抗爭，在1830年遭受鎮壓，強迫當地推行定植制度（譯註：強制印尼農民按照定額種植經濟作物）。
〈英國勢力範圍〉
蘇門答臘

原本按時**向清朝納貢的中亞各國，在此時也轉為受到俄羅斯的掌控**，清朝的國力正以驚人的速度明顯流失。此外，雖然菲律賓原本是受到西班牙控制，但在1898年美國與西班牙爆發的美西戰爭中，結束了西班牙在菲律賓的統治，到了隔年的美菲戰爭，菲律賓敗戰，淪為美國的殖民地。

黑船事件與培里

1853年，培里率領了美國的蒸汽船來到日本，迫使日本結束鎖國。在培里前來日本之前，外國船＝黑船的稱呼便已行之有年。

日本開國

原本維持鎖國政策的日本，在美國的培里率領蒸汽船來到日本後，於1854年簽訂了神奈川條約，日本的鎖國體制就此瓦解。

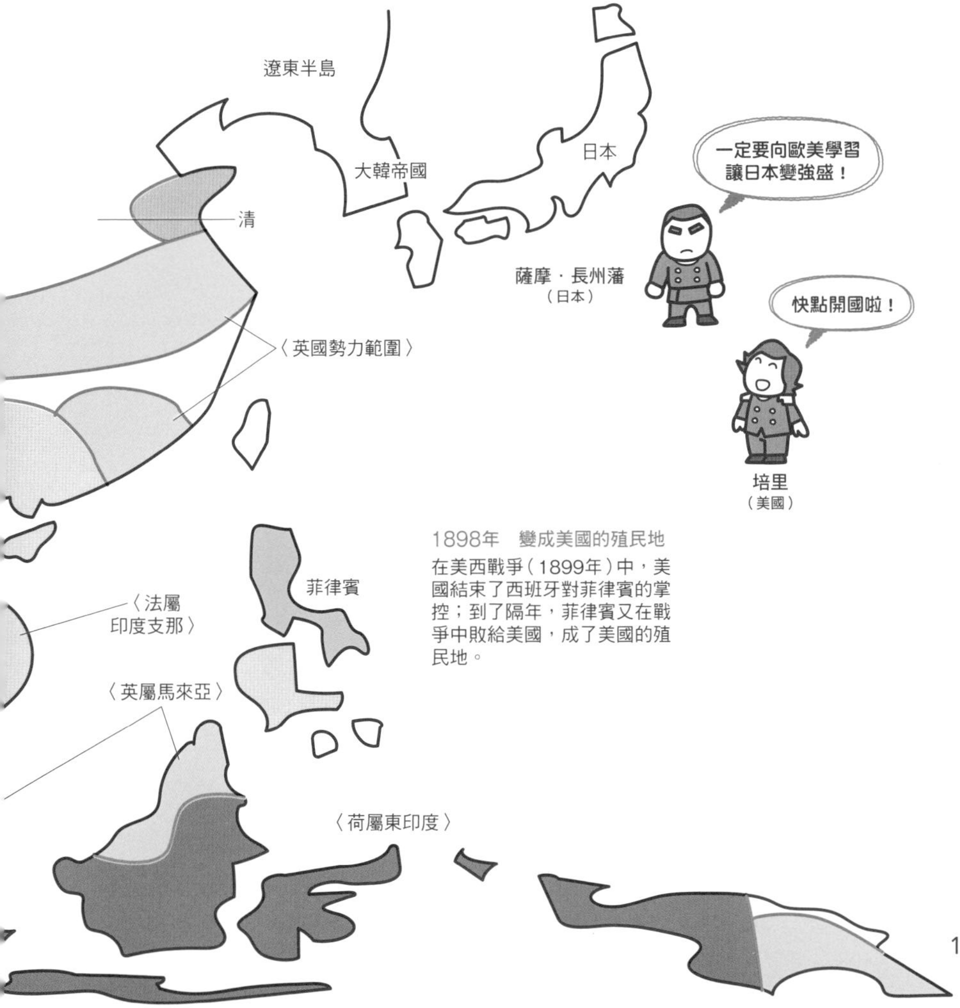
遼東半島
大韓帝國
日本
清
〈英國勢力範圍〉
一定要向歐美學習讓日本變強盛！
薩摩．長州藩
（日本）
快點開國啦！
培里
（美國）
菲律賓
〈法屬印度支那〉
〈英屬馬來亞〉
〈荷屬東印度〉

1898年　變成美國的殖民地
在美西戰爭（1899年）中，美國結束了西班牙對菲律賓的掌控；到了隔年，菲律賓又在戰爭中敗給美國，成了美國的殖民地。

07 領導亞洲的國家從原本的大國中國轉變為小國日本

原本的天朝大國．清朝與新興國家．日本的開戰，讓清朝權威迅速下滑的事實擺在眼前。

由於在戰爭中輸給英國，使得清朝開始守不住原本在亞洲的領導地位；**而讓清朝完全失勢的關鍵則是甲午戰爭**。1894年，朝鮮爆發了大規模的農民起義（東學黨起義），由於朝鮮政府無力鎮壓，要求清朝出兵相助；同時日本也以守護本國大使館的名義出兵。儘管農民軍隊受到鎮壓，但不願從朝鮮撤兵的日本軍隊與清軍發生衝突，引爆了甲午戰爭。**當時日本步兵使用的是村田步槍，以居於優勢的軍事力量取得勝利**。

清朝與日本的朝鮮之爭

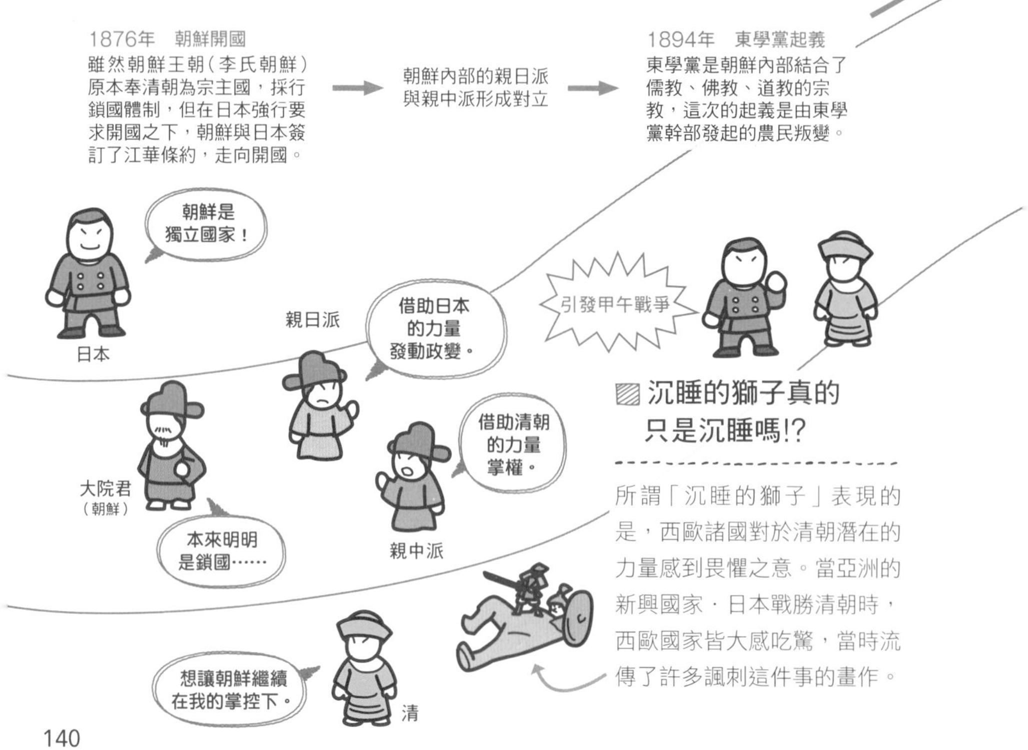
1876年　朝鮮開國
雖然朝鮮王朝（李氏朝鮮）原本奉清朝為宗主國，採行鎖國體制，但在日本強行要求開國之下，朝鮮與日本簽訂了江華條約，走向開國。
朝鮮內部的親日派與親中派形成對立
1894年　東學黨起義
東學黨是朝鮮內部結合了儒教、佛教、道教的宗教，這次的起義是由東學黨幹部發起的農民叛變。
朝鮮是獨立國家！
日本
親日派
借助日本的力量發動政變。
引發甲午戰爭
大院君（朝鮮）
本來明明是鎖國……
借助清朝的力量掌權。
親中派
想讓朝鮮繼續在我的掌控下。
清

沉睡的獅子真的只是沉睡嗎!?

所謂「沉睡的獅子」表現的是，西歐諸國對於清朝潛在的力量感到畏懼之意。當亞洲的新興國家．日本戰勝清朝時，西歐國家皆大感吃驚，當時流傳了許多諷刺這件事的畫作。

俄羅斯也趁亂介入了朝鮮之爭!?

俄羅斯
加油加油！
德國、法國
聯手
俄羅斯主導三國干涉還遼，阻止了日本勢力的擴張。
日本的下一個對手是大熊!?
當時的諷刺畫
1895年　馬關條約
馬關條約是甲午戰爭的議和條約。在馬關條約中，清朝不僅承認了朝鮮獨立，還把遼東半島、台灣、澎湖群島割讓給日本。
等一下！
我的目標也是朝鮮～！
引發日俄戰爭
日本
WINNER！
俄羅斯
俄羅斯介入了日本與清朝的紛爭。
朝鮮獨立！
這次是俄羅斯與日本，針對朝鮮與清朝的問題形成對立。
要來就來吧！我們日本可是信心十足！
清
日本
聯手（英日同盟）
支援
我又輸了……
加油～
美國
英國
俄羅斯不要出來攪局～！

▨ 所謂的租借地

租借別國領土的一部分，在該地上行使統治權，實際上與割讓並無差異。由於德國援助了甲午戰爭的賠償金，清朝將膠州灣租借給德國，建設青島。

在甲午戰爭中贏得勝利的日本，獲得了遼東半島、台灣、澎湖群島與巨額賠償金。不過，俄羅斯、德國與法國卻勸告日本將遼東半島還給清朝，日本只好接受。其後，以俄羅斯獲得旅順租借地為首，**演變成列強爭相在中國爭奪權益的局面**。此後，清朝不只是失去了朝鮮的宗主權，也成了半殖民地的狀態。

08 皇帝制的終結與中華民國的誕生

歷經大大小小戰役皆以敗戰收尾的清朝，終於走到了終點。
可是，新成立的中華民國，內政也並不穩定……

1900年的中國，人民風起雲湧站出來反對西方列強的侵略，**引發了義和團事件**。清朝政府正式向諸列強宣戰，但卻敵不過日、英、美、俄、德、法、義、奧的八國聯軍而敗下陣來。在清朝越來越衰弱的過程中，孫文於1905年在東京以「由漢人建設共和制中國」為目標，**組成了名為中國同盟會的革命組織**。1911年，由反抗清朝的軍隊掀起了辛亥革命，**1912年孫文在南京宣告中華民國正式建國**。

在辛亥革命爆發之前

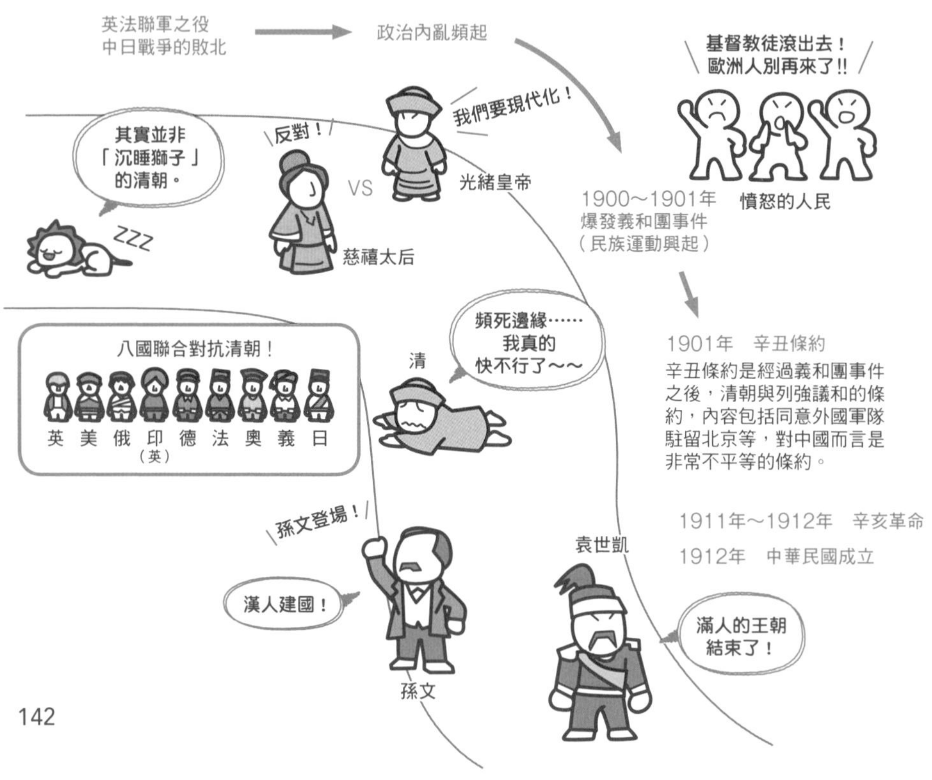
英法聯軍之役
中日戰爭的敗北
政治內亂頻起
基督教徒滾出去！
歐洲人別再來了!!
其實並非
「沉睡獅子」
的清朝。
ZZZ
反對！
VS
我們要現代化！
光緒皇帝
慈禧太后
1900～1901年
爆發義和團事件
（民族運動興起）
憤怒的人民
八國聯合對抗清朝！
英 美 俄 印（英） 德 法 奧 義 日
清
瀕死邊緣……
我真的
快不行了～～
1901年　辛丑條約
辛丑條約是經過義和團事件之後，清朝與列強議和的條約，內容包括同意外國軍隊駐留北京等，對中國而言是非常不平等的條約。
1911年～1912年　辛亥革命
1912年　中華民國成立
孫文登場！
漢人建國！
孫文
袁世凱
滿人的王朝
結束了！

從中日戰爭到日俄戰爭

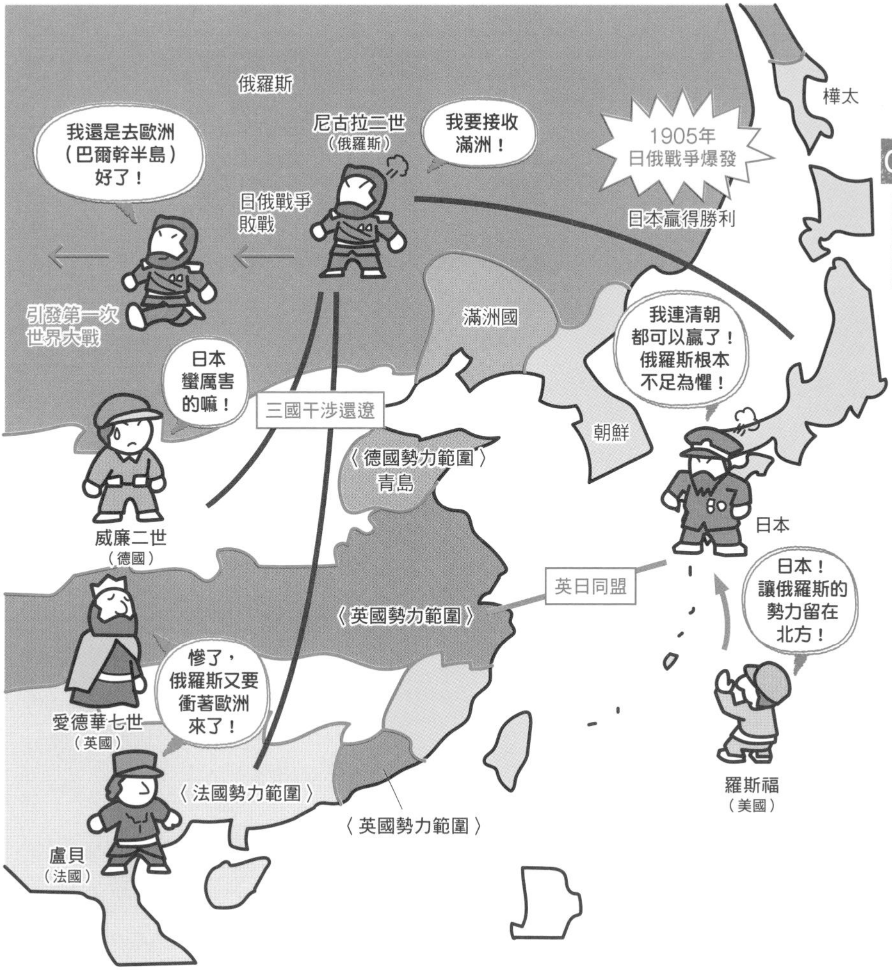

俄羅斯
我還是去歐洲（巴爾幹半島）好了！
尼古拉二世（俄羅斯）
我要接收滿洲！
1905年日俄戰爭爆發
樺太
日俄戰爭敗戰
日本贏得勝利
引發第一次世界大戰
滿洲國
我連清朝都可以贏了！俄羅斯根本不足為懼！
日本蠻厲害的嘛！
三國干涉還遼
朝鮮
〈德國勢力範圍〉青島
威廉二世（德國）
日本
英日同盟
日本！讓俄羅斯的勢力留在北方！
〈英國勢力範圍〉
慘了，俄羅斯又要衝著歐洲來了！
愛德華七世（英國）
〈法國勢力範圍〉
羅斯福（美國）
〈英國勢力範圍〉
盧貝（法國）

在孫文發表宣言的時間點，其實清朝還尚未覆滅。隔月，孫文與清朝代表袁世凱會談，以清朝解體為條件將大總統之位讓給袁世凱，於是清朝正式滅亡。不過，**袁世凱就位後卻開啟獨裁政治（孫文流亡日本），後來雖然放棄獨裁，卻宣布即位皇帝**。1916年袁世凱過世後，**即演變為各地軍閥割據，中華民國處於分裂的狀態**。

NO.07

column

在東南亞國家中唯一未被殖民的國家是？

位於英法緩衝地帶的泰國

在整個亞洲唯二未被殖民的國家，只有日本與泰國。位處東南亞的泰國，究竟是為什麼能倖免於殖民之難呢？

印尼在19世紀開始受到荷蘭的殖民，英國則從印度開始經營殖民地，1886年進一步殖民緬甸、1895年征服了馬來西亞；而法國殖民的軌跡則依序是1863年柬埔寨、1885年越南、1899年寮國。在如此的情勢之下，泰國的西邊是英國殖民地、東邊則緊鄰法國殖民地。儘管英法兩國之間夾著泰國不斷擴張勢力，但為了避免引發衝突，**結果就是泰國倖免於英法兩國的侵略**。

另一方面，從1872年延續至今的泰國札克里王朝，當時的國王拉瑪四世（於1851年即位）決定停止向中國朝貢，藉由與歐美各國進行貿易維護主權。接下來的拉瑪五世將泰國建立為中央集權國家，**巧妙地從西方列強的魔爪中逃過一劫**。因此我們可以得知，也是因為有這樣能巧妙對應外交的國王，泰國才能維持獨立。

ERASER

Chapter 08

「第一次世界大戰與美國勢力的抬頭」

19～20世紀這段期間，全世界都進入了帝國主義的時代。歐洲各國在當時都為了擴張己方的勢力範圍，爭執越演越烈、一發不可收拾。於是，便引發了第一次世界大戰……

section

01 俄羅斯之所以會南下發展，都是因為冬季嚴寒的緣故

02 巴爾幹半島為何被稱為「歐洲火藥庫」？

03 整個歐洲一分為二！第一次世界大戰爆發

04 俄羅斯人民掀起革命，促使蘇聯政權的誕生

05 伊斯蘭世界的爭亂都是因英國的三個秘密協定而起

01 俄羅斯之所以會南下發展都是因為冬季嚴寒的緣故

由於俄羅斯需要即使冬季也不會結凍的港口，於是把目標鎖定在地中海區域。歐洲各國都高度警戒，嚴防俄羅斯勢力壯大。

北方大國俄羅斯**為了侵略他國，需要一個即使到了冬季海水也不會結凍的港口**，因此俄羅斯制定了南下政策，**將矛頭對準了地中海區域，對鄂圖曼帝國發出攻擊**。同時，俄羅斯也試圖侵略東亞，在英法聯軍之役後，由於俄羅斯自認協助調停清朝與英法之間的戰爭，為獲取報酬，與清朝簽訂了北京條約，獲得了濱海邊疆州。俄羅斯於1891年開始建設西伯利亞鐵路（於1905年全線開通），到了1896年甚至還得到清朝的同意，獲得了清朝境內的鐵路鋪設權。

為了掌控不凍港而南下的俄羅斯

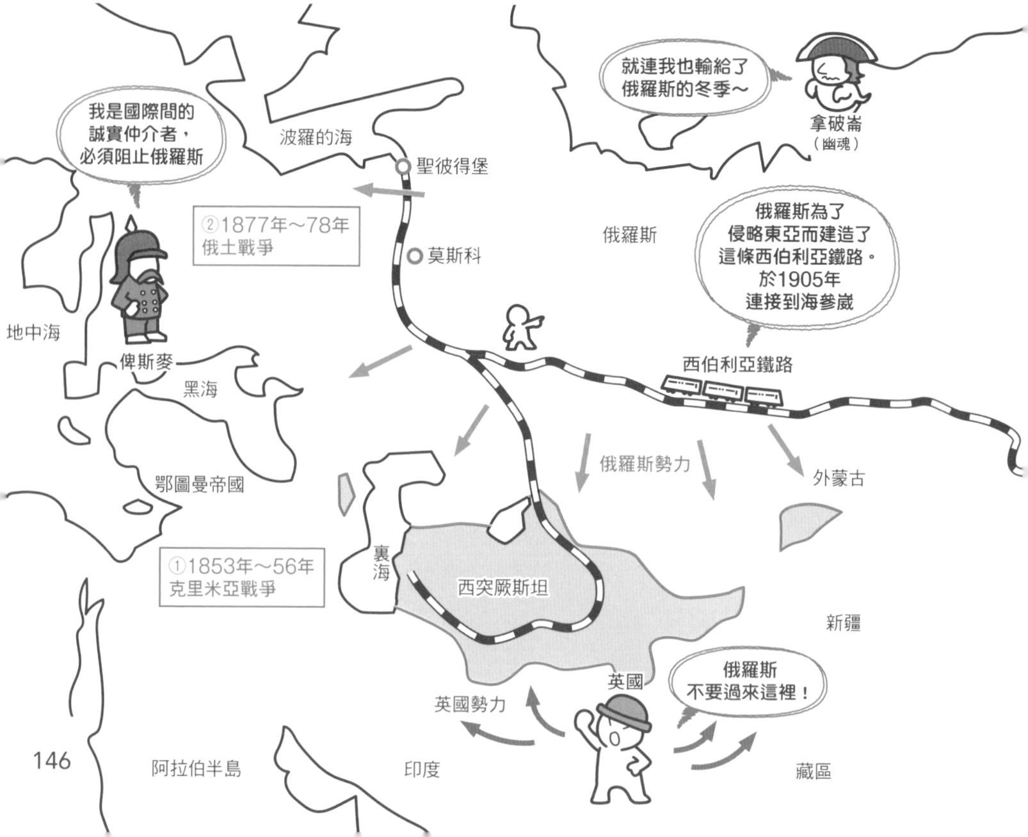
我是國際間的
誠實仲介者，
必須阻止俄羅斯
波羅的海
聖彼得堡
②1877年～78年
俄土戰爭
莫斯科
地中海
俾斯麥
黑海
鄂圖曼帝國
①1853年～56年
克里米亞戰爭
裏海
西突厥斯坦
就連我也輸給了
俄羅斯的冬季～
拿破崙
（幽魂）
俄羅斯
俄羅斯為了
侵略東亞而建造了
這條西伯利亞鐵路。
於1905年
連接到海參崴
西伯利亞鐵路
俄羅斯勢力
外蒙古
新疆
英國
俄羅斯
不要過來這裡！
英國勢力
阿拉伯半島
印度
藏區

俄羅斯與鄂圖曼帝國之間的領土問題與巴爾幹半島的民族獨立運動，一般統稱為**近東問題**。對俄羅斯保持高度警戒的歐洲各國，於1853年展開的克里米亞戰爭擊退了俄羅斯。到了1877年的俄土戰爭，即使俄羅斯戰勝了鄂圖曼帝國，歐洲各國也藉由召開柏林會議，縮減俄羅斯在鄂圖曼帝國的勢力，**阻止了俄羅斯的南下侵略**。

克里米亞戰爭

由於俄羅斯要求掌控耶路撒冷，與鄂圖曼帝國、英國、法國、薩丁尼亞王國的聯軍爆發克里米亞戰爭。克里米亞戰爭於1853年開打，結果是俄羅斯敗戰。

俄土戰爭

1877年，俄羅斯聲稱要支援斯拉夫民族獨立，與鄂圖曼帝國開戰並獲得勝利。此後，巴爾幹半島各國皆朝向獨立發展。

柏林會議

俄土戰爭結束後，歐洲各國在柏林會議上討論各自在巴爾幹半島上的利害關係，這場會議是由德國的俾斯麥主動召開調解。柏林會議中大幅縮減了俄羅斯在巴爾幹半島的勢力，再度挫折了俄羅斯在巴爾幹半島方面的南下政策。

日俄戰爭

1904年，俄羅斯與日本為了爭奪各自在滿洲與朝鮮的勢力範圍，發動了日俄戰爭。由於日英同盟的協議，受到英國幫助的日本在這場戰役中獲得勝利，促使日本更進一步侵略亞洲大陸。

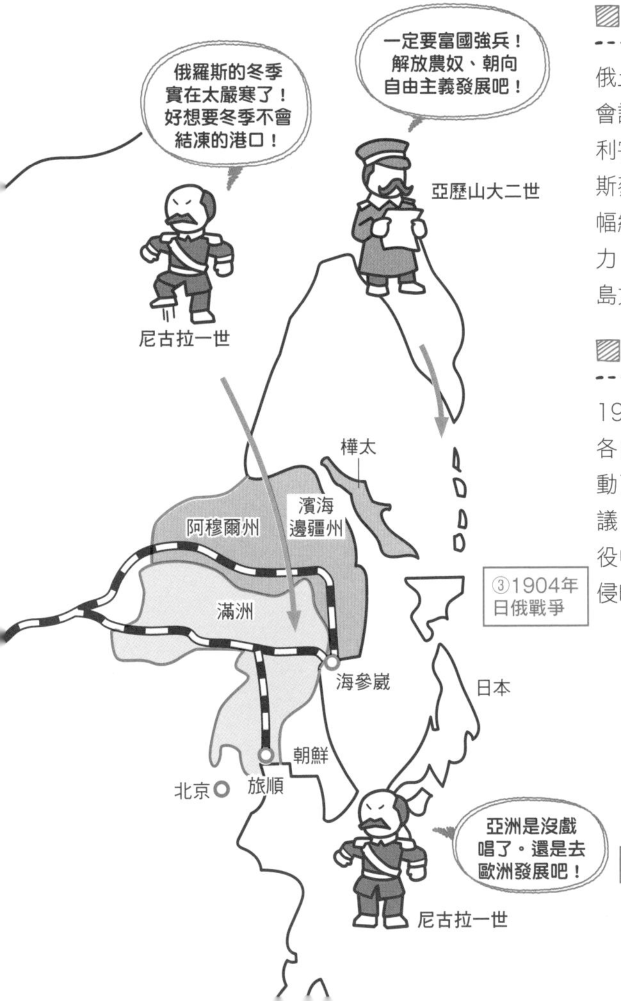

俄羅斯的冬季實在太嚴寒了！好想要冬季不會結凍的港口！
一定要富國強兵！解放農奴、朝向自由主義發展吧！
亞歷山大二世
尼古拉一世
樺太
濱海邊疆州
阿穆爾州
滿洲
③1904年日俄戰爭
海參崴
日本
朝鮮
北京
旅順
亞洲是沒戲唱了。還是去歐洲發展吧！
尼古拉一世

不要小看日本唷！
東鄉平八郎
④演變為第一次世界大戰

這個時期的歐洲

BC 3000 BC 500 0 500 1000 1200 1400 1600 1700 1800 1900 1950 2000

02 巴爾幹半島為何被稱為「歐洲火藥庫」？

一戰爆發前夕的巴爾幹半島，堪稱是「歐洲火藥庫」。當時，由塞爾維亞青年擊出的一發子彈，正式引爆了這座火藥庫。

巴爾幹半島上同時存在著各種民族與不同宗教，俄土戰爭也是俄羅斯打著幫助巴爾幹半島上的斯拉夫人脫離鄂圖曼帝國為藉口所引發的戰爭。雖然在戰後主動召開柏林會議的**俾斯麥主導了德國外交**，後來卻被德國皇帝威廉二世削減勢力。威廉二世認為德國應該積極侵略他國，與英法兩國形成對立。為了對抗德義奧三國同盟，英法俄也結成了三國協約，形成了歐洲互相對立的情勢。

巴爾幹半島的情況

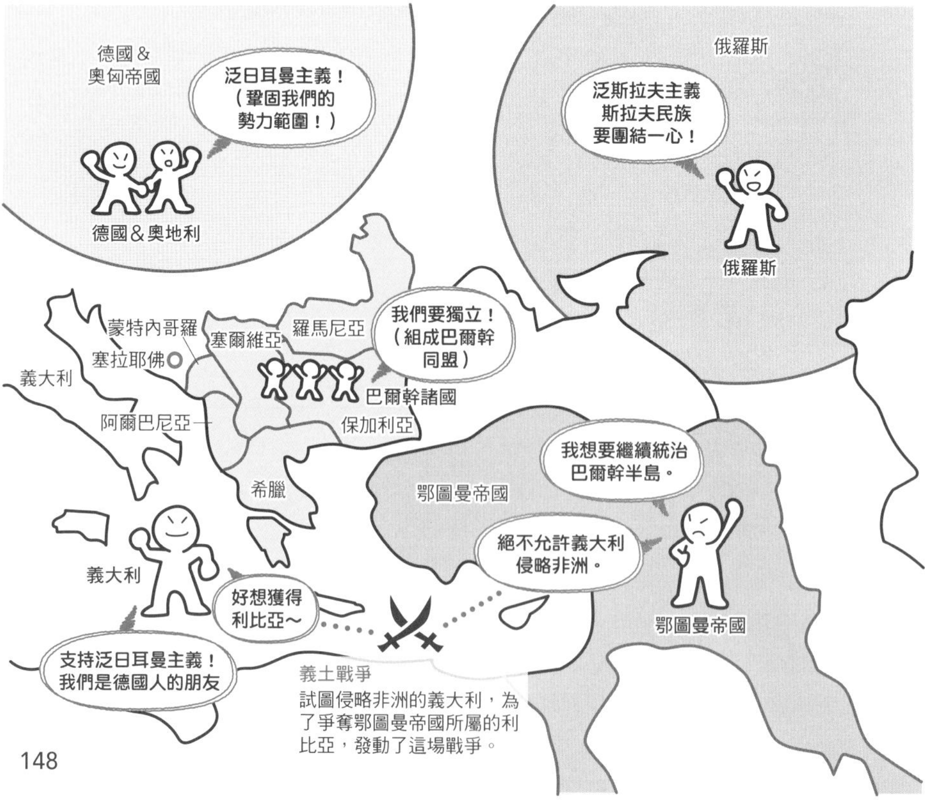

德國＆奧匈帝國
泛日耳曼主義！（鞏固我們的勢力範圍！）
德國＆奧地利
俄羅斯
泛斯拉夫主義 斯拉夫民族要團結一心！
俄羅斯
蒙特內哥羅
塞拉耶佛
義大利
塞爾維亞
羅馬尼亞
我們要獨立！（組成巴爾幹同盟）
巴爾幹諸國
阿爾巴尼亞
保加利亞
希臘
鄂圖曼帝國
我想要繼續統治巴爾幹半島。
絕不允許義大利侵略非洲。
鄂圖曼帝國
義大利
好想獲得利比亞～
支持泛日耳曼主義！我們是德國人的朋友
義土戰爭
試圖侵略非洲的義大利，為了爭奪鄂圖曼帝國所屬的利比亞，發動了這場戰爭。

巴爾幹半島上的緊張局勢

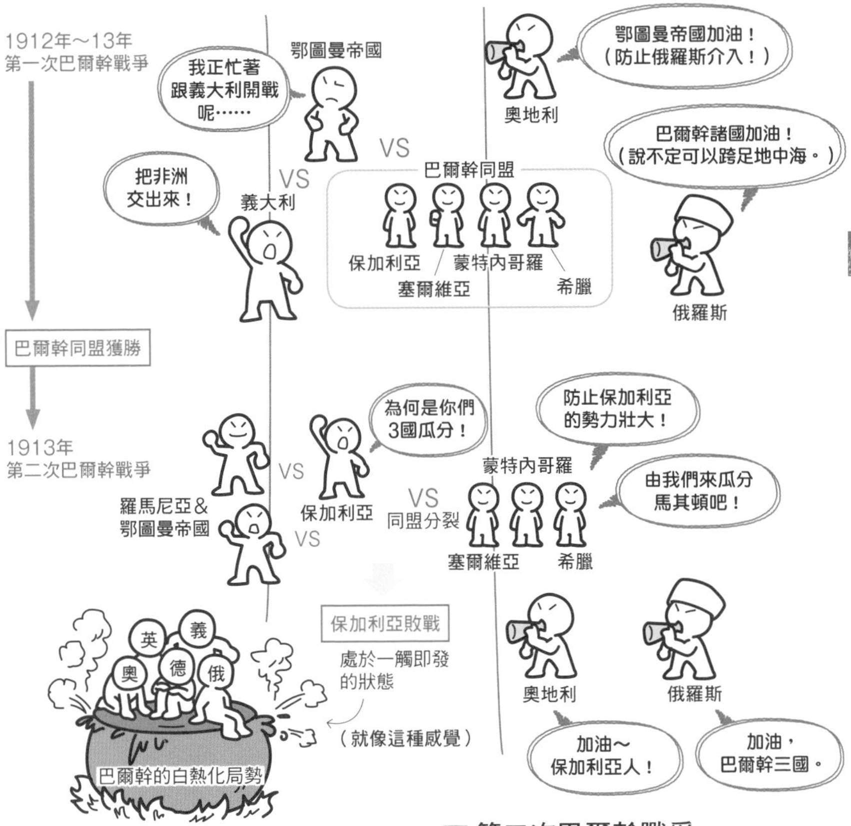
1912年～13年
第一次巴爾幹戰爭
我正忙著跟義大利開戰呢……
鄂圖曼帝國
VS
把非洲交出來！
VS
義大利
巴爾幹同盟
保加利亞
蒙特內哥羅
塞爾維亞
希臘
奧地利
鄂圖曼帝國加油！（防止俄羅斯介入！）
巴爾幹諸國加油！（說不定可以跨足地中海。）
俄羅斯
巴爾幹同盟獲勝
1913年
第二次巴爾幹戰爭
為何是你們3國瓜分！
VS
保加利亞
羅馬尼亞＆鄂圖曼帝國
VS
防止保加利亞的勢力壯大！
蒙特內哥羅
VS
同盟分裂
由我們來瓜分馬其頓吧！
塞爾維亞
希臘
英
義
奧
德
俄
巴爾幹的白熱化局勢
保加利亞敗戰
處於一觸即發的狀態
（就像這種感覺）
奧地利
俄羅斯
加油～保加利亞人！
加油，巴爾幹三國。

第一次巴爾幹戰爭

看準了鄂圖曼帝國越來越衰弱，巴爾幹諸國組成了同盟、企圖擴大各自的領土，發動了第一次巴爾幹戰爭。當時俄羅斯支持的是巴爾幹同盟，而奧地利則是支持鄂圖曼帝國。

第二次巴爾幹戰爭

巴爾幹同盟在第一次巴爾幹戰爭中獲得勝利，讓鄂圖曼帝國在巴爾幹半島的領土幾乎所剩無幾。不過，這次卻換成保加利亞為了領土的問題與其他各國形成對立，在這場戰爭中敗北的保加利亞，轉為親近德國與奧地利。

巴爾幹半島上的波士尼亞與赫塞哥維納在柏林會議（1878年）召開後，**納入奧地利的統治範圍**。憂心民族意識逐漸高漲的奧地利，**合併了波士尼亞與赫塞哥維納（1908年）**，卻引發塞爾維亞人反抗，1914年塞爾維亞青年在塞拉耶佛暗殺奧地利皇儲夫婦，史稱塞拉耶佛事件，直接引爆了第一次世界大戰。

03 整個歐洲一分為二！第一次世界大戰爆發

第一次世界大戰不僅包含全歐洲，也捲入美國與日本，是名符其實的世界大戰。這場世界級的戰爭究竟是如何開始呢？

塞拉耶佛事件發生後，奧地利於1914年7月28日向塞爾維亞正式宣戰。**奧地利方的三國同盟、與支持塞爾維亞的俄羅斯等三國協約互相對立**，協約國陣營27個國家與同盟國陣營4個國家都被捲入其中，發展成第一次世界大戰。**各國在這場戰中爭皆傾巢而出，也首度在戰役中派出了飛機、戰車、毒氣等新型軍事武器**。雖然德國原本打算速戰速決，但卻超乎預期地發展成了一場長期戰役。

歐洲與美日的緊張局勢

三國協約
英國．法國．俄羅斯等三國結盟。歷經1894年的法俄同盟、1904年的英法協約、1907年的英俄條約後所成立。
為了牽制俄羅斯，與日本結成同盟，但德國的動向還是很令人擔心
英國
3C政策
3C政策
與德奧在巴爾幹半島上發生衝突
德國
摩洛哥危機
法國
奧匈帝國
爭奪領土
義大利
向英國靠攏吧！
請奧地利把「尚未收復的義大利」還給我們。
三國同盟
由德國．奧地利．義大利等三國結成同盟。由於義大利與奧地利形成對立，因此脫離同盟國的行列。德國．奧地利則形成了同盟國，在第一次世界大戰中攜手抵抗協約國。
因為男性都上戰場了，只能由女性來工作。

史上首次總體戰

由於男性都被徵召上了戰場，女性就成為國內重要的勞動力。也因為如此，到了戰後也促使女性出社會工作。

1917年，美國加入了協約國陣營正式參與第一次世界大戰，對戰爭的勝利帶來決定性的影響。由於英國與法國承諾美國，從美國購入的兵器款項將以德國的賠償金支付，因此也促使了美國參戰。此外，**由於與英國結成英日同盟的日本也參與了戰爭，在戰後接收中國與太平洋地區的德國勢力**。

美國的參戰

儘管美國一開始採取孤立主義，保持中立的立場，但後來遭受到德國的無限制潛艇戰波及，決定加入三國協約方，參與第一次世界大戰。

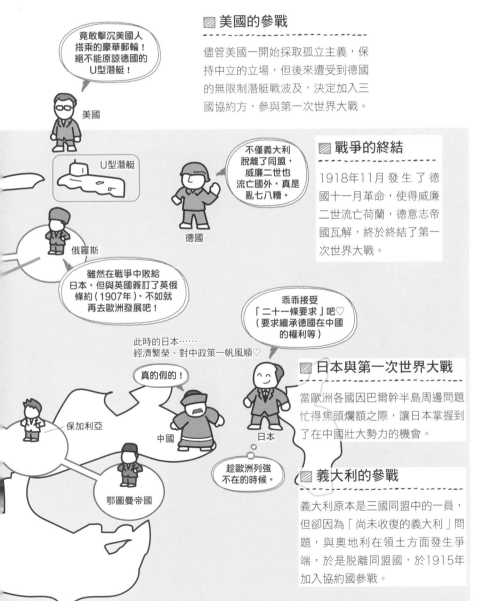

竟敢擊沉美國人搭乘的豪華郵輪！絕不能原諒德國的U型潛艇！
美國
U型潛艇
不僅義大利脫離了同盟，威廉二世也流亡國外，真是亂七八糟。
德國
俄羅斯
雖然在戰爭中敗給日本，但與英國簽訂了英俄條約（1907年），不如就再去歐洲發展吧！
乖乖接受「二十一條要求」吧♡（要求繼承德國在中國的權利等）
此時的日本……經濟繁榮、對中政策一帆風順♡
真的假的！
保加利亞
中國
日本
趁歐洲列強不在的時候。
鄂圖曼帝國

戰爭的終結

1918年11月發生了德國十一月革命，使得威廉二世流亡荷蘭，德意志帝國瓦解，終於終結了第一次世界大戰。

日本與第一次世界大戰

當歐洲各國因巴爾幹半島周邊問題忙得焦頭爛額之際，讓日本掌握到了在中國壯大勢力的機會。

義大利的參戰

義大利原本是三國同盟中的一員，但卻因為「尚未收復的義大利」問題，與奧地利在領土方面發生爭端，於是脫離同盟國，於1915年加入協約國參戰。

04 俄羅斯人民掀起革命促使蘇聯政權的誕生

第一次世界大戰末期，俄羅斯本地也掀起了革命浪潮。這場革命打倒了俄羅斯帝國，產生了世界上第一個社會主義國家。

1905年1月，在日俄戰爭時期下俄羅斯首都聖彼得堡的勞動階層人民，希望向沙皇尼古拉二世表達己身的貧窮困苦而集體示威，**但軍人卻朝人民開槍，屠殺為數眾多的抗議群眾（血腥星期日事件）**。發生這件事後正式引爆了國民的不滿，爆發第一次俄國革命（1905年俄國革命）。由勞動階層組成蘇聯議會，尼古拉二世則**發表十月詔書，承諾開設國會，終於讓這場革命平靜下來**。

俄羅斯革命爆發！

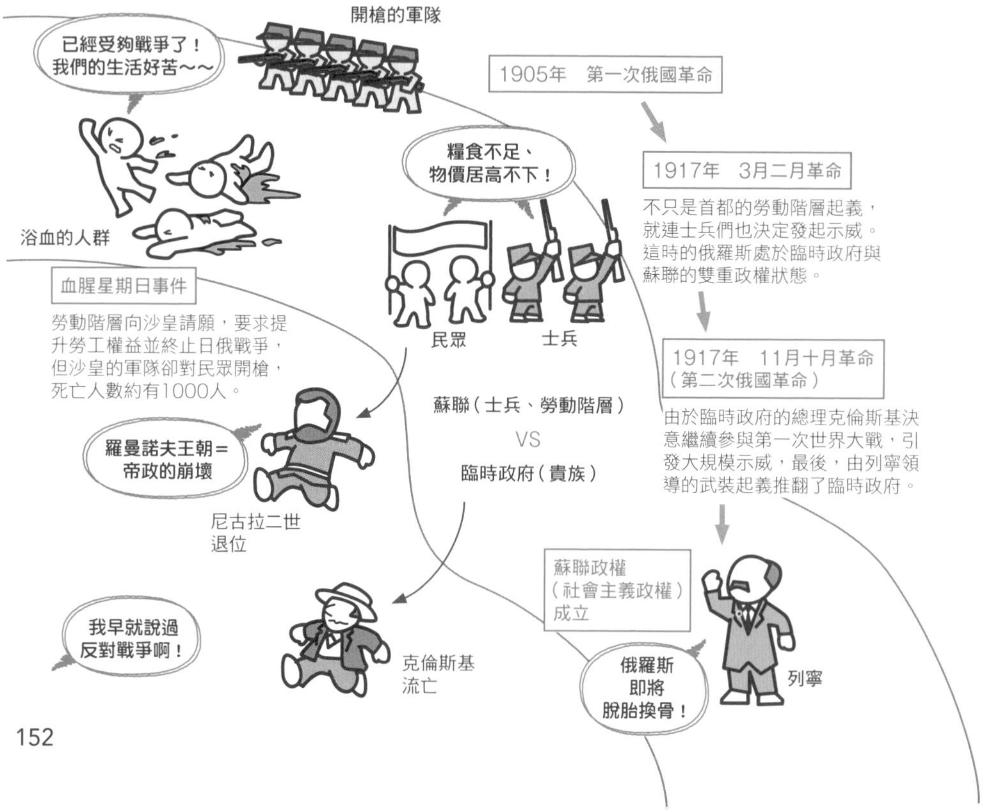
開槍的軍隊
已經受夠戰爭了！
我們的生活好苦～～
浴血的人群
血腥星期日事件
勞動階層向沙皇請願，要求提升勞工權益並終止日俄戰爭，但沙皇的軍隊卻對民眾開槍，死亡人數約有1000人。
1905年　第一次俄國革命
1917年　3月二月革命
不只是首都的勞動階層起義，就連士兵們也決定發起示威。這時的俄羅斯處於臨時政府與蘇聯的雙重政權狀態。
糧食不足、
物價居高不下！
民眾
士兵
1917年　11月十月革命
（第二次俄國革命）
由於臨時政府的總理克倫斯基決意繼續參與第一次世界大戰，引發大規模示威，最後，由列寧領導的武裝起義推翻了臨時政府。
蘇聯（士兵、勞動階層）
VS
臨時政府（貴族）
羅曼諾夫王朝＝
帝政的崩壞
尼古拉二世
退位
蘇聯政權
（社會主義政權）
成立
我早就說過
反對戰爭啊！
克倫斯基
流亡
俄羅斯
即將
脫胎換骨！
列寧

俄羅斯革命的影響

社會主義思想

相對於資本主義發展下導致人們與生俱來的不平等，社會主義思想則是廢除私有財產，讓人民共同享有財產與生產資料，目標是打造出一個平等的社會。

由於俄羅斯革命引發了日本的稻米之亂

當時各國都出手干預俄羅斯革命，日本也出兵西伯利亞。看準了政府需要兵糧，出現了投機採購稻米的商人，使得米價居高不下，引發民眾暴動，演變成武裝衝突的稻米之亂事件。

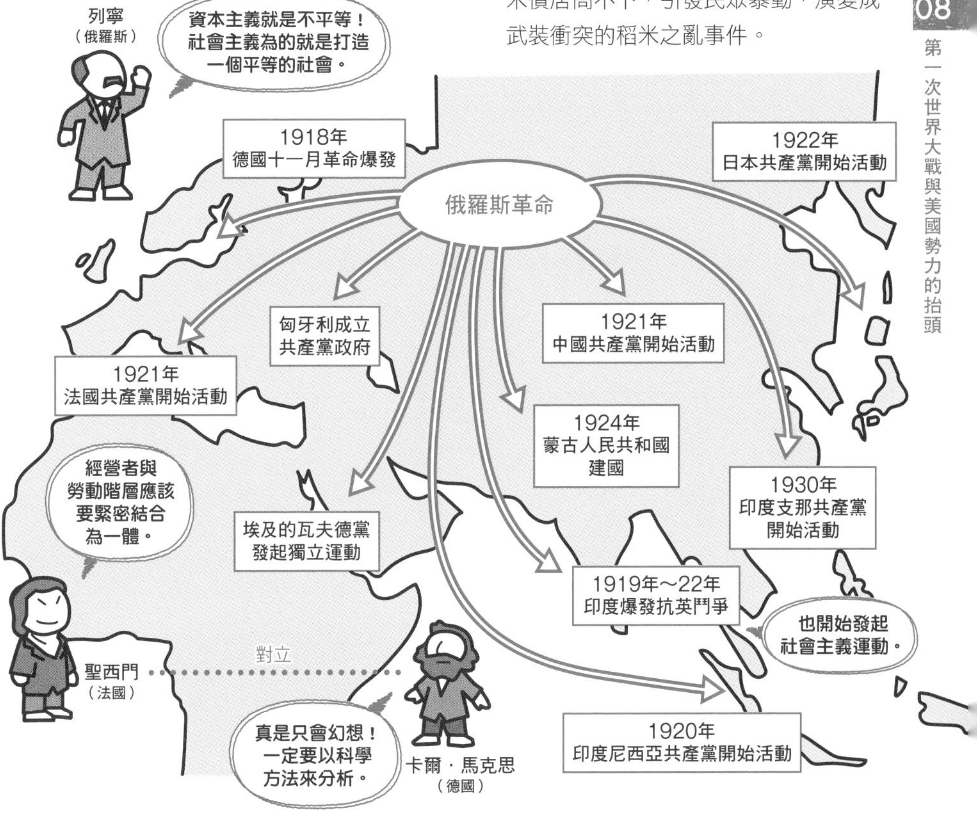

列寧
(俄羅斯)
資本主義就是不平等！社會主義為的就是打造一個平等的社會。
俄羅斯革命
1918年 德國十一月革命爆發
1922年 日本共產黨開始活動
匈牙利成立共產黨政府
1921年 中國共產黨開始活動
1921年 法國共產黨開始活動
1924年 蒙古人民共和國建國
經營者與勞動階層應該要緊密結合為一體。
埃及的瓦夫德黨發起獨立運動
1930年 印度支那共產黨開始活動
1919年～22年 印度爆發抗英鬥爭
也開始發起社會主義運動。
聖西門
(法國)
對立
卡爾・馬克思
(德國)
真是只會幻想！一定要以科學方法來分析。
1920年 印度尼西亞共產黨開始活動

1917年，俄羅斯針對第一次世界大戰爆發反戰示威，原屬鎮壓方的軍隊也群起叛亂，**導致羅曼諾夫王朝滅亡（二月革命）**。原本流亡瑞士的革命家列寧，也在此時回到俄羅斯，領導布爾什維克武裝革命，**成立蘇聯政權（十月革命）**。當時全世界都受到這場革命的影響，在世界各國都衍生出社會主義運動。

05 伊斯蘭世界的爭亂都是因英國的三個秘密協定而起

至今仍未解決的巴勒斯坦問題，起因是第一次世界大戰中英國與猶太人、阿拉伯人之間進行的外交手段所引起。

處於第一次世界大戰時期的1917年，英國外交大臣貝爾福在委託身為猶太人血統的羅斯柴爾德財團調度資金時，表明：**「支持猶太人於巴勒斯坦建立猶太人的民族之家」（貝爾福宣言）**。另一方面，發表宣言的2年前，英國也向與鄂圖曼帝國開戰的阿拉伯人承諾，**將承認阿拉伯人在戰後建設獨立國家（麥克馬洪——海珊協定）**。這麼一來，在阿拉伯人國家預定地中，卻同時包含猶太人國家，在這兩個秘密協定中產生了矛盾，導致該地區至今依然混亂不平。

狡猾的英國外交政策？

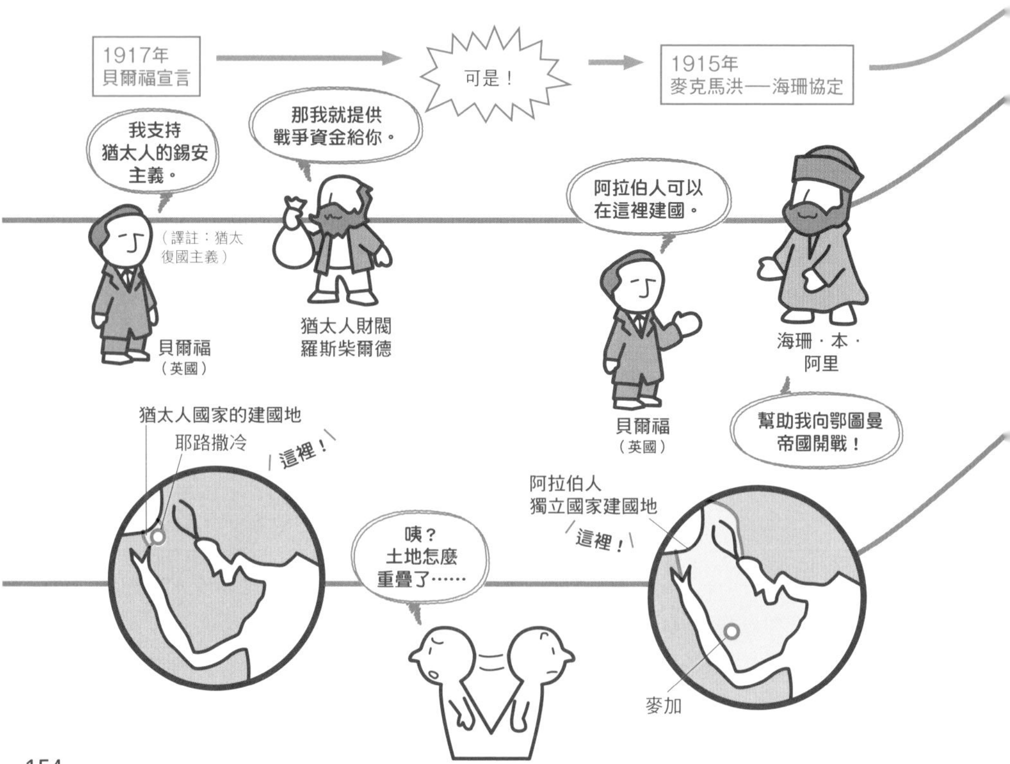
1917年
貝爾福宣言
可是！
1915年
麥克馬洪——海珊協定
我支持猶太人的錫安主義。
（譯註：猶太復國主義）
那我就提供戰爭資金給你。
貝爾福（英國）
猶太人財閥羅斯柴爾德
阿拉伯人可以在這裡建國。
貝爾福（英國）
海珊．本．阿里
幫助我向鄂圖曼帝國開戰！
猶太人國家的建國地
耶路撒冷
這裡！
咦？土地怎麼重疊了……
阿拉伯人獨立國家建國地
這裡！
麥加

演變成巴勒斯坦問題

由猶太人建國以色列所引發的中東戰爭中，造成了阿拉伯難民等巴勒斯坦問題，其實追根究柢原因都是因為當時的三個秘密外交協定所造成。

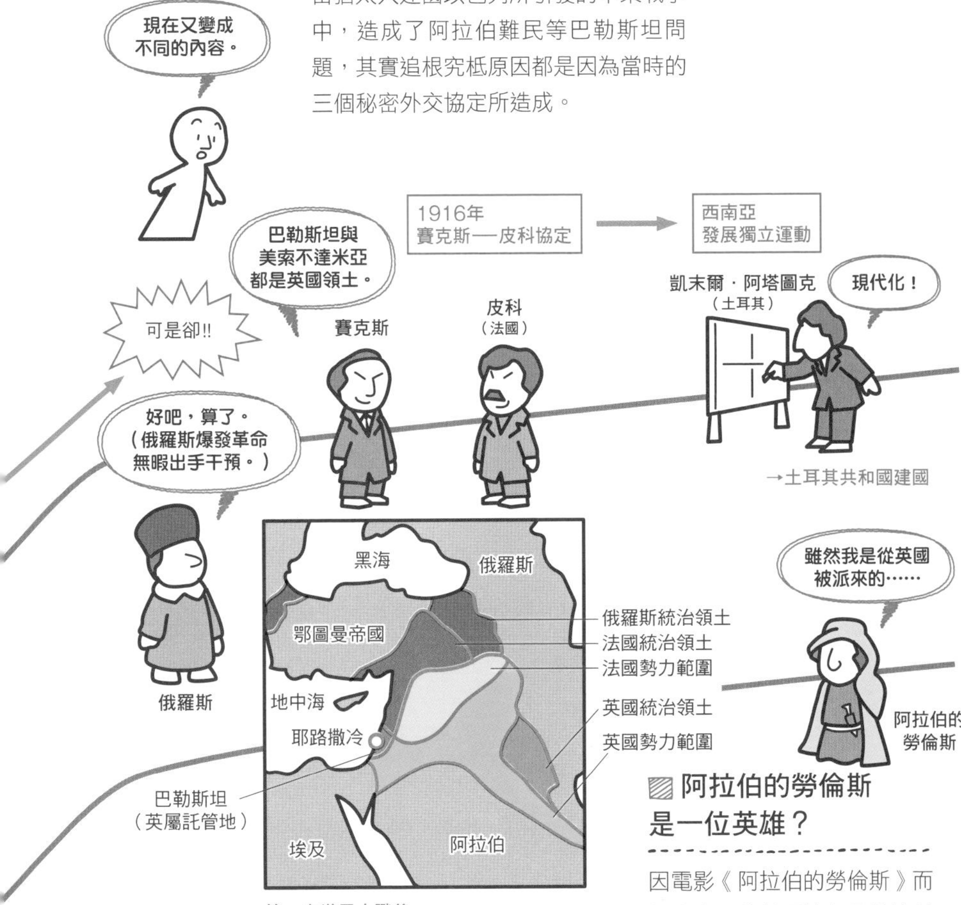

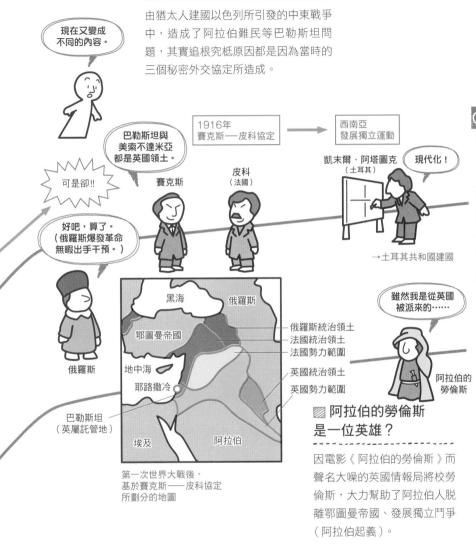

現在又變成不同的內容。
1916年
賽克斯——皮科協定
西南亞
發展獨立運動
巴勒斯坦與美索不達米亞都是英國領土。
可是卻!!
賽克斯
皮科
（法國）
凱末爾·阿塔圖克
（土耳其）
現代化！
好吧，算了。
（俄羅斯爆發革命無暇出手干預。）
→土耳其共和國建國
黑海
俄羅斯
鄂圖曼帝國
地中海
耶路撒冷
埃及
阿拉伯
俄羅斯統治領土
法國統治領土
法國勢力範圍
英國統治領土
英國勢力範圍
俄羅斯
巴勒斯坦
（英屬託管地）
雖然我是從英國被派來的……
阿拉伯的勞倫斯

第一次世界大戰後，
基於賽克斯——皮科協定
所劃分的地圖

阿拉伯的勞倫斯是一位英雄？

因電影《阿拉伯的勞倫斯》而聲名大噪的英國情報局將校勞倫斯，大力幫助了阿拉伯人脫離鄂圖曼帝國、發展獨立鬥爭（阿拉伯起義）。

在英國與阿拉伯人結下承諾的1915年、以及與猶太人達成協議的1917年之間，英國在1916年又與**法國．俄羅斯之間簽下內容為「巴勒斯坦與美索不達米亞為英國領地」的密約（賽克斯——皮科協定）**。雖然到了戰後，巴勒斯坦成為英屬託管地，但至今依然紛爭不斷，問題始終沒有獲得解決。

NO.08

column

福特T型車是現代生活樣貌的起源？

汽車普及化帶動了20世紀革命

1769年汽車首度問世，在當時汽車是作為軍隊的戰車使用。當時的汽車是由蒸汽驅動，由汽油發動的汽車則是於1886年誕生。此後，美國的福特汽車於1908年問世，大幅改變了汽車的歷史。由於擁有廣大疆域的美國，急需可以取代馬車的交通工具，因此促使了汽車的發展。

亨利．福特於1913年**將大規模裝配作業生產線導入汽車製造業**，實現了汽車的量產化。因此，1910年汽車的普及率為每200人擁有1台汽車，1920年就提升為每13人就擁有1台，到了1929年每5.2人就擁有1台。

藉著汽車產業的蓬勃發展，**讓人們的生活型態產生了大幅轉變**。不僅促進了鋼鐵業的繁榮，超市與旅館等服務業也逐漸興起，此外，更快速促進了郊外的住宅建設。同時推動了人們使用收音機與冰箱等**電器產品，為人們的生活帶來重大變革**。

Chapter 09

凡爾賽體系與第二次世界大戰

第一次世界大戰的爆發撼動了全世界，也使得美國的勢力逐漸抬頭，成為全世界的核心國家。不過，由於戰後的國際秩序產生變化，導致再度引起了大規模的第二次世界大戰。

section

01 維護戰後國際秩序的凡爾賽體系究竟為何？

02 歐洲遍地都是戰場！第二次世界大戰的爆發

03 戰後，美國成為國際社會的領導者

04 第二次世界大戰後決定了朝鮮半島的命運

01 維護戰後國際秩序的凡爾賽體系究竟為何？

第一次世界大戰結束後，發展出了新的國際體制——凡爾賽體系，其中融入了戰勝國的各種算計與企圖。

第一次世界大戰由協約國陣營贏得勝利，**於1919年在巴黎召開了巴黎和會**（不允許敗戰國與蘇維埃聯邦參與會議）。美國總統威爾遜提出了宣揚國際和平主義的「十四點和平原則」，成為這場會議的主要方針，但與德國簽訂的凡爾賽條約，內容卻包含了鉅額的賠款與割讓領土等報復德國的手段。**諸如此類「阻止德國復興」、「對抗蘇聯」等方向，就是當時國際體制的基礎（凡爾賽體系）**。

第一次世界大戰後的歐洲

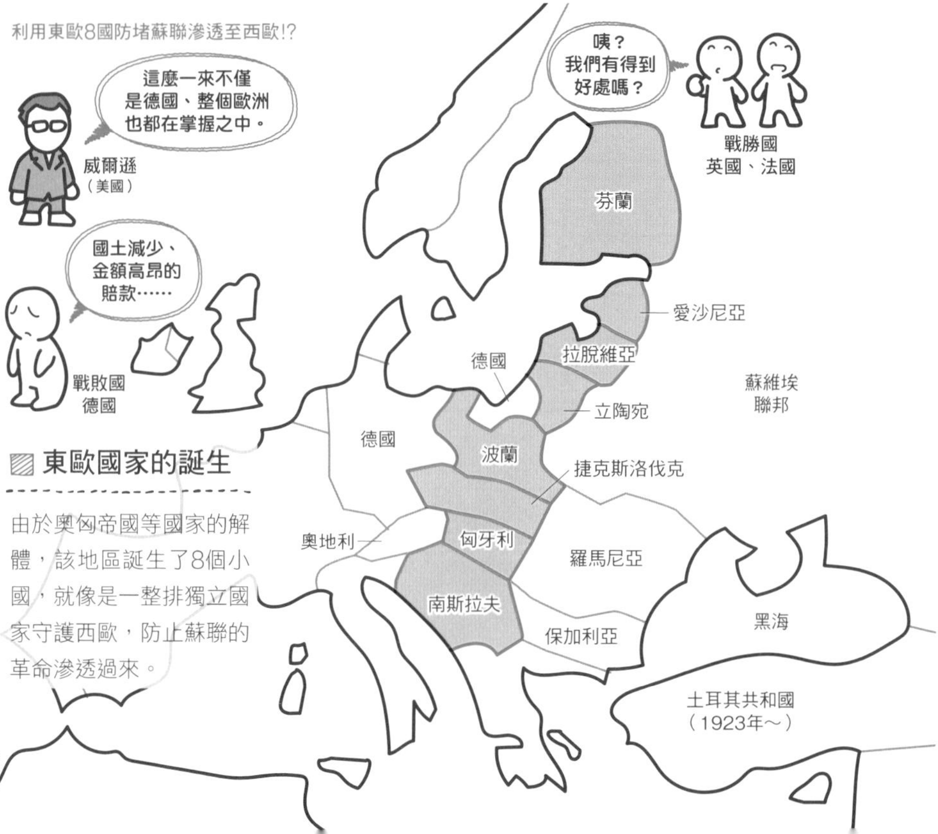
利用東歐8國防堵蘇聯滲透至西歐!?
這麼一來不僅是德國、整個歐洲也都在掌握之中。
威爾遜（美國）
咦？我們有得到好處嗎？
戰勝國 英國、法國
國土減少、金額高昂的賠款……
戰敗國 德國
芬蘭
愛沙尼亞
拉脫維亞
德國
立陶宛
蘇維埃聯邦
德國
波蘭
捷克斯洛伐克
奧地利
匈牙利
羅馬尼亞
南斯拉夫
保加利亞
黑海
土耳其共和國（1923年～）

東歐國家的誕生

由於奧匈帝國等國家的解體，該地區誕生了8個小國，就像是一整排獨立國家守護西歐，防止蘇聯的革命滲透過來。

法西斯主義的抬頭

▨ 經濟大恐慌

在經濟繁榮的1920年代，美國大量發生了投機性的投資，造成了1929年10月24日華爾街股價暴跌（黑色星期四），進而使全世界經濟都陷入低迷。

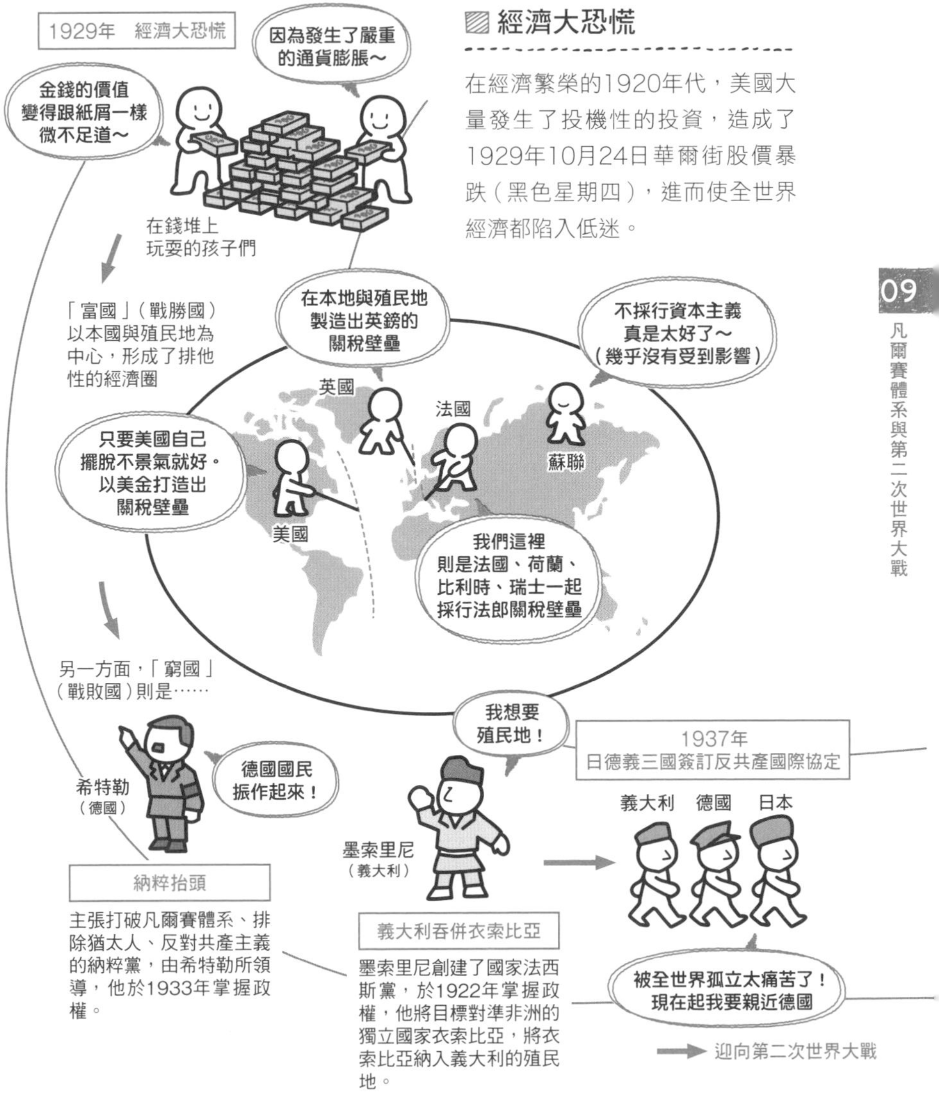

1929年　經濟大恐慌
因為發生了嚴重的通貨膨脹～
金錢的價值變得跟紙屑一樣微不足道～
在錢堆上玩耍的孩子們
「富國」（戰勝國）以本國與殖民地為中心，形成了排他性的經濟圈
在本地與殖民地製造出英鎊的關稅壁壘
不採行資本主義真是太好了～（幾乎沒有受到影響）
英國
法國
蘇聯
只要美國自己擺脫不景氣就好。以美金打造出關稅壁壘
美國
我們這裡則是法國、荷蘭、比利時、瑞士一起採行法郎關稅壁壘
另一方面，「窮國」（戰敗國）則是……
我想要殖民地！
1937年
日德義三國簽訂反共產國際協定
希特勒（德國）
德國國民振作起來！
義大利　德國　日本
墨索里尼（義大利）
納粹抬頭
主張打破凡爾賽體系、排除猶太人、反對共產主義的納粹黨，由希特勒所領導，他於1933年掌握政權。
義大利吞併衣索比亞
墨索里尼創建了國家法西斯黨，於1922年掌握政權，他將目標對準非洲的獨立國家衣索比亞，將衣索比亞納入義大利的殖民地。
被全世界孤立太痛苦了！現在起我要親近德國
迎向第二次世界大戰

1929年美國發生了經濟大恐慌，這波蕭條的景氣蔓延到了全世界，**列強為了解決經濟問題，紛紛只在本國與殖民地之間進行貿易（封閉的集團經濟）**。此時的德國，希特勒利用人民對於不景氣的不滿為基礎取得政權；同時，義大利的墨索里尼也侵略衣索比亞，**在歐洲掀起了法西斯主義**。

02 歐洲遍地都是戰場！第二次世界大戰的爆發

由於法西斯國家的對外侵略，又再度掀起了世界大戰的序幕。而且這次的戰場也擴及到了亞洲。

1932年，日本在中國東北部建立了滿洲國，但是不被國際聯盟承認，日本於是退出國際聯盟，**到了1937年日本全面發動侵華戰爭**；另一方面，1935年義大利侵略衣索比亞。德國於1938年吞併奧地利後，1939年又與蘇聯簽訂了德蘇互不侵犯條約，隨後攻擊波蘭。這次就連先前於1938年同意捷克斯洛伐克將蘇台德地區割讓給德國的英國與法國，都正式向德國宣戰。在一連串戰事的互相影響下，**第二次世界大戰正式爆發**。

在第二次世界大戰爆發之前

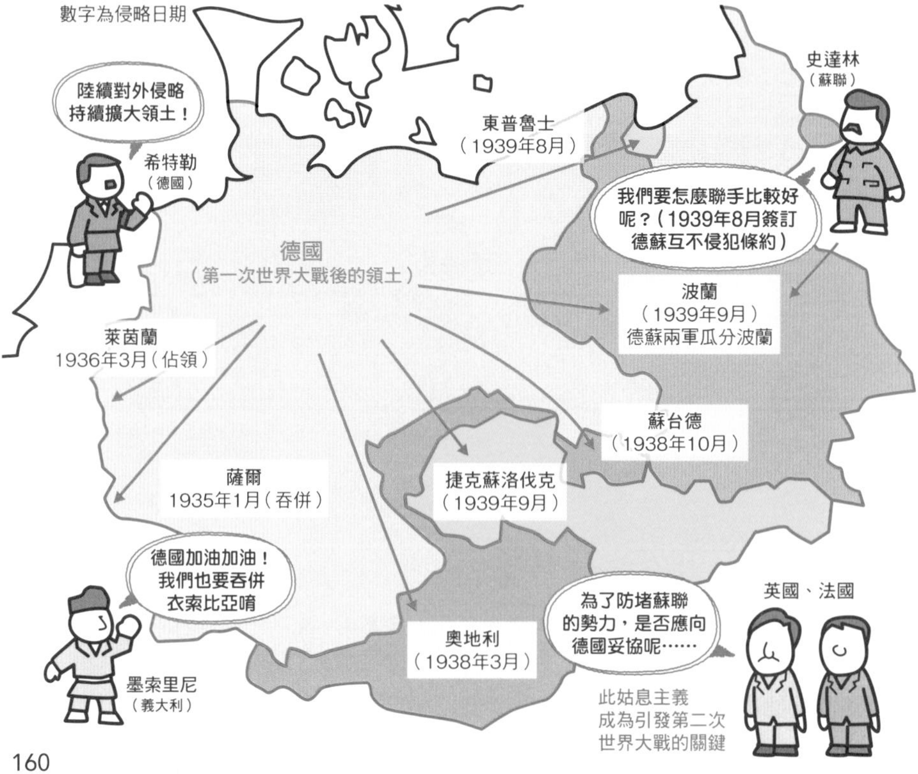
數字為侵略日期
陸續對外侵略持續擴大領土！
希特勒（德國）
東普魯士（1939年8月）
史達林（蘇聯）
我們要怎麼聯手比較好呢？（1939年8月簽訂德蘇互不侵犯條約）
德國（第一次世界大戰後的領土）
波蘭（1939年9月）德蘇兩軍瓜分波蘭
萊茵蘭 1936年3月（佔領）
蘇台德（1938年10月）
薩爾 1935年1月（吞併）
捷克蘇洛伐克（1939年9月）
德國加油加油！我們也要吞併衣索比亞唷
為了防堵蘇聯的勢力，是否應向德國妥協呢……
英國、法國
奧地利（1938年3月）
墨索里尼（義大利）
此姑息主義成為引發第二次世界大戰的關鍵

大戰中的國際關係

日本侵華戰爭

當時日本與中國的對立逐漸加深，於1937年以蘆溝橋事變為起點，全面爆發日本侵華戰爭（譯註：抗日戰爭），這場戰爭一直持續到第二次世界大戰日本宣布敗戰為止。

為何美國要在日本投下原子彈？

儘管當時的日本已經在蘇聯的調停下準備投降，但美國還是強行投下了原子彈。原因就在於希望日本盡早投降，同時也達到牽制蘇聯的目的。

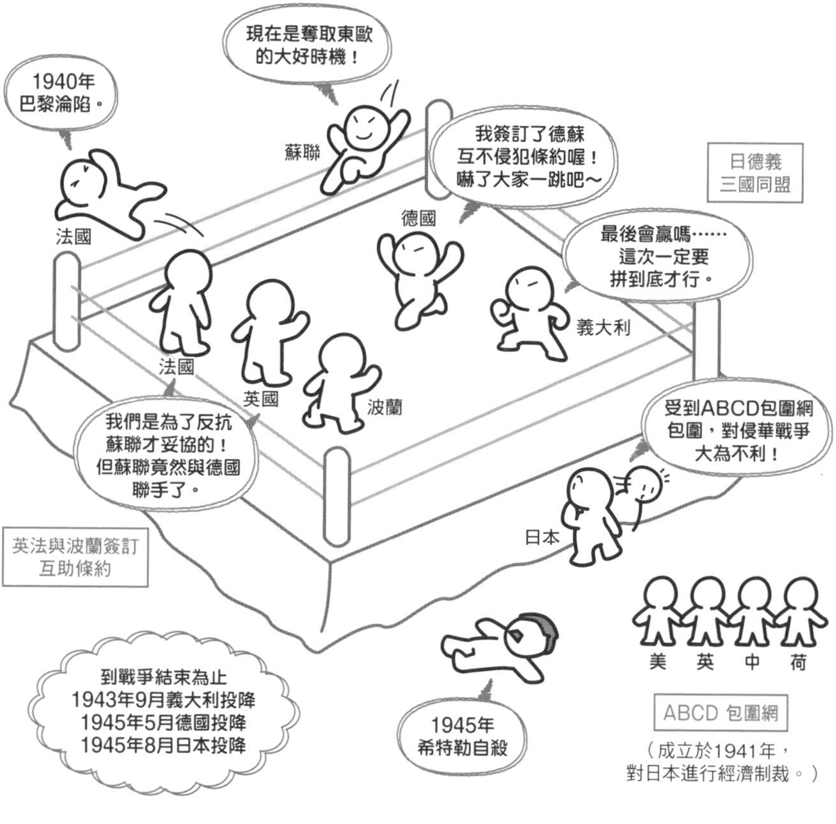

1940年
巴黎淪陷。
法國
現在是奪取東歐的大好時機！
蘇聯
我簽訂了德蘇互不侵犯條約喔！嚇了大家一跳吧～
德國
日德義
三國同盟
最後會贏嗎……這次一定要拼到底才行。
義大利
法國
英國
波蘭
我們是為了反抗蘇聯才妥協的！但蘇聯竟然與德國聯手了。
英法與波蘭簽訂
互助條約
受到ABCD包圍網包圍，對侵華戰爭大為不利！
日本
美 英 中 荷
ABCD 包圍網
（成立於1941年，
對日本進行經濟制裁。）
到戰爭結束為止
1943年9月義大利投降
1945年5月德國投降
1945年8月日本投降
1945年
希特勒自殺

1940年日德義結成三國同盟，**形成了以日德義為主的軸心國、與英法等同盟國開戰的局面**。同盟國陣營除了英法兩外之外，還包含了美國、蘇聯、中國等國參戰（德國於1941年單方面背棄了德蘇互不侵犯條約）。**日本為了鞏固資源，朝向東南亞與太平洋進攻，使戰場擴及全世界各地**。

03 戰後，美國成為國際社會的領導者

第二次世界大戰後，由美國主導統整了國際社會的秩序；聯合國與布列敦森林體系則是國際秩序的兩大支撐力量。

在第二次世界大戰當時，美國國內的輿論都相當反對參戰，但1941年日本攻擊珍珠港事件發生後，成了美國參戰的導火線。**1945年，隨著日本的投降讓第二次世界大戰宣告落幕**。關於戰後的國際協調，則仰賴1941年美國與英國在大西洋會議中的討論內容，**設立了聯合國來處理**。另外，在經濟層面上，則在1944年的布列敦森林會議上正式成立國際貨幣基金組織，制定了以美元作為國際貨幣中心的固定匯率制，**重整了戰後的世界經濟體制**。

國際秩序的兩大支柱　其一

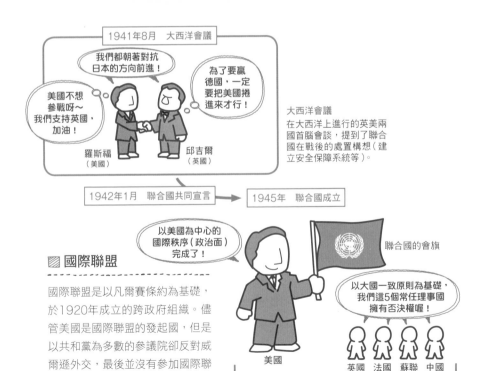

1941年8月　大西洋會議
我們都朝著對抗日本的方向前進！
美國不想參戰呀～我們支持英國，加油！
為了要贏德國，一定要把美國捲進來才行！
羅斯福（美國）
邱吉爾（英國）

大西洋會議
在大西洋上進行的英美兩國首腦會談，提到了聯合國在戰後的處置構想（建立安全保障系統等）。

1942年1月　聯合國共同宣言 → 1945年　聯合國成立

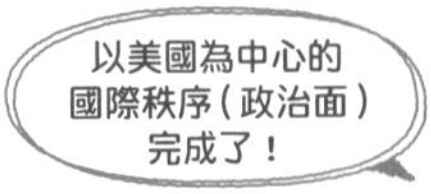
以美國為中心的國際秩序（政治面）完成了！

聯合國的會旗
以大國一致原則為基礎，我們這5個常任理事國擁有否決權喔！
美國
英國
法國
蘇聯
中國
常任理事國

國際聯盟

國際聯盟是以凡爾賽條約為基礎，於1920年成立的跨政府組織。儘管美國是國際聯盟的發起國，但是以共和黨為多數的參議院卻反對威爾遜外交，最後並沒有參加國際聯盟。

國際秩序的兩大支柱　其二

布列敦森林會議

這是一場於1944年舉辦的國際會議，會議中討論貨幣與金融相關的議題，形成了戰後國際經濟的基礎。

尼克森震撼

由於黃金價格高漲、美元價值下滑，美國總統尼克森於1971年宣布停止黃金與美元的定額兌換。這被視作是因越南戰爭所需的戰費增加、而導致美國經濟窮途末路的象徵。

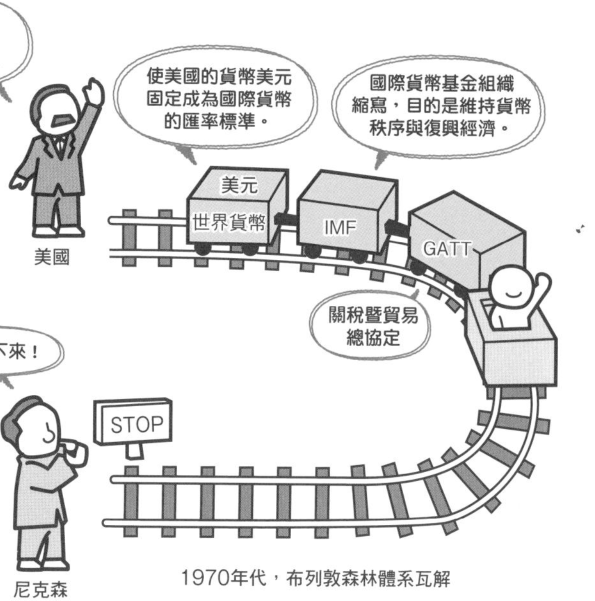

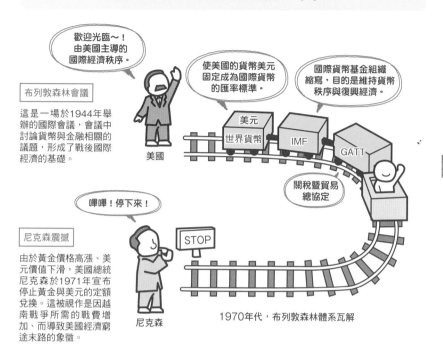

歡迎光臨～！由美國主導的國際經濟秩序。
美國
使美國的貨幣美元固定成為國際貨幣的匯率標準。
國際貨幣基金組織縮寫，目的是維持貨幣秩序與復興經濟。
美元
世界貨幣
IMF
GATT
關稅暨貿易總協定
嗶嗶！停下來！
STOP
尼克森

1970年代，布列敦森林體系瓦解

美日關係的走向

第二次世界大戰結束後，美國佔領了日本。1951年發布的舊金山和平條約中讓日本恢復獨立，並且締結美日安保條約，日本與美國結為同盟。

雖然日本恢復了主權，但沖繩與北方領土的問題依然還沒有解決～～
吉田茂
為了對抗蘇聯，日本還要再繼續加油才行。
羅斯福

第二次世界大戰結束後，**以美國為中心的資本主義西方國家，與以蘇聯為首的社會主義東方國家之間，對立變得越來越嚴重**，揭開了所謂冷戰時期的序幕，直到1991年蘇聯解體才結束。美國考量到與蘇聯對立的冷戰情況，因此**選擇日本作為在東亞的同盟國，聯手對抗蘇聯**。

04 第二次世界大戰後決定了朝鮮半島的命運

在西方陣營與東方陣營的對立之下，形成南北分裂局面的朝鮮半島。韓戰的爆發就是典型的代理戰爭。

於1897年更改國號的大韓帝國，在日俄戰爭後成為日本的保護國，於1910年被日本吞併而滅亡。第二次世界大戰結束後，雖然單方面發表了朝鮮人民共和國的建國宣言，卻不受美蘇承認，**演變為以北緯38度線為界，分割成北方被蘇聯統治、以南則受美國統治**。儘管朝鮮希望能建立民主的朝鮮統一政府，卻因為美國與蘇聯的對立而失敗了。**1948年8月大韓民國成立、1948年9月朝鮮民主主義人民共和國建國**。

第二次世界大戰結束後的朝鮮半島

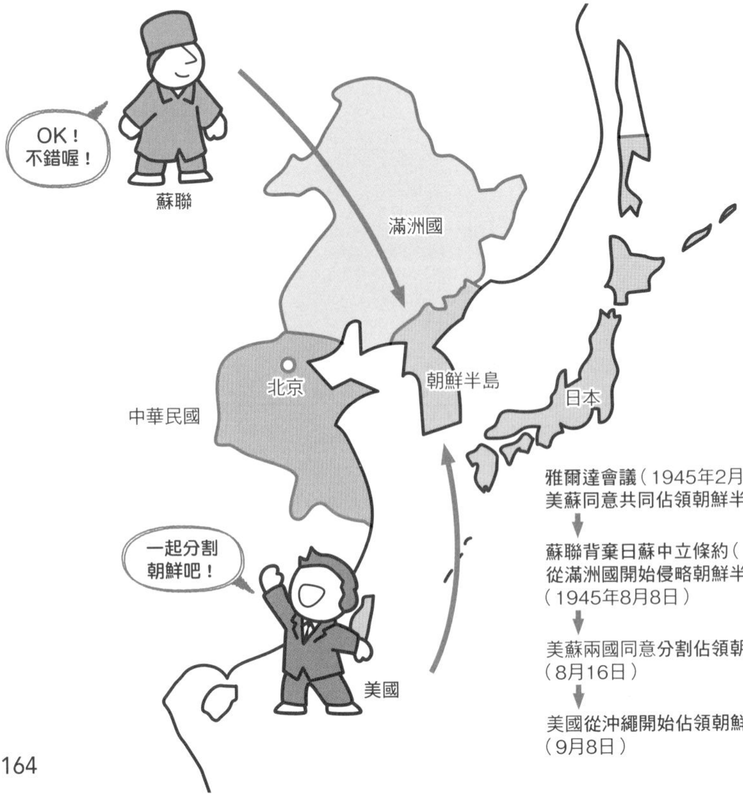
OK！
不錯喔！
蘇聯
滿洲國
北京
中華民國
朝鮮半島
日本
一起分割
朝鮮吧！
美國

雅爾達會議（1945年2月）
美蘇同意共同佔領朝鮮半島

↓

蘇聯背棄日蘇中立條約（1941年簽訂）
從滿洲國開始侵略朝鮮半島
（1945年8月8日）

↓

美蘇兩國同意分割佔領朝鮮半島
（8月16日）

↓

美國從沖繩開始佔領朝鮮半島
（9月8日）

一分為二的朝鮮半島

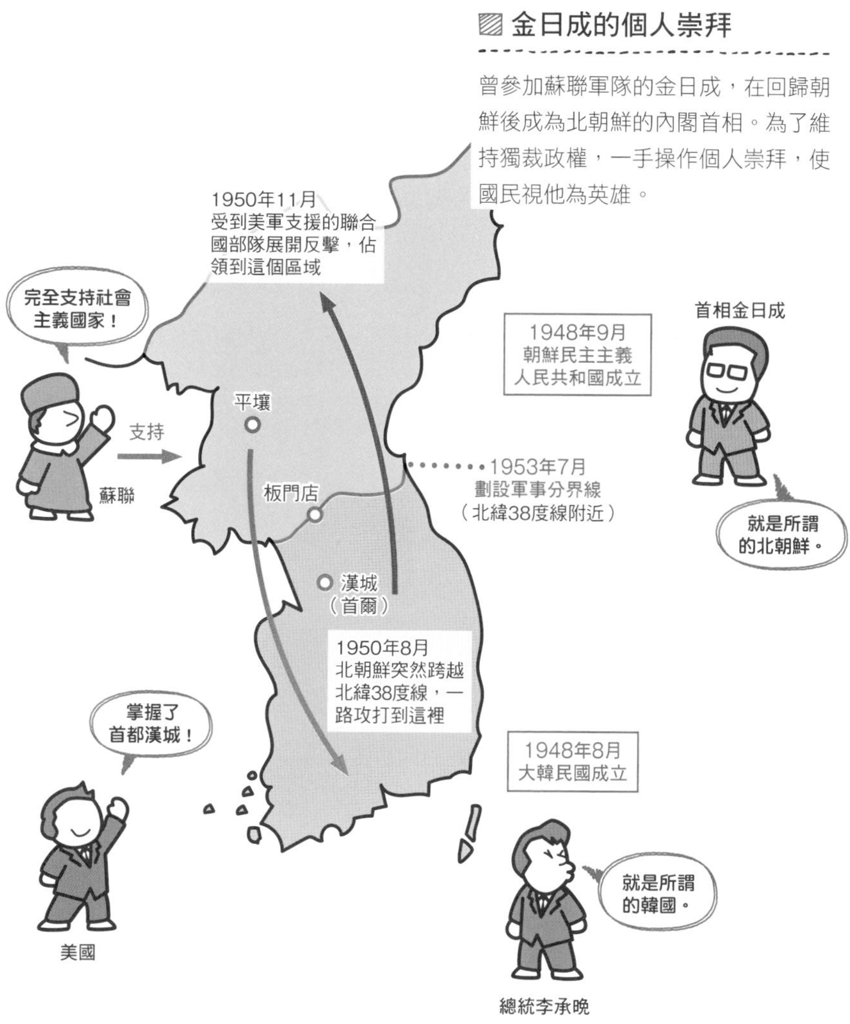

金日成的個人崇拜
曾參加蘇聯軍隊的金日成，在回歸朝鮮後成為北朝鮮的內閣首相。為了維持獨裁政權，一手操作個人崇拜，使國民視他為英雄。
1950年11月
受到美軍支援的聯合國部隊展開反擊，佔領到這個區域
完全支持社會主義國家！
支持
蘇聯
平壤
板門店
漢城（首爾）
首相金日成
1948年9月
朝鮮民主主義人民共和國成立
1953年7月
劃設軍事分界線
（北緯38度線附近）
就是所謂的北朝鮮。
1950年8月
北朝鮮突然跨越北緯38度線，一路攻打到這裡
掌握了首都漢城！
美國
1948年8月
大韓民國成立
就是所謂的韓國。
總統李承晚

獲得蘇聯與中國支持的北朝鮮軍隊，於1950年6月25日跨越北緯38度線，掀起了韓戰。在這場戰爭中，蘇聯與中國支持北朝鮮，聯合國軍隊（主要是美軍）則支持南朝鮮，持續作戰三年後，簽署朝鮮停戰協定，**於1953年停戰**。但由於**到目前為止一直沒有正式結束戰爭，兩韓在國際中的互動始終備受矚目**。

NO.09

column

孩子們的呼籲讓大象終於來到日本？

戰後日本與印度交流的軼事內幕

第二次世界大戰爆發時，由於上野動物園擔心動物們逃跑造成危險，故將園內的動物全部處死，因此到戰後，動物園內並無大象的身影。面對**東京都台東區的孩子們**「希望看到大象」的呼聲越來越高。當時，由小孩營運的「兒童議會」也是戰後民主教育的一環，在兒童議會的學習活動中，孩子們發表了「希望看到大象」的提案。

孩子們決定到東京都廳以「上野動物園添購大象」為案進行示威遊行，同時也到國會提出請願書並獲得受理。有位印度的貿易商聽說了這件事深受感動，協助將孩子們的信件與圖畫傳遞給當時的印度首相尼赫魯。1949年，儘管當時日本還在GHQ（駐日盟軍總司令）的佔領下，**印度仍送給日本一頭名為Indira的印度象**。尼赫魯於1957年親自來到日本，與上野公園的Indira相見後，也去了廣島和平紀念公園為原爆犧牲者默哀祈福。從印度遠道而來的大象，可說是**寄託著尼赫魯祈願和平的心願**。

Chapter 10

「戰後的國際政治與現代世界」

儘管經過了兩次世界大戰，美國與蘇聯的對立繼續引發冷戰，全世界仍處於一片混亂。至今世界各地依然頻起紛爭與內亂，從今而後地球究竟會走向什麼樣的未來呢？

section

01 美蘇對立為何稱為「冷戰」？

02 為什麼猶太人如此渴求在以色列建國？

03 因文化大革命而更衰弱不振的中國

04 經濟同盟ASEAN「東南亞國協」原本是政治同盟？

05 戰後的歐洲整合與歐盟分裂危機

06 撼動了超大國．美國的反恐戰爭

07 為何世界各地的紛爭至今仍未曾止息？

01 美蘇對立為何稱為「冷戰」？

以美國與蘇聯為中心，西方的資本主義國家與東方的社會主義國家展開了激烈的對立局面。

英國前首相邱吉爾於1946年，以「鐵幕」一詞形容分裂為西方與東方的歐洲現況。1947年，美國總統杜魯門發表的歐洲經濟復興計畫遭到蘇聯反對，**1949年德國分裂為東西德，美蘇對立越演越烈、展開冷戰**。順帶一提，**冷戰指的是並不使用武器，雙方處於激烈對立的緊張局勢**。

第二次世界大戰結束後的歐洲

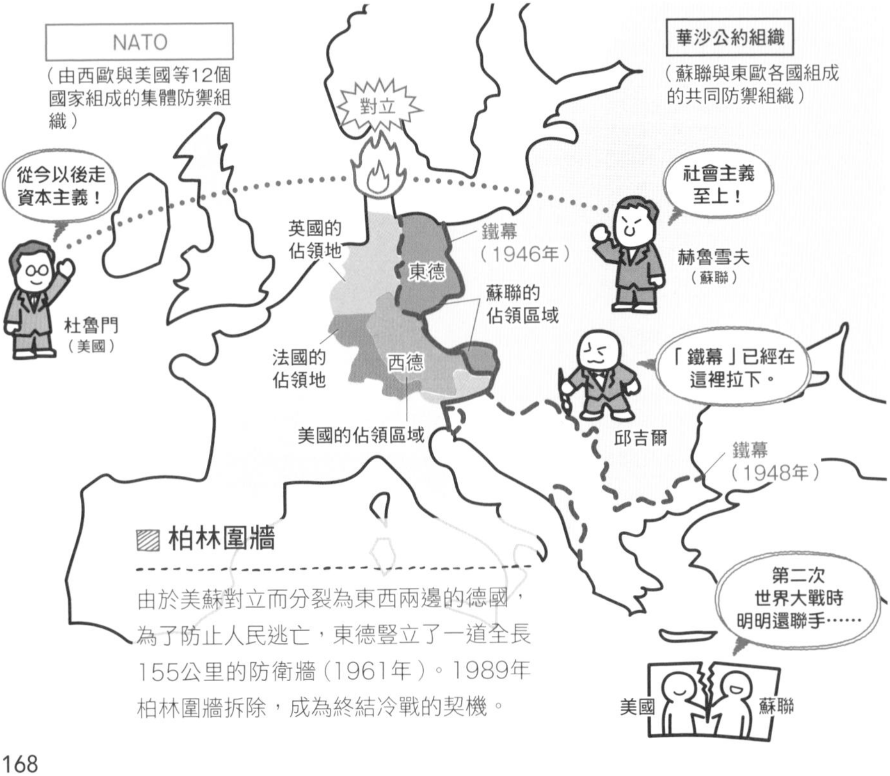
NATO
（由西歐與美國等12個國家組成的集體防禦組織）
華沙公約組織
（蘇聯與東歐各國組成的共同防禦組織）
對立
從今以後走資本主義！
杜魯門
（美國）
社會主義至上！
赫魯雪夫
（蘇聯）
英國的佔領地
東德
鐵幕
（1946年）
蘇聯的佔領區域
法國的佔領地
西德
美國的佔領區域
「鐵幕」已經在這裡拉下。
邱吉爾
鐵幕
（1948年）
第二次世界大戰時明明還聯手……
美國
蘇聯

柏林圍牆

由於美蘇對立而分裂為東西兩邊的德國，為了防止人民逃亡，東德豎立了一道全長155公里的防衛牆（1961年）。1989年柏林圍牆拆除，成為終結冷戰的契機。

美蘇對立與末日之鐘

末日之鐘

將午夜0點設定為核子戰爭導致人類滅絕的時間點，距離午夜0點的時間則象徵著直到滅絕所剩下的時間。末日之鐘是由美國的科學雜誌所設立，時間越接近午夜0點，就代表世界受到核武威脅的情況越緊張。

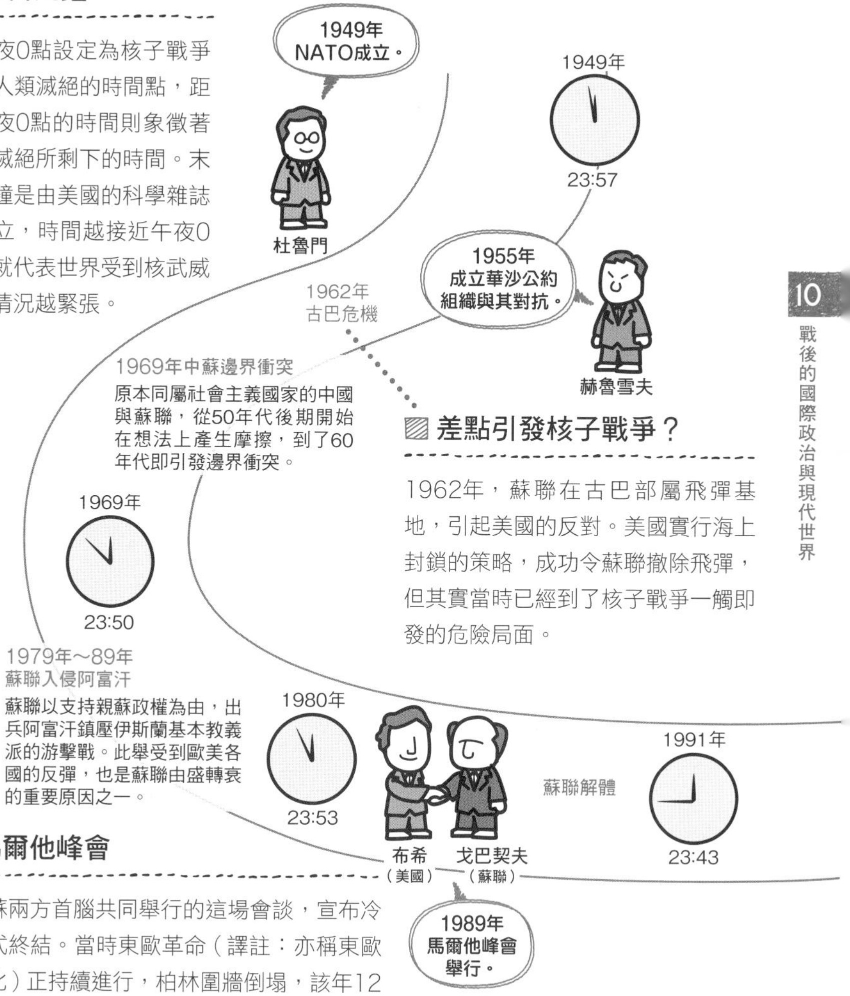

1949年
NATO成立。
杜魯門
1949年
23:57
1955年
成立華沙公約組織與其對抗。
赫魯雪夫
1962年
古巴危機
1969年中蘇邊界衝突
原本同屬社會主義國家的中國與蘇聯，從50年代後期開始在想法上產生摩擦，到了60年代即引發邊界衝突。
1969年
23:50
1979年～89年
蘇聯入侵阿富汗
蘇聯以支持親蘇政權為由，出兵阿富汗鎮壓伊斯蘭基本教義派的游擊戰。此舉受到歐美各國的反彈，也是蘇聯由盛轉衰的重要原因之一。
1980年
23:53
布希
（美國）
戈巴契夫
（蘇聯）
1989年
馬爾他峰會舉行。
蘇聯解體
1991年
23:43

差點引發核子戰爭？

1962年，蘇聯在古巴部屬飛彈基地，引起美國的反對。美國實行海上封鎖的策略，成功令蘇聯撤除飛彈，但其實當時已經到了核子戰爭一觸即發的危險局面。

馬爾他峰會

由美蘇兩方首腦共同舉行的這場會談，宣布冷戰正式終結。當時東歐革命（譯註：亦稱東歐民主化）正持續進行，柏林圍牆倒塌，該年12月舉辦的馬爾他峰會也正式終結了美蘇冷戰。

受到1979年蘇聯侵略阿富汗的影響，西方各國紛紛抵制莫斯科夏季奧林匹克運動會，在東西方持續對立的情況下，蘇聯總書記戈巴契夫提出的**經濟改革措施受到美國的支持**。由於蘇聯停止介入東歐，**東歐逐漸邁入民主化的過程**，於1989年舉辦的**馬爾他峰會，正式宣告了冷戰終結**。

02 為什麼猶太人如此渴求在以色列建國？

由於猶太人國家的滅亡，一直在世界各地流浪的猶太人，長期受到歧視與壓迫。他們回到以色列的過程也充滿了波折。

2世紀在羅馬人的統治下，巴勒斯坦的猶太人顛沛流離，持續遭受迫害，因此一直想要擁有一個安居樂業之地（被稱為錫安主義、猶太復國主義）。1917年，英國發表的貝爾福宣言終於為猶太人巴勒斯坦地區建國帶來了一絲曙光。1930年代受到納粹迫害、逃亡移居到巴勒斯坦的猶太人人數激增，到了1947年，猶太人在聯合國選擇了讓阿拉伯人與猶太人共同分割巴勒斯坦的決議，**以色列終於在1948年建國**。

現代的以色列紛爭

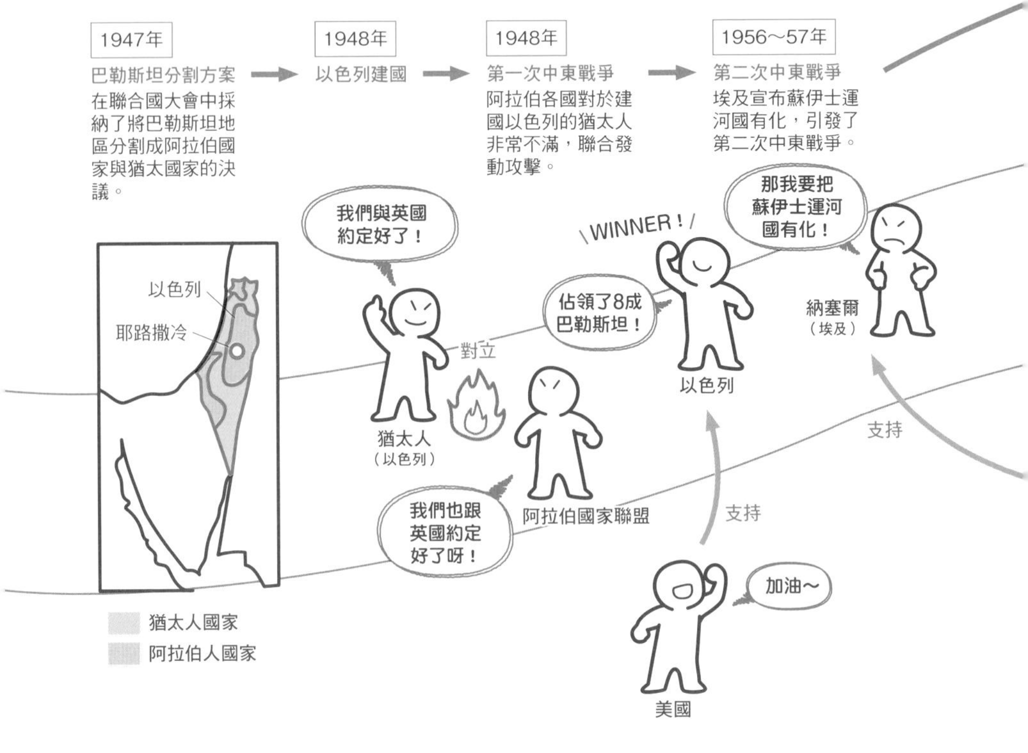
1947年
巴勒斯坦分割方案
在聯合國大會中採納了將巴勒斯坦地區分割成阿拉伯國家與猶太國家的決議。
1948年
以色列建國
1948年
第一次中東戰爭
阿拉伯各國對於建國以色列的猶太人非常不滿，聯合發動攻擊。
1956～57年
第二次中東戰爭
埃及宣布蘇伊士運河國有化，引發了第二次中東戰爭。
以色列
耶路撒冷
猶太人國家
阿拉伯人國家
我們與英國約定好了！
對立
猶太人
（以色列）
我們也跟英國約定好了呀！
阿拉伯國家聯盟
佔領了8成巴勒斯坦！
WINNER！
以色列
那我要把蘇伊士運河國有化！
納塞爾
（埃及）
支持
支持
加油～
美國

何謂錫安主義

猶太人認為以色列(巴勒斯坦區域)是神應允給猶太人的土地，因此猶太人要在此處重建故鄉，這樣的想法與應運而生的行動就是錫安主義的主軸。19世紀末期以居住在歐洲的猶太人為主發起，並使錫安主義達到巔峰。所謂的錫安就是巴勒斯坦的古名。

劃分為4區的耶路撒冷

耶路撒冷被亞美尼亞人、基督教徒、伊斯蘭教徒與猶太教徒劃分為4個區域。

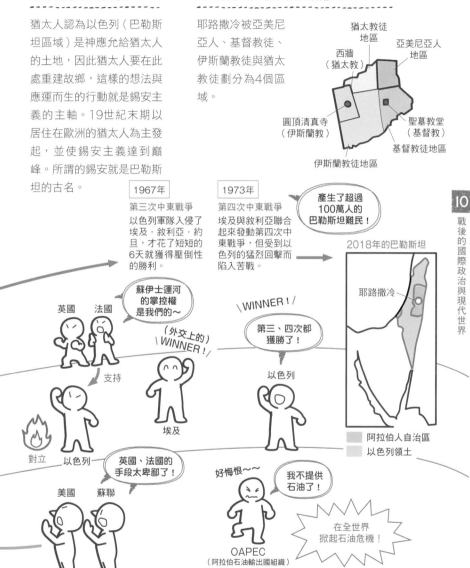

猶太教徒
地區
亞美尼亞人
地區
西牆
(猶太教)
圓頂清真寺
(伊斯蘭教)
聖墓教堂
(基督教)
基督教徒地區
伊斯蘭教徒地區

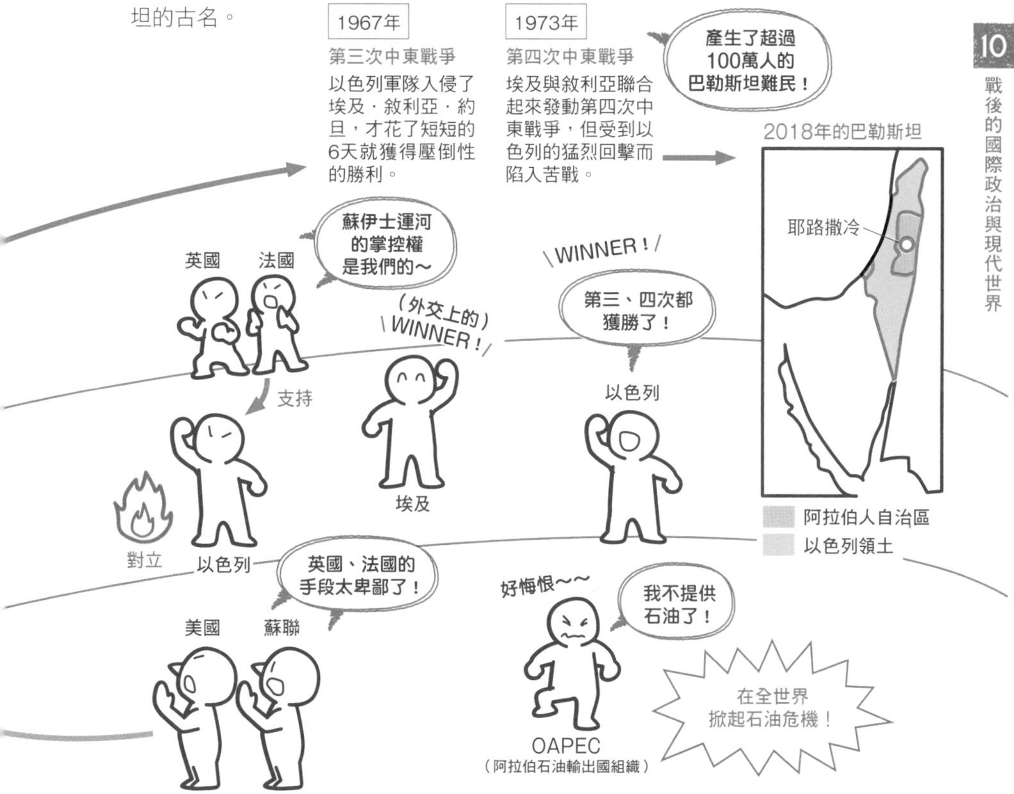
1967年
第三次中東戰爭
以色列軍隊入侵了埃及・敘利亞・約旦，才花了短短的6天就獲得壓倒性的勝利。
1973年
第四次中東戰爭
埃及與敘利亞聯合起來發動第四次中東戰爭，但受到以色列的猛烈回擊而陷入苦戰。
產生了超過100萬人的巴勒斯坦難民！
2018年的巴勒斯坦
耶路撒冷
阿拉伯人自治區
以色列領土
英國
法國
蘇伊士運河的掌控權是我們的～
支持
對立
以色列
(外交上的) WINNER！
埃及
WINNER！
第三、四次都獲勝了！
以色列
英國、法國的手段太卑鄙了！
美國
蘇聯
好悔恨～～
我不提供石油了！
OAPEC
(阿拉伯石油輸出國組織)
在全世界掀起石油危機！

由於巴勒斯坦長期屬於伊斯蘭文化圈，有許多阿拉伯人居住在這片土地上，因此以色列建國受到了阿拉伯各國的反對。從1948年開始陸續爆發了4次**以色列與阿拉伯國家作戰的中東戰爭**。而以色列造成的大批**巴勒斯坦難民問題依然未獲解決**，至今依然持續對立與混亂的局面。

03 因文化大革命而更衰弱不振的中國

在毛澤東的領導下，爆發了無產階級文化大革命，在文革中有許多人遭到肅清，整個中國陷入一片混亂。

中國最高領導人·毛澤東在1966年為了整肅採資本主義的當權派（走資派），發動了**無產階級文化大革命**。毛澤東在1958～62以農工業增產為目標，實施大躍進政策，但卻導致農村荒廢，數千萬人都因飢荒而餓死，大躍進政策以慘烈的失敗告終；而毛澤東也從國家主席退位。毛澤東與其心腹四人幫**（江青、王洪文、張春橋、姚文元）**為了奪回失去的權力，而發動了文化大革命。

無產階級文化大革命

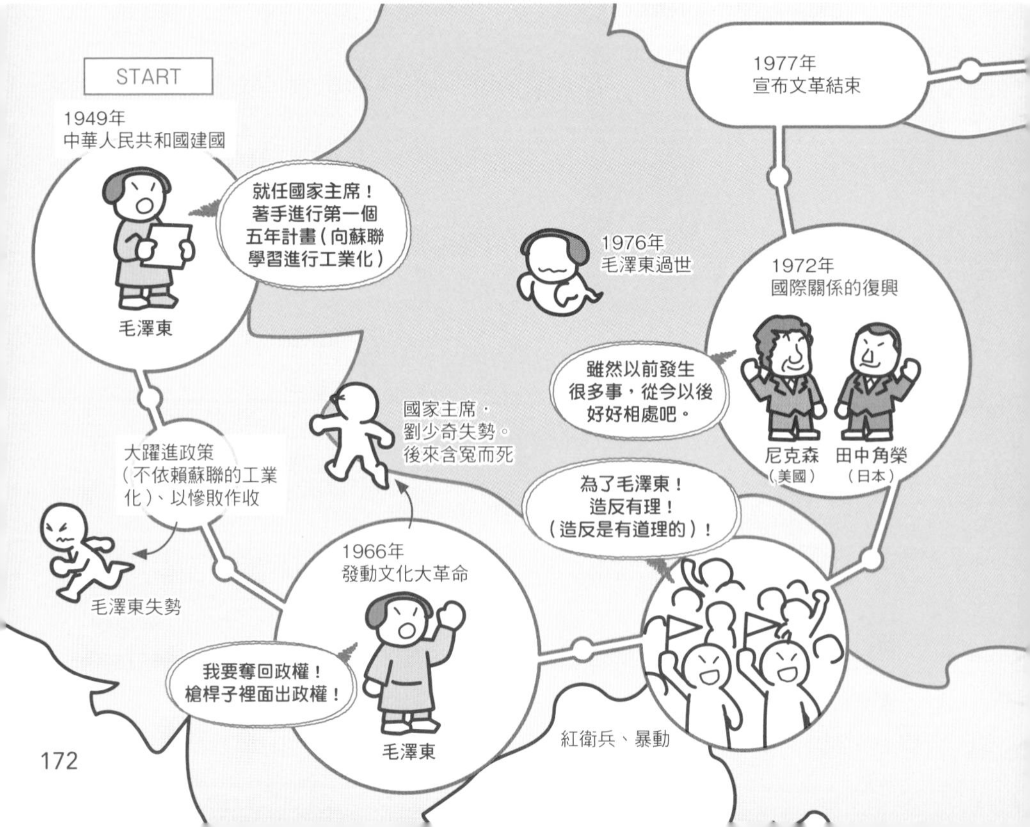
START
1949年
中華人民共和國建國
就任國家主席！
著手進行第一個
五年計畫（向蘇聯
學習進行工業化）
毛澤東
大躍進政策
（不依賴蘇聯的工業
化）、以慘敗作收
毛澤東失勢
1966年
發動文化大革命
我要奪回政權！
槍桿子裡面出政權！
毛澤東
國家主席·
劉少奇失勢。
後來含冤而死
為了毛澤東！
造反有理！
（造反是有道理的）！
紅衛兵、暴動
1976年
毛澤東過世
1972年
國際關係的復興
雖然以前發生
很多事，從今以後
好好相處吧。
尼克森
（美國）
田中角榮
（日本）
1977年
宣布文革結束

在文化大革命中，由學生組成的紅衛兵組織，針對反對毛澤東的政治家、學者與藝術家們，以思想為由進行攻擊，導致非常多人入獄、受到殺害。1976年毛澤東過世後，**四人幫遭到逮捕，結束了這場文化大革命**。在文化大革命的這段期間，整個中國都極為動盪混亂（1977年文革宣告終結）。其後，中國共產黨在1981年承認了文化大革命的謬誤。

鄧小平

他在文革期間二度失勢後又重新掌握權力。鄧小平作為中國的最高領導人，指導實施改革開放政策，但在天安門事件中鎮壓人民的民主化要求；他一手主導經濟改革卻蔑視人權，採行兩面政治路線，促使中國自90年代起的經濟成長。

天安門事件

1989年，要求中國民主化的學生．一般市民佔據了北京的天安門廣場進行示威，但中國當局卻決定命令軍隊武力驅離示威群眾，有許多民眾在這場事件中遭受殺害。

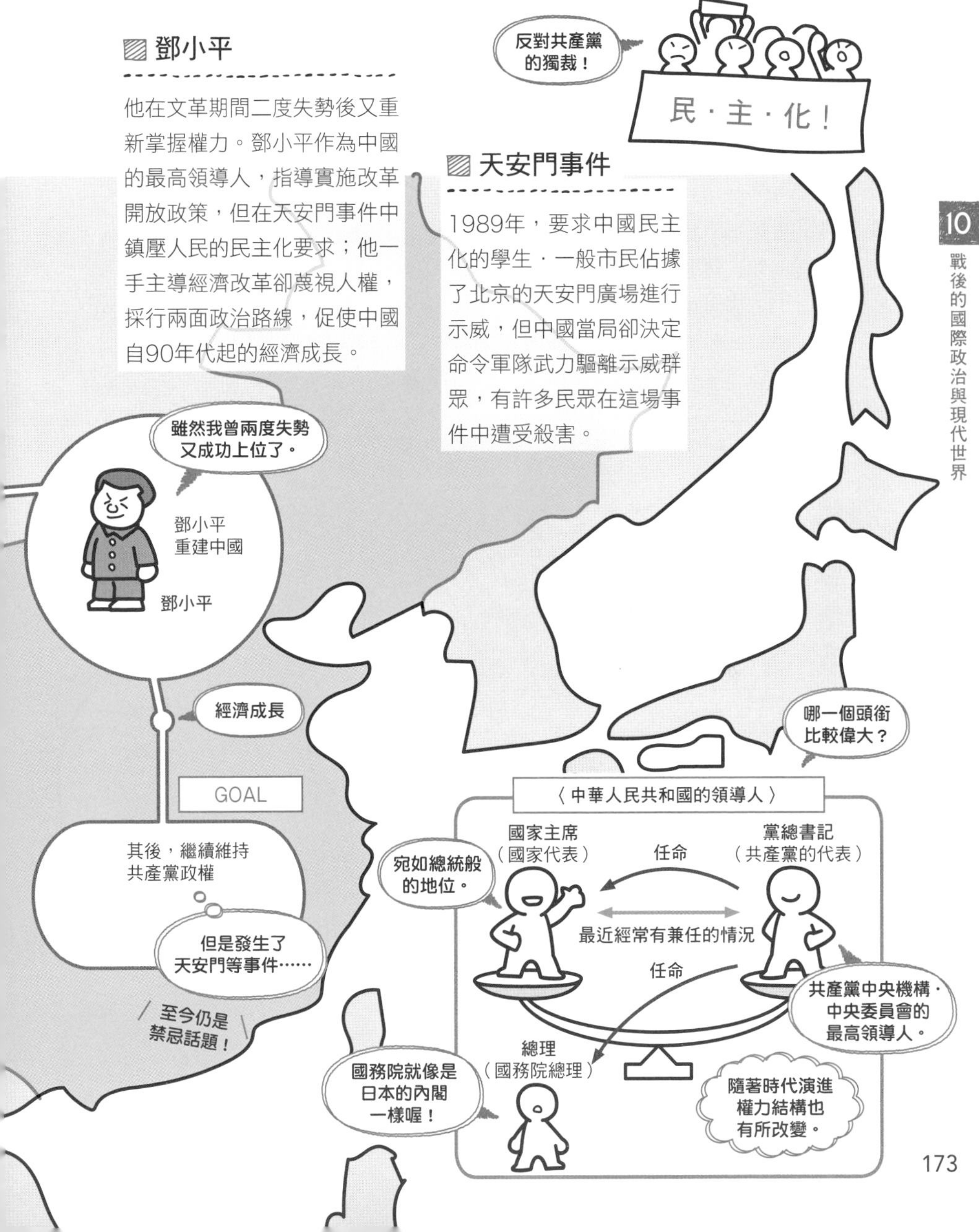

反對共產黨的獨裁！
民．主．化！
雖然我曾兩度失勢又成功上位了。
鄧小平重建中國
鄧小平
經濟成長
GOAL
其後，繼續維持共產黨政權
但是發生了天安門等事件……
至今仍是禁忌話題！
哪一個頭銜比較偉大？
〈中華人民共和國的領導人〉
國家主席（國家代表）
任命
黨總書記（共產黨的代表）
宛如總統般的地位。
最近經常有兼任的情況
任命
共產黨中央機構．中央委員會的最高領導人。
總理（國務院總理）
國務院就像是日本的內閣一樣喔！
隨著時代演進權力結構也有所改變。

04 經濟同盟ASEAN「東南亞國協」原本是政治同盟？

由東南亞5個國家聯合組成的同盟ASEAN東南亞國協，在60年代結盟當時，意義與現在截然不同。

ASEAN（東南亞國家協會）於1967年由泰國、印尼、菲律賓、馬來西亞與新加坡，依據東協宣言而成立。由於當初這5個國家的領導人，對於國內共產主義者掀起的叛亂深感苦惱，聯合組成東南亞國協，因此在最初成立時，東南亞國協身為**反共政治同盟意義甚為濃厚**。此外，諸國也為了不讓深感不滿的國民支持反政府勢力，**發展國家實力也成了當務之急**，因此致力營造出能提升國力的國際環境，也是東南亞國協成立的原因之一。

東亞的經濟成長

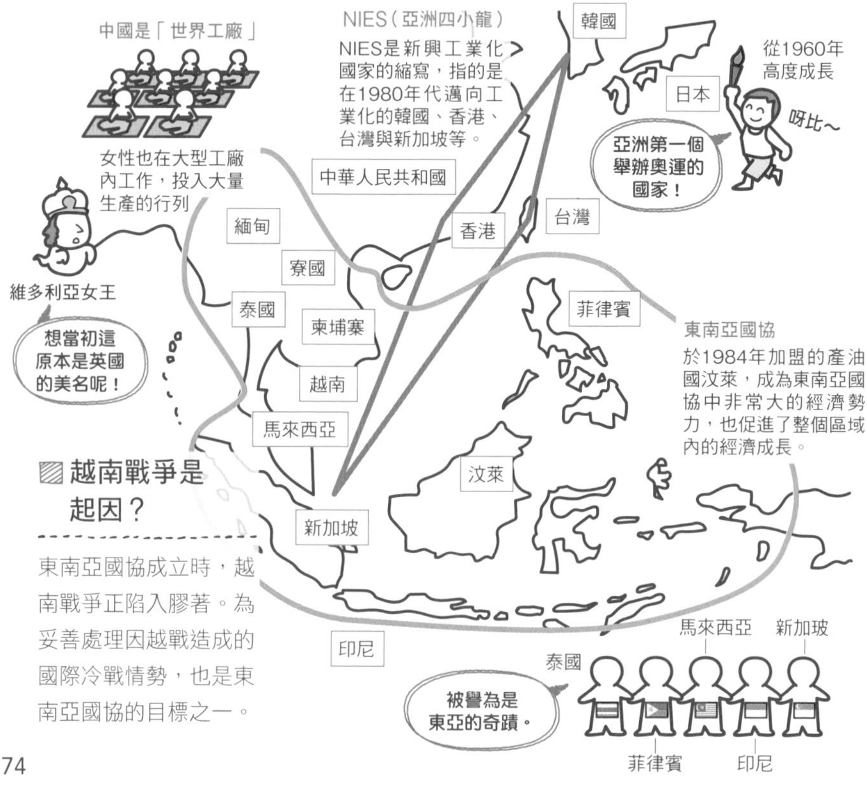
中國是「世界工廠」
女性也在大型工廠內工作，投入大量生產的行列
NIES（亞洲四小龍）
NIES是新興工業化國家的縮寫，指的是在1980年代邁向工業化的韓國、香港、台灣與新加坡等。
韓國
日本
從1960年高度成長
呀比～
亞洲第一個舉辦奧運的國家！
中華人民共和國
台灣
香港
緬甸
寮國
泰國
柬埔寨
越南
菲律賓
馬來西亞
汶萊
新加坡
印尼
維多利亞女王
想當初這原本是英國的美名呢！
東南亞國協
於1984年加盟的產油國汶萊，成為東南亞國協中非常大的經濟勢力，也促進了整個區域內的經濟成長。
馬來西亞
新加坡
泰國
被譽為是東亞的奇蹟。
菲律賓
印尼

越南戰爭是起因？

東南亞國協成立時，越南戰爭正陷入膠著。為妥善處理因越戰造成的國際冷戰情勢，也是東南亞國協的目標之一。

全世界都朝向區域統合化發展

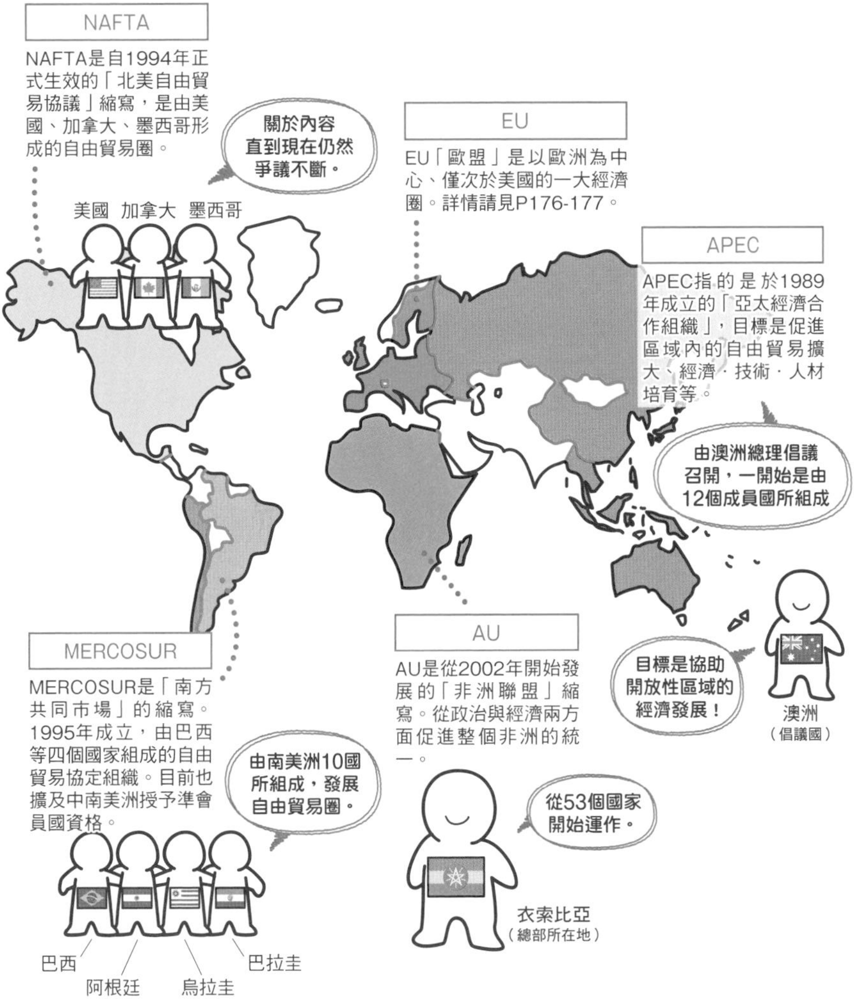

NAFTA
NAFTA是自1994年正式生效的「北美自由貿易協議」縮寫，是由美國、加拿大、墨西哥形成的自由貿易圈。
關於內容直到現在仍然爭議不斷。
美國 加拿大 墨西哥
EU
EU「歐盟」是以歐洲為中心、僅次於美國的一大經濟圈。詳情請見P176-177。
APEC
APEC指的是於1989年成立的「亞太經濟合作組織」，目標是促進區域內的自由貿易擴大、經濟．技術．人材培育等。
由澳洲總理倡議召開，一開始是由12個成員國所組成
目標是協助開放性區域的經濟發展！
澳洲
（倡議國）
MERCOSUR
MERCOSUR是「南方共同市場」的縮寫。1995年成立，由巴西等四個國家組成的自由貿易協定組織。目前也擴及中南美洲授予準會員國資格。
由南美洲10國所組成，發展自由貿易圈。
巴西
阿根廷
烏拉圭
巴拉圭
AU
AU是從2002年開始發展的「非洲聯盟」縮寫。從政治與經濟兩方面促進整個非洲的統一。
從53個國家開始運作。
衣索比亞
（總部所在地）

從越南戰爭結束後的70年代起，東南亞國協**在經濟方面的合作逐漸加深**，到了1984年菲律賓加入、1995年越南也加入協會，同盟國的數量日漸增長（至2018年已經有10個會員國）。除了東南亞國協之外，世界各地也都發展出了這種連結國與國之間經濟等整體發展的區域聯盟。

05 戰後的歐洲整合與歐盟分裂危機

歷史上屢次爆發戰爭的歐洲各國，該如何統合為一體、以及如何才能解決各國的巨大經濟差異，都是亟待解決的課題……

從19世紀開始，**便已出現了「歐洲統一」的思想**，英國的邱吉爾也於1946年提倡歐洲統一，組成歐洲合眾國。而實際上，在1952年法國與西德等國家**開始發展歐洲煤鋼共同體（ECSC）**，到了1958年更成立了**歐洲經濟共同體（EEC）與歐洲原子能共同體（EURATOM）**。後來，這三個聯盟被整合為一體，**於1967年誕生了歐洲各共同體（EC）**。

歐盟（EU）誕生之前的過程

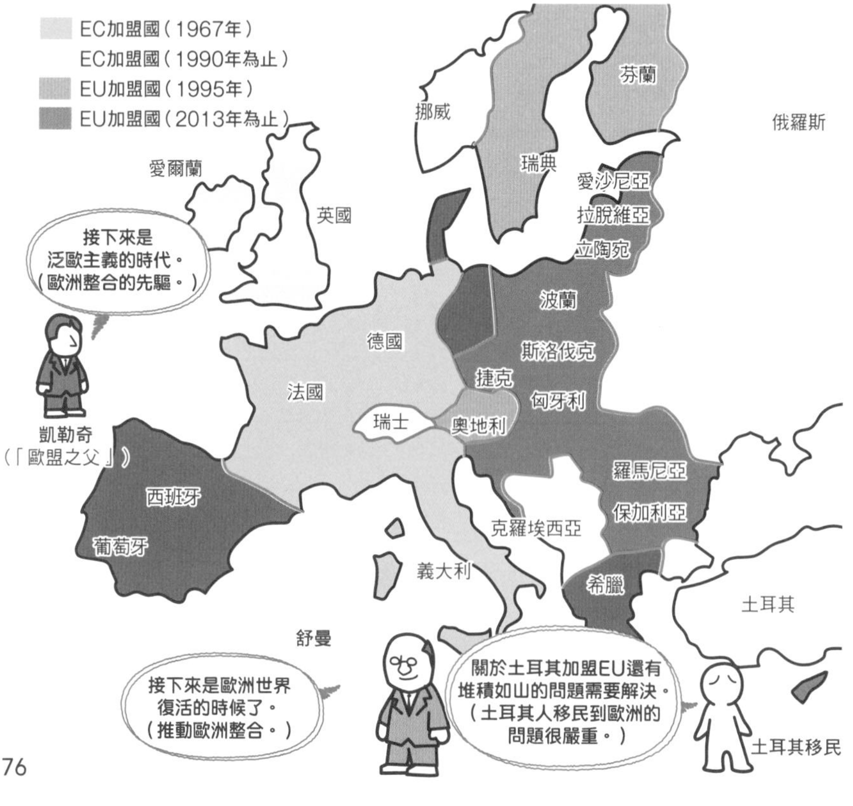
EC加盟國（1967年）
EC加盟國（1990年為止）
EU加盟國（1995年）
EU加盟國（2013年為止）
挪威
芬蘭
俄羅斯
瑞典
愛爾蘭
愛沙尼亞
拉脫維亞
英國
立陶宛
接下來是
泛歐主義的時代。
（歐洲整合的先驅。）
波蘭
德國
斯洛伐克
捷克
法國
匈牙利
瑞士
奧地利
凱勒奇
（「歐盟之父」）
羅馬尼亞
西班牙
保加利亞
克羅埃西亞
葡萄牙
義大利
希臘
土耳其
舒曼
接下來是歐洲世界
復活的時候了。
（推動歐洲整合。）
關於土耳其加盟EU還有
堆積如山的問題需要解決。
（土耳其人移民到歐洲的
問題很嚴重。）
土耳其移民

歐盟面臨的問題

2016年
英國決議脫歐
因為移民等問題，英國舉行全民公投，得出了脫離歐盟的結論。直到2020年2月正式脫歐，結束了47年的成員國身份。
由於經濟上的差異，只有英國吃虧！
英國
我還沒放棄南下政策喔！
尼古拉一世
或許可以從烏克蘭入侵地中海！
俄羅斯
想要封鎖俄羅斯的勢力
過來我們這邊吧～
歐盟
到底要不要加入歐盟……是個大問題。
烏克蘭
黑海
希臘
土耳其
烏克蘭
想要加入歐盟！
示威
軍隊

▨ 烏克蘭與歐盟

烏克蘭原本是蘇聯的一員，自從2004年之後，烏克蘭內部的親俄派與親歐派便一直針鋒相對。直到2014年終於與歐盟簽署了聯合協議，另一方面與俄羅斯的關係卻日漸惡化，目前仍處於不穩定的狀態。

▨ 希臘與歐盟

希臘從2010年開始財政惡化，歐盟是否要幫助希臘紓困，或是讓希臘向俄羅斯靠攏，是相當棘手的問題。

在1992年簽屬馬斯垂克條約後，歐洲各共同體（EC）正式發展為**歐洲聯盟（EU）**，目標是達到政治上的整合發展，不僅發行了**統一的貨幣·歐元**，加盟國也擴及整個歐洲。不過，由於各國經濟發展程度不一，不公平的補助金等問題也促使**英國決議脫歐**；此外，是否要接受難民、以及層出不窮的恐怖攻擊等，仍有諸多問題尚待歐盟解決。

06 撼動了超大國・美國的「反恐戰爭」

2001年9月11日，美國發生了史上最嚴重的恐怖攻擊。
對此，美國發動了名為「反恐戰爭」的戰事……

2001年9月11日，受到恐怖分子劫持的民航客機撞上了紐約的世界貿易中心雙塔，爆發了**大規模的恐怖攻擊(九一一恐怖攻擊事件)**。被認定是主謀的奧薩瑪・賓・拉登，在1990年的波斯灣戰爭中，由於不滿美軍進駐沙烏地阿拉伯，於是展開反美行動。曾幫助賓・拉登、並拒絕引渡的阿富汗塔利班政權，**在美國展開的軍事攻擊下垮台**。2011年，賓・拉登在藏身處被美國軍隊擊斃。

成為唯一超大國的美國

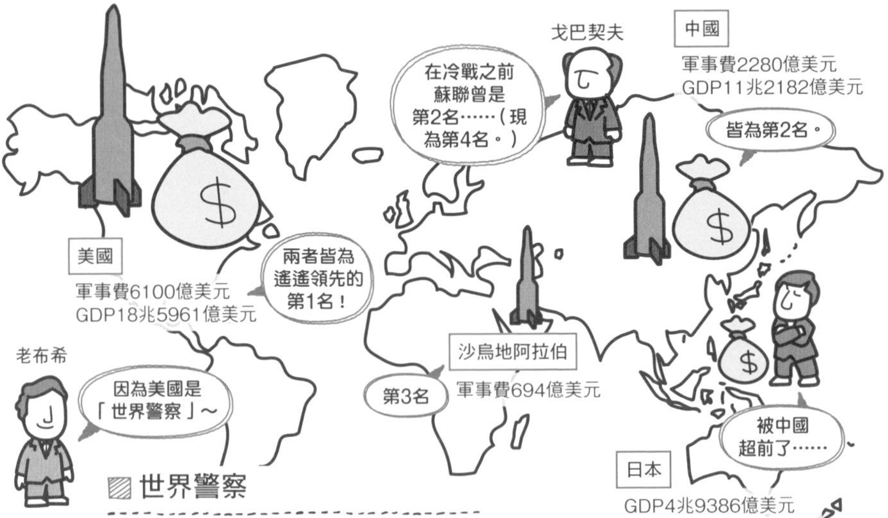
戈巴契夫
在冷戰之前
蘇聯曾是
第2名……(現
為第4名。)
中國
軍事費2280億美元
GDP11兆2182億美元
皆為第2名。
美國
軍事費6100億美元
GDP18兆5961億美元
兩者皆為
遙遙領先的
第1名!
老布希
因為美國是
「世界警察」~
沙烏地阿拉伯
軍事費694億美元
第3名
被中國
超前了……
日本
GDP4兆9386億美元
第3名

世界警察

在蘇聯解體後，擁有強大經濟力・軍事力的美國，聲稱要維護世界秩序而開始介入世界各地的紛爭。不過，其後歐巴馬總統卻宣布美國沒有必要繼續當世界警察，應避免過度介入國際事務。

※數據是根據斯德哥爾摩國際和平研究所(SIPRI)、IMF(譯註：國際貨幣基金組織)的資料所記載。

「反恐戰爭」與美國

2001年9月11日
美國同時爆發
多起恐攻事件
劫持了民航客機的恐攻集團，針對紐約世界貿易中心雙塔與華盛頓五角大廈，進行自殺式襲擊。這起事件被懷疑與伊斯蘭基本教義派有關。
原本是美國為了
反蘇聯而進行
扶植的組織……
蓋達組織
2001年7月
攻擊阿富汗
美國的布希總統認為九一一恐怖攻擊事件是伊斯蘭基本教義派所為，因此下令攻擊藏匿主謀賓．拉登的阿富汗。
紐約
伊拉克
阿富汗
巴基斯坦
沙烏地阿拉伯
怎麼會有這種事！
快交出主謀
賓．拉登！
2003年
伊拉克戰爭
布希總統發起「反恐戰爭」，由於他認為伊拉克藏匿了恐怖組織與大規模毀滅性武器，因此對伊拉克發動攻擊。
明明就沒有。
你到底想怎樣？
你有找到大規模
毀滅性武器嗎？
海珊
（伊拉克）
小布希
才．不．要。
找找看啊～
塔利班
（阿富汗）
賓．拉登
＼下定決心！／
2009年
歐巴馬總統就任
美國不要再當
「世界警察」！

在塔利班政權垮台後，美國的喬治．沃克．布希（小布希）總統將伊朗、伊拉克與北韓**視為危險的「邪惡軸心國」**，並且以伊拉克擁有大規模毀滅性武器為由，**下令進行「反恐戰爭」**，於2003年發動伊拉克戰爭。雖然這場戰爭使殺人如麻的海珊獨裁政權垮台，但最後並沒有找到大規模毀滅性武器。

07 為何世界各地的紛爭至今仍未曾止息？

雖然冷戰結束後，東方各國與西方各國的對立已漸漸消失，但現在全世界依然紛爭不斷，至今未曾止息。

目前全世界各地依然有層出不窮的糾紛，而這些紛爭都有其歷史上的背景。印度針對喀什米爾地區的領土問題，與巴基斯坦、中國產生對立，**爆發了第一次～第三次的印巴戰爭與中印邊境戰爭**，至今仍處於緊張狀態。另外，柬埔寨則受到了越南戰爭的影響，**自1970年起爆發內戰**。執政期間進行大屠殺、造成犧牲者多達100萬到200萬人的波布，於1998年過世，終於終結了柬埔寨的內戰。

第二次世界大戰結束後主要的紛爭與問題

越來越多的難民

所謂的難民指的是因種族、宗教、政治方面的原因遭受迫害，而從本國逃亡到他國的人。在2015年的調查中，目前全世界的難民粗估為1600萬人，最多難民的國家依序為敘利亞、阿富汗、南蘇丹。另一方面，湧入難民的國家所承受的巨大負擔，也成為嚴重的問題。

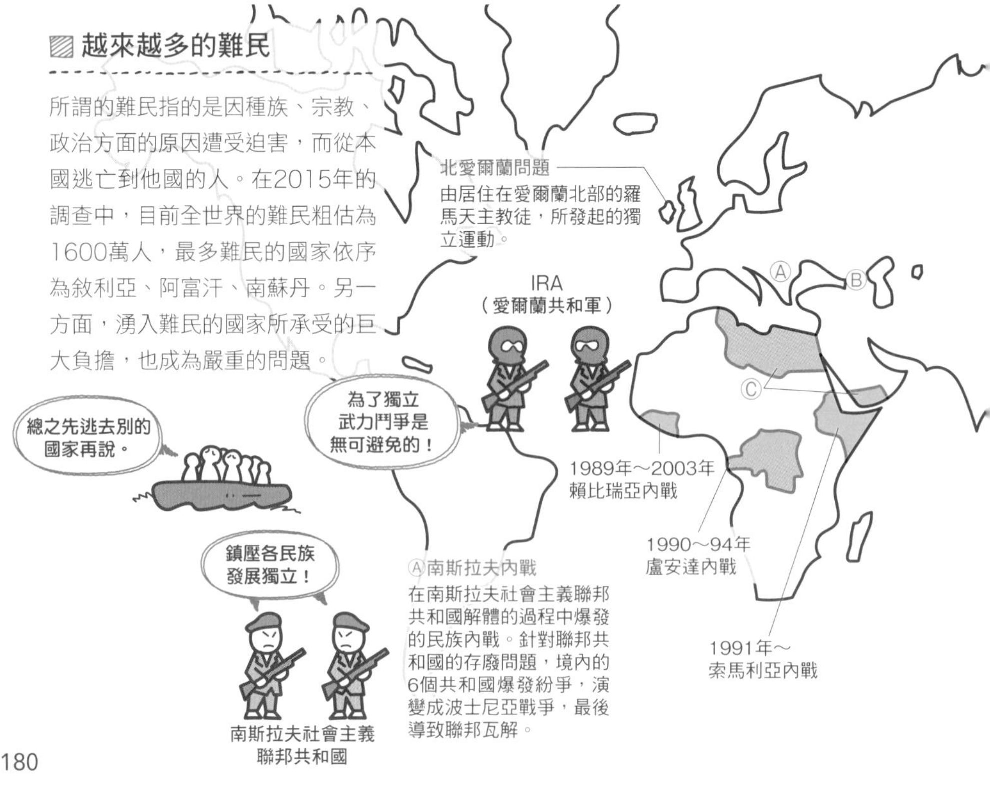
總之先逃去別的國家再說。
為了獨立武力鬥爭是無可避免的！
IRA（愛爾蘭共和軍）
北愛爾蘭問題
由居住在愛爾蘭北部的羅馬天主教徒，所發起的獨立運動。
Ⓐ
Ⓑ
Ⓒ
1989年～2003年 賴比瑞亞內戰
1990～94年 盧安達內戰
1991年～ 索馬利亞內戰
鎮壓各民族發展獨立！
南斯拉夫社會主義聯邦共和國
Ⓐ南斯拉夫內戰
在南斯拉夫社會主義聯邦共和國解體的過程中爆發的民族內戰。針對聯邦共和國的存廢問題，境內的6個共和國爆發紛爭，演變成波士尼亞戰爭，最後導致聯邦瓦解。

在中東出現了伊斯蘭激進組織IS（譯註：伊斯蘭國），對於伊斯蘭的問題更是火上加油。自2010年起，突尼西亞、埃及、利比亞等國發起民主化運動「阿拉伯之春」，但是在當局政權垮台後，也有一些國家引發了內戰。此外，非洲與巴爾幹各國也因為殖民地問題與兩次世界大戰的影響，至今依然紛爭不斷。

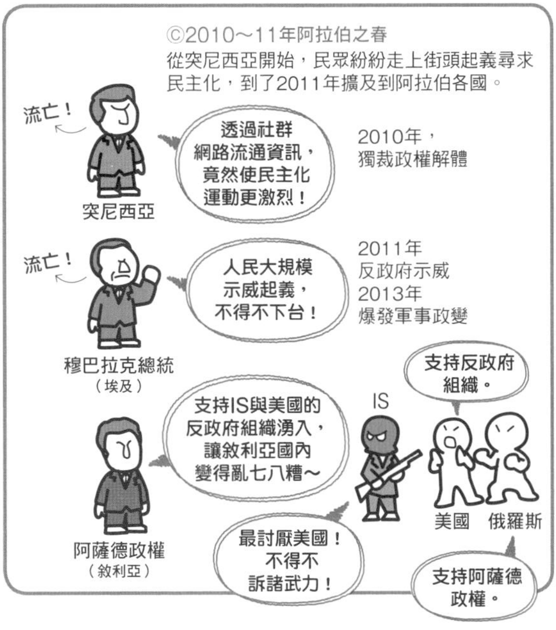

ⓒ2010～11年阿拉伯之春
從突尼西亞開始，民眾紛紛走上街頭起義尋求民主化，到了2011年擴及到阿拉伯各國。
流亡！
透過社群網路流通資訊，竟然使民主化運動更激烈！
2010年，獨裁政權解體
突尼西亞
流亡！
人民大規模示威起義，不得不下台！
2011年反政府示威
2013年爆發軍事政變
穆巴拉克總統（埃及）
支持IS與美國的反政府組織湧入，讓敘利亞國內變得亂七八糟～
IS
支持反政府組織。
美國
俄羅斯
阿薩德政權（敘利亞）
最討厭美國！不得不訴諸武力！
支持阿薩德政權。

Ⓑ車臣戰爭
車臣共和國因尋求從俄羅斯聯邦中獨立，而爆發的武裝戰爭，後來受到俄羅斯的武力鎮壓。儘管俄羅斯官方於2009年正式宣布鎮壓結束，但依然無法阻擋車臣人的獨立意願。

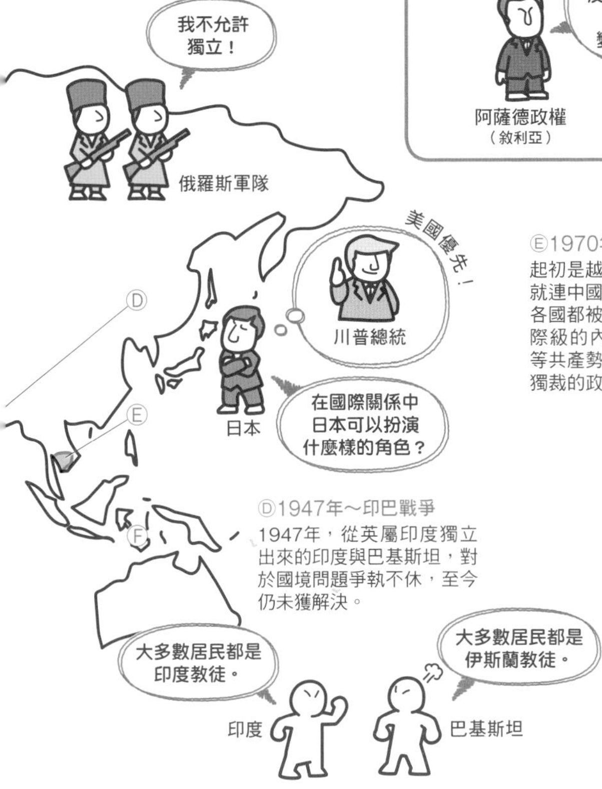

我不允許獨立！
俄羅斯軍隊
美國優先！
川普總統
Ⓓ
Ⓔ
Ⓕ
日本
在國際關係中日本可以扮演什麼樣的角色？
大多數居民都是印度教徒。
大多數居民都是伊斯蘭教徒。
印度
巴基斯坦

Ⓔ1970年～柬埔寨內戰
起初是越南侵略柬埔寨，後來就連中國、蘇聯、東南亞國協各國都被捲入，演變成一場國際級的內戰。1976年，波布等共產勢力獲勝，建立了軍事獨裁的政府。

Ⓓ1947年～印巴戰爭
1947年，從英屬印度獨立出來的印度與巴基斯坦，對於國境問題爭執不休，至今仍未獲解決。

Ⓕ1975年～東帝汶獨立運動
1975年，東帝汶發表了脫離葡萄牙獨立的宣言，但隨即就被印尼入侵，隔年便受到印尼併吞。其後東帝汶持續進行激烈的反抗，直到2002年才成功獨立，但內部紛爭依然不斷。

世界史・日本史年表

※像是年代等沒有特別疑義的部分，主要依據『新 もういちど読む 山川世界史』(暫譯：《新 重讀一次 山川世界史》)(山川出版社)整理製表。

年代	世界上發生的大事	年代	日本發生的大事
西元前5000年左右	黃河流域發展出仰韶文化 長江流域發展出長江文明	西元前1萬3000年左右	繩紋時代(～西元前400年左右)
西元前3500年左右	蘇美人建立都市文明		
西元前3000年左右	古埃及王國建國 發展出愛琴文明		
西元前2800年左右	黃河流域發展出龍山文化		
西元前2600年左右	在埃及，古埃及王國(第三～第六王朝)極盛一時		
西元前2400年左右	蘇美人建立的國家被阿卡德人消滅		
西元前2300年左右	印度河流域文明壯大		
西元前2020年左右	古埃及王國的中王國時期極盛一時		
西元前1900年左右	亞摩利人建立巴比倫第一王朝		
西元前1800年左右	第六代漢摩拉比王的盛世		
西元前1600年左右	中國最古老的王朝——商朝建國		
西元前1595年左右	巴比倫第一王朝被西臺人消滅		
西元前1570年	古埃及王國的新王國時期極盛一時		

年代	世界上發生的大事	年代	日本發生的大事
西元前1500年左右	雅利安人開始在印度河流域建立都市		
西元前1200年左右	充滿謎團的「海上民族」消滅了西臺人		
西元前1100年左右	商朝被周朝消滅 鐵器普及於希臘		
西元前1000年左右	雅利安人開始在恆河流域建立都市		
西元前920年左右	庫施王國建國		
西元前900年左右	印度確立了瓦爾那制度，也就是後來的種姓制度		
西元前800年左右	希臘人開始發展出城邦（城市國家）		
西元前770年左右	周朝衰微，春秋時代開始		
西元前722年	亞述人消滅了以色列王國		
西元前700年左右	亞述人統一西亞地區		
西元前612年左右	亞述滅亡		
西元前586年左右	大批猶太人被擄往巴比倫（巴比倫囚擄）		
西元前550年	阿契美尼德王朝（譯註：波斯第一帝國）建立		
西元前525年	波斯阿契美尼德王朝征服埃及王國 波斯阿契美尼德王朝統一西亞地區		

年代	世界上發生的大事	年代	日本發生的大事
西元前509年左右	羅馬共和國成立		
西元前500年左右	波希戰爭爆發 喬答摩·悉達多創立佛教		
西元前431年	伯羅奔尼撒戰爭爆發		
西元前403年左右	中國開啟了戰國時代	西元前400年左右	水稻耕作面積擴大
西元前334年左右	亞歷山大大帝遠征東方		
西元前330年	波斯阿契美尼德王朝滅亡		
西元前264年	布匿戰爭爆發		
西元前221年	秦朝的秦始皇統一中國		
西元前202年	劉邦建立漢朝(前漢)		
西元前190年左右	衛滿建立衛氏朝鮮		
西元前146年左右	古迦太基滅亡		
西元前100年左右	美洲大陸出現了特奧蒂瓦坎文明		
西元前30年	埃及的托勒密王朝滅亡		
西元前27年	羅馬帝國成立		
25年	後漢建國		
30年左右	耶穌受刑	57年	倭奴國王派遣使節至後漢
64年	尼祿皇帝迫害基督教徒		
220年	魏·蜀·吳三國時代開啟	239年	邪馬台國的卑彌呼派遣使節至魏國
284年	戴克里先即位，確立羅馬的專制君主制度		

年代	世界上發生的大事	年代	日本發生的大事
313年	米蘭敕令承認基督教		
325年	舉辦尼西亞會議		
330年	遷都君士坦丁堡		
375年左右	日耳曼人開始大遷徙		
392年	基督教成為羅馬國教	391年	倭國攻擊百濟·新羅
395年	羅馬帝國分裂為東西兩半	404年	倭國受到高句麗攻擊，從新羅撤退
476年	西羅馬帝國滅亡	478年	倭國王武派遣使節至宋朝
481年	法蘭克王國建立		
527年	拜占庭帝國的查士丁尼大帝即位		
581年	楊堅（隋文帝）建立隋朝		
589年	隋朝統一中國		
610年	穆罕默德受到真神啟示	603年	聖德太子制定冠位十二階
618年	隋朝滅亡，李淵建立唐朝	607年	小野妹子出發至隋朝
622年	穆罕默德率領信徒從麥加遷往麥地那（聖遷）	630年	第一次遣唐使出發
632年	正統哈里發時期開始	645年	大化革新（乙巳之變）
650年左右	伊斯蘭教擴展至非洲	663年	大和政權在白江口之戰中敗戰
	伊斯蘭教的聖典『古蘭經』完成	701年	大寶律令完成
676年	新羅統一朝鮮半島	710年	遷都平城京（奈良）
732年	在圖爾戰役中，伊斯蘭勢力敗給法蘭克王國	727年左右	渤海遣日使來到日本
750年	阿拔斯王朝建立	754年	鑑真來到日本
751年	怛羅斯戰役使造紙術西傳	794年	遷都平安京（京都）
800年	查理曼大帝獲得西羅馬帝國的皇冠（查理曼大帝的加冕）	894年	停止派遣遣唐使
907年	唐朝滅亡，進入五代十國時代	939年	平將門之亂
979年	宋朝統一中國	1016年	藤原道長就任攝政太政大臣
1096年	第一次十字軍東征開始	1086年	白河天皇實行院政
1200年左右	美洲大陸成立印加帝國	1167年	平清盛就任太政大臣
1206年	成吉思汗統一蒙古	1185年	壇之浦之戰爆發
1243年	欽察汗國建立	1192年	源賴朝就任征夷大將軍
1271年	忽必烈將國號改為元		
1274年	元朝開始侵略日本	1274年	蒙古大軍侵略日本，爆發文永之役
1275年	馬可波羅抵達大都（北京）	1281年	蒙古大軍侵略日本，爆發弘安之役
1300年左右	鄂圖曼帝國建立	1333年	鎌倉幕府滅亡

年代	世界上發生的大事	年代	日本發生的大事
1339年	英法百年戰爭開始	1336年	分裂為南北朝
1368年	朱元璋（洪武帝）建立明朝	1338年	足利尊氏就任征夷大將軍
1392年	李成桂建立李氏朝鮮	1378年	足利義滿將幕府遷移至室町第（花之御所）
1405年	明朝的鄭和開始遠征	1404年	開始與明朝進行勘合貿易
1428年左右	美洲大陸成立阿茲特克帝國	1429年	尚巴志王建立琉球王國
1453年	拜占庭帝國被鄂圖曼帝國消滅		
1455年	玫瑰戰爭爆發	1467年	應仁・文明之亂爆發
1479年	西班牙王國建立		
1492年	西班牙收復失地運動完成		
	哥倫布抵達美國大陸		
1498年	瓦斯科・達伽馬開拓航線（到達科澤科德）		
1500年左右	歐洲奴隸貿易盛行		
1517年	掀起宗教改革，新教誕生		
1519年	麥哲倫出發環航地球		
1521年	科爾特斯消滅阿茲特克帝國		
1526年	伊斯蘭勢力拓展至印度，建立蒙兀兒帝國		
1533年	皮薩羅消滅印加帝國	1543年	葡萄牙傳入火槍
1571年	勒班陀戰役爆發	1549年	沙勿略將基督教傳入日本
1580年左右	西班牙掌握霸權	1573年	室町幕府滅亡
1581年	荷蘭表獨立宣言	1582年	天正遣歐使節出發
1588年	西班牙無敵艦隊敗給英國艦隊	1590年	豐臣秀吉接見朝鮮通信使
1600年	英國成立東印度公司	1592年	開始攻打朝鮮
1602年	荷蘭成立東印度公司	1603年	德川家康就任征夷大將軍
1609年	荷蘭正式脫離西班牙獨立	1609年	琉球王國受到薩摩藩的掌控
1613年	俄羅斯成立羅曼諾夫王朝		
1642年	英國爆發清教徒革命	1639年	禁止葡萄牙船隻航入日本
1644年	明朝滅亡，清朝開始掌控中國	1641年	荷蘭商館遷往出島
1660年	英國王政復辟		
1661年	法國的路易十四世開始採行君主專制		
1688年	英國開始進行光榮革命		
1701年	西班牙爆發王位繼承戰爭		
	普魯士王國建立		

年代	世界上發生的大事
1707年	大不列顛王國建立
1769年	瓦特成功改良蒸汽機
1775年	美國獨立戰爭爆發
1776年	美國獨立宣言正式發表
1783年	美國簽訂巴黎條約，正式脫離英國獨立
1789年	法國大革命開始
1792年	法蘭西第一共和國成立
1804年	拿破崙即位皇帝
1805年	特拉法加海戰爆發
	穆罕默德・阿里就任埃及總督
1812年	拿破崙遠征俄羅斯
1814年	巴黎淪陷，拿破崙退位
	維也納會議召開
1815年	滑鐵盧戰役
1830年	法國發生七月革命
1840年	鴉片戰爭爆發
1842年	簽訂南京條約
1848年	法國發生二月革命
	德意志・奧地利發生三月革命
1851年	澳洲發現金礦
	太平天國之亂
1853年	克里米亞戰爭爆發
1856年	亞羅號戰爭爆發（譯註：英法聯軍之役）
1857年	印度民族起義
1858年	英國消滅蒙兀兒帝國，開始直接統治印度
1861年	林肯就任美國總統
	美國爆發南北戰爭
1863年	林肯發表解放奴隸宣言
1869年	蘇伊士運河開通
1871年	德意志帝國成立
1877年	英屬印度帝國成立
1882年	德・奧・義成立三國同盟
1884年左右	柏林會議中列強瓜分非洲

年代	日本發生的大事
1716年	德川吉宗開始推動享保改革
1787年	松平定信開始推動寬政改革
1808年	發生費頓號事件
1825年	頒布異國船驅逐令
1841年	中野忠邦開始推動天保改革
1853年	美國的培里率領蒸汽船來到浦賀
1854年	簽署神奈川條約
1855年	簽署日俄和親通好條約
1858年	簽署美日修好通商條約
1867年	德川慶喜提出大政奉還
1868年	明治維新
	戊辰戰爭爆發
1872年	採用陽曆
1875年	發生江華島事件

年代	世界上發生的大事	年代	日本發生的大事
1884年	中法戰爭爆發		
1885年	簽訂天津條約	1889年	公布大日本帝國憲法
1894年	朝鮮爆發東學黨起義	1894年	爆發中日戰爭
1895年	清朝在中日戰爭敗給日本	1895年	簽署馬關條約
1900年	清朝發生義和團運動	1902年	簽署日英同盟協約
1904年	日俄戰爭爆發	1904年	日俄戰爭爆發
1905年	俄羅斯發生血腥星期日事件	1905年	簽署樸茨茅斯條約
1907年	英・法・俄成立三國協約	1907年	簽署日俄協約
1908年	鄂圖曼帝國爆發青年土耳其人革命	1909年	蠶絲出口量達世界第一
1910年	南非聯邦成立	1910年	併吞韓國
1911年	辛亥革命	1911年	修改美日通商航海條約 （恢復關稅自主權）
1912年	清朝滅亡，中華民國建國		
1914年	塞拉耶佛事件發生	1914年	對德國宣戰
	第一次世界大戰爆發	1915年	對中國提出二十一條要求
	巴拿馬運河興建完成		
1915年	日本向中國提出二十一條要求		
	簽訂麥克馬洪－海珊協定		
1917年	第一次俄國革命		
	英國發表貝爾福宣言		
	美國正式參戰第一次世界大戰		
1918年	第一次世界大戰結束	1918年	開始干涉西伯利亞
1919年	召開巴黎和會，凡爾賽體系誕生		
1920年	國際聯盟成立		
	美國表示不參加國際聯盟		
1921年	舉辦華盛頓會議		
	陳獨秀創立中國共產黨	1923年	發生關東大地震
1922年	蘇維埃社會主義共和國聯盟成立	1925年	簽署日蘇基本條約
	土耳其獨立戰爭使鄂圖曼帝國滅亡		
1929年	美國華爾街股價暴跌（經濟大恐慌）	1930年 1931年	公布黃金解禁令 發生九一八事變
1931年	制定西敏法令	1932年	成立滿洲國
1933年	希特勒就任德國總理	1933年	宣布退出國際聯盟
1936年	發生西安事變	1936年	發生二二六事件
1937年	日本侵華戰爭 （譯註：抗日戰爭）爆發	1937年	發生蘆溝橋事變
1939年	第二次世界大戰爆發	1940年	日・德・義成立三國同盟
1941年	太平洋戰爭爆發		

年代	世界上發生的大事	年代	日本發生的大事
1945年	美國在日本投下原子彈	1940年	承認波茨坦宣言
	第二次世界大戰結束		
	聯合國成立		
	阿拉伯國家聯盟成立		
1946年	印度支那戰爭爆發	1946年	公布日本國憲法
1947年	印度與巴基斯坦脫離英國獨立	1947年	公布教育基本法與勞動基準法
1948年	以色列發表建國宣言		
	蘇聯封鎖柏林		
	第一次中東戰爭爆發		
	大韓民國．朝鮮民主主義人民共和國成立		
1949年	中華人民共和國成立	1949年	湯川秀樹獲得諾貝爾物理學獎
	德意志因美蘇冷戰而分裂為東西兩半		
1950年	韓戰爆發	1951年	在舊金山和平會議中簽屬舊金山和平條約
1955年	保障黑人公民權的美國民權運動正式展開	1954年	簽署MSA（美日安保援助協約）
	召開萬隆會議		
1956年	埃及宣布蘇伊士運河國有化	1956年	日蘇恢復邦交、加盟聯合國
	第二次中東戰爭爆發		
1960年	非洲17個國家相繼獨立，被稱為「非洲獨立年」	1960年	簽署美日安保條約
1960年左右	越戰爆發		
1962年	發生古巴危機		
1963年	美．英．蘇聯簽署部分禁止核試驗條約		
1964年	巴勒斯坦解放組織（PLO）成立	1964年	舉辦東京奧運
1966年	無產階級文化大革命開始發動	1965年	簽署韓日基本條約
1967年	第三次中東戰爭爆發		
	東南亞國家協會（ASEAN）成立		
1969年	阿波羅11號成功登陸月球	1971年	簽署沖繩返還協定
1972年	美國尼克森總統訪問中國	1972年	中日邦交正常化
1973年	第四次中東戰爭爆發		
	發生石油危機		
1975年	越戰結束	1978年	簽署中日和平友好條約
1979年	蘇聯侵略阿富汗		
	伊朗伊斯蘭革命，成立伊斯蘭共和國		

年代	世界上發生的大事
1980年	兩伊戰爭爆發
1989年	發生天安門事件
	馬爾他峰會終結冷戰
	冷戰結束後，拆除柏林圍牆
1990年	東西德統一
	盧安達內戰爆發
	伊拉克入侵科威特
1991年	波斯灣戰爭爆發
	蘇聯解體
1993年	歐盟（EU）成立
	以色列與巴勒斯坦簽署臨時自治安排原則宣言
1994年	曼德拉就任南非總統
1998年	印度與巴基斯坦進行核試驗
2001年	美國同時發生多起恐怖攻擊事件
2003年	美國・英國開始攻擊伊拉克
2006年	北韓進行核試驗
2009年	歐巴馬就任美國總統
2010年	發生「阿拉伯之春」
	希臘經濟危機浮出檯面
2011年	敘利亞內戰正式開始
	南蘇丹脫離蘇丹獨立
2014年	伊斯蘭激進組織IS宣布建國（譯註：伊斯蘭國）
2015年	美國與古巴恢復邦交
2016年	英國表態脫離歐盟（EU）

年代	日本發生的大事
1986年	施行男女雇用機會均等法
1987年	利根川進獲得諾貝爾生理醫學獎
1989年	導入消費稅
1991年	派遣海上自衛隊掃雷艦前往波斯灣
1992年	成立聯合國維和行動（PKO）合作法
1995年	發生阪神大地震
	發生東京地鐵沙林毒氣事件
2000年	九州・沖繩舉辦八大工業國組織高峰會
2004年	派遣自衛隊前往伊拉克
2008年	北海道洞爺湖舉辦八大工業國組織高峰會
2009年	政權從自民黨轉移至民主黨，完成政黨輪替
2011年	發生東日本大震災
2013年	富士山登錄為世界文化遺產
2014年	內閣通過行使集體自衛權安全保障法案
2015年	大致同意TPP（跨太平洋夥伴關係協定）
2016年	發生熊本地震
2017年	設立天皇退位特立法
	自衛隊撤離南蘇丹